韩宏◎编著

会说话 会办事 会做人的

女人最聪明全集

商务印书馆国际有限公司

图书在版编目（CIP）数据

会说话会办事会做人的女人最聪明全集 / 韩宏编著 . —北京：商务印书馆国际有限公司，2011.7

ISBN 978-7-80103-772-5

Ⅰ. ①会… Ⅱ. ①韩… Ⅲ. ①女性—修养—通俗读物 Ⅳ. ① B825-49

中国版本图书馆 CIP 数据核字 (2011) 第 082632 号

会说话会办事会做人的女人最聪明全集

编　　著　韩　宏
责任编辑　彭月兰
出版发行　商务印书馆国际有限公司
地　　址　北京市东城区史家胡同甲 24 号（100010）
电　　话　010 — 65592876（总编室）　010 — 65227580（编辑部）
　　　　　010 — 65598498（市场营销部）
网　　址　www.cpi1993.com
经　　销　全国新华书店
印　　刷　廊坊市佳艺印务有限公司
开　　本　710mm × 1000mm　1/16
字　　数　224 千字
印　　张　18
版　　次　2011 年 10 月第 1 版第 1 次印刷
书　　号　ISBN 978-7-80103-772-5
定　　价　29. 80 元

前言

做个处处受欢迎的聪明女人

你注意到自己身边那些成功的女人了吧！当你看到她们谈吐得体地出现在人前时，会不会发出“哇，我也想这样”的感叹呢？有没有认真地思考过，自己与她们究竟相差在哪些地方？为什么别人成功了，而我们却只能见证别人的辉煌呢？

其实不难观察出，成功的女人都很聪明，都有这三个共同点：第一，她们具有独到的说话技巧，一出口便入木三分；第二，她们具有圆通的办事手段，凡事都能做得尽善尽美；第三，她们拥有智慧的做人方式，到哪儿都受人欢迎受人关注。正因如此，在职场中，她们是能干的“白骨精”；在家庭里，她们是贤妻良母；在交际中，她们是魅力四射的宠儿……想想看，一个会说话、会办事、会做人的聪明女人怎么可能不成功呢？

看到这些，成功便不再像我们想象的那样遥不可及了。只要我们用心修炼以上三条，就一定可以在激烈的社会竞争中脱颖而出。大家千万不要失去信心，认为自己根本不会成功。要知道，你可以和任何一个成功的女性一样，赢得他人羡慕的光环，唯一不足的只是你还需要掌握一些技巧——当然，也只是一些技巧而已。只要你敢于面对、勇于超越现状，充分挖掘出自己的潜力，便可以拥有精彩的人生。

本书就是告诉女性朋友们：要获得成功，就要学习一些为人处世的必备技巧。本书共分为三篇：

·会说话——在这个复杂的人生舞台上，巧言巧语很关键，女人要学会把话说到别人的心窝里；

·会办事——为了争取到更多的机会，女人要圆活处世，这样才可以左右逢源，自由发展；

·会做人——女人需要扮演不同的角色，也就需要不同的交际术，灵活变通的女人才可以成就自己的如意人生。

通过这本书，你会找到自己在生活、社交、职场、情感等方方面面所欠缺的和所需要的处世技巧。只要稍加修炼，无论是说话、办事以后都能成为众人瞩目的焦点，周围的人都会乐于与你交往，你再也不必烦恼想办的事儿找不到能办的人，再也不仅仅是成功女人的见证者，因为——你人生的辉煌也将开始。

现在，就让我们慢慢掀开聪明女人的神秘面纱，一起学习聪明女人的修炼法则，一起享受专属聪明女人的成功吧！

目录

上篇 会说话
聪明女人说话有诀窍

第1章 聪明女人，从现在起耕耘自己的好福田

第2章 悦人利已，话说得滴水不漏才成功

第 3 章　口吐莲花，小嘴一张人人欢喜

第 4 章　妙语连珠，让自己在职场中八面玲珑

第 5 章　巧言善辩，将他人的刁难拒之门外

第 6 章　绵绵情话，令爱情之花永不谢

第 7 章　少些抱怨，拥有和谐的家庭关系并不难

第 8 章　收紧嘴巴，不该说的话不轻易说

中篇 会办事

聪明女人交际懂手腕

第 9 章　知礼晓仪，办事前要先让别人欣赏你

第 10 章　观人识人，瞬间读懂你周围的人

第 11 章　能交善往，轻松应对各种人际关系

第 12 章　左右逢源，让别人都顺着你行事

第 13 章　掌握尺度，把事办得尽善尽美恰到好处

下篇 会做人

聪明女人做人有心眼

第 16 章 活用人情，懂得投资感情的女人最聪明

第 17 章 放低姿态，做人该低头时就要低头

第 18 章　赠人玫瑰，帮助别人的女人有人缘

第 19 章　不依不靠，活出自己的精彩人生

上篇

会说话

聪明女人说话有诀窍

一般人与聪明的女人之间最大的区别就在于，她们说一句话常常能够办成很多事儿，而我们说了那么多的话，却常常“一事无成”。

为什么呢？自己的魅力不如对方，能力太差？当然不是，是因为人家说一句话，是按字说的，每个字都说到对方心里去，对方自然乐呵呵地办事儿了。

所以说，想要成为一个聪明的女人，你首先要弥补自己在说话方面的不足，不求口吐莲花，但也必须要保证自己张嘴说出去的话不至于“石沉大海”！

第1章 聪明女人，从现在起耕耘自己的好福田

修养在嘴唇的一张一合间

在你美丽的嘴唇一张一合间，人们不仅能够听到你的声音，也能够感受到你的个人修养，而很多时候，你话语背后的个人修养，往往就能决定一件事情的成败。

女人们常常觉得，社交里所谓的交谈就是说得好，而说得好，就等于能说会道。其实不然，你去菜市场逛一圈，你会发现那里卖白菜的大婶口才也非常好，说得头头是道，但不同的是，她说得再多，给你的也只能是“世俗”二字。卖白菜她绝对是好手，若将这口才用到社交谈判上却一点用处也没了。所以说，作为女人，你千万不能局限地理解“说话”这两个字的含义。在你美丽的嘴唇一张一合间，人们不仅能够听到你的声音，也能够感受到你的个人修养，而很多时候，你话语背后的个人修养，往往就能决定一件事情的成败。

年仅25岁的梦娜是一家传媒公司的主管。她年轻、漂亮，进公司不到一年就坐上了主管的位置。不了解梦娜的人会猜测，她成功的背后肯定

隐藏着什么不可告人的秘密。但当与她交谈之后又会发现，自己的想法是不对的——无论和什么人交谈，梦娜都保持温和的微笑。她谦逊的态度将她的个人修养展现无遗。即便有时一些嫉妒她的人对她出言不逊，她也从不会逞一时的口舌之快，反之，她会先从自身寻找原因，再大大方方对别人的刁难做出回应。也正是梦娜的这种处事方式，让她赢得了越来越多的肯定和支持。

后来，有人询问梦娜是怎么做到这一点的，梦娜淡淡地微笑，然后说：“其实，说好听的话谁都会，但如何说得恰到好处却不容易。很多时候，我听到不好的话语时也会很生气，但转念一想，即使做出回击又能解决什么问题呢？我所能做的就是大方得体地表达出自己的意思。此外，要在没事儿的时候，多丰富自己的知识，吸取经验，因为语言更是一门值得女人研究学习的课程，它所映射的不仅仅是你的思想，还有你的修养，而修养对一个女人来说，实在太重要了！”

没错，修养对一个女人来说太重要了，而语言能力也并非女人天生的能力，它与美貌不同，是需要后天付出努力才能培养出来的。良好的语言能力不仅仅是表现在“说”上，而且还包括心态、仪态、行为等多个方面。换言之，只有不断提高个人的修养，你才能具备非常出色的语言能力。也只有将良好的个人修养融入你的谈话中，你才能真正成为一个“能说会道”的女人，一个受人欢迎的女人！

说到这里，估计很多女性朋友都迫不及待想发问：怎样才能提升个人修养？怎样才能将个人修养融进谈话中呢？

其实，提升个人修养是一个循序渐进的过程，你可以通过多汲取些知识、保持良好的心态等获得，而将修养融进交谈中，则更多地表现在你说话的能力上。

首先，在交谈中，你必须要尊重对方的意见。说话是个人思想的反应，如果对方所表达的想法是错误的，甚至是对你有伤害性的，那么此时，与其与她针锋相对，降低自己的个人修养，不如顺势接话，采用补充发言的方式，迂回地说话，进而让对方无话可说。

其次，就是不要与别人争话。很多新入职场的女性为了积极地表现自己，常常希望把自己的见解快速地说出来，其实这样的心情是可以理解的，但同样也要给别人发言的机会，不能迫不及待。在与他人侃侃而谈的时候，硬生生卡断对方的话，在对方发言的时候，你捷足先登，把对方说的话硬生生地挤回去，只是为了让自己畅所欲言，会让人对你产生厌恶心理，不愿意与你交谈。

最后，也是女人交谈的大忌——千万不要说侮辱性的话语。提到说话中的修养，不得不提到口德。看过《九品芝麻官》的朋友，一定对电影中一个骂人的桥段记忆尤深。那段场景是两个人对骂，其中一方被骂到七窍生烟。但现实生活中，作为女人的你，千万不要为了一时的口快就不注重口德，语言攻击对方，那会很失身份。生活中，想要提升自己的语言修养，很多词语，你都可以将它们关进“冷宫”不要使用，比如很有攻击性的“胖猪、矮冬瓜、白痴、傻子……”

要知道，一个注重语言修养的女人，是从不会将这些词语挂在嘴边的。这一点，你一定要记得。人们常说表里如一，如果你是一个外表优雅的魅力女生，那么，你就更不可以说这些带有侮辱性的词语，避免他人对你的印象大打折扣。

要知道，与人交际，需要的可不单单是语言，还需要依靠你的个人修养和风度！因此，想要你的话语间流露出无穷无尽的个人修养，那么，你就必须从提升内在修养做起。

优雅的谈吐，为你开辟人生路

> 优雅的谈吐之于女人就如同美丽的相貌一般，有着非同寻常的吸引力。如果你能习惯运用文雅的辞令，即使偶尔开个玩笑，说些俏皮话，依旧能给对方留下一个有涵养、有气质而又不失可爱的完美形象。

女人都希望自己能在属于自己的社交圈子中成为焦点，让人们喜欢与自己交谈，那么，你除了有动听的声音之外，最不能缺少的就是优雅的谈吐。不要以为你说的一字一句没有讲究，其实这里面的学问可不小——你的谈吐是否优雅迷人，直接影响着你对他人的吸引力指数，也是决定你是否拥有好人缘的重要因素之一。同时还影响到你能否自如地与别人说话，并表现出足够的自信。

说话，是女人用于表达情感最直接的方式之一，也是最常用的方式。的确，虽然音乐能够抒发情感，但现实生活中，哪个女人会没事儿总唱着歌表达悲喜呢？如何说得好听，如何说得吸引人才是所有女人都值得去研究、学习的艺术。掌握了这门艺术，你就会成为人们乐于结识的朋友；同时，也会避免“话不投机半句多”的尴尬场面。

优雅的谈吐之于女人就如同美丽的相貌一般，有着非同寻常的吸引力。如果你能习惯运用文雅的辞令，即使偶尔开个玩笑，说些俏皮话，依旧能给对方留下一个有涵养、有气质而又不失可爱的完美形象，那么对方怎么能不乐于与你交谈呢？

反之，若你的行为举止粗糙、语言粗俗，那么，对方自然不会乐于与你交谈，甚至会把与你交谈当成一件很恐怖的事情。因此，各位姐妹们平日应该多加练习谈话的技巧和优雅的举止，争取给对方留下良好的印象。

看到这里，估计好多姐妹就要问了，谈吐优雅，有魅力，这究竟指哪些方面呢？其实，谈吐优雅、富有魅力的范围是非常广的，它并不是完全局限在某一类话题或者你说话时的某一项内容，它包括你的语气、语调、手势、表情，当然还包括你的文化底蕴和你遣词造句的能力，诸如此类的种种因素都可以决定一个女人说话是否有魅力。

梦飞现在是一家跨国企业的市场总监，回想自己刚进入这家公司的时候，梦飞感慨颇多。那个时候，刚从美国留学回国的她被推荐去这家公司面试，当时这家公司只招聘五个员工，但应聘的人数却已经超过50人，不是学历很高的留学生就是经验很足的精英，梦飞算是最不起眼的一个。勉强通过了笔试的她，是众多进入面试的选手中最不起眼的一个，而梦飞自己也觉得被招聘的可能性不大，但她依旧愿意尝试，就算是把这次经历当成是一种历练，于是，她积极地准备着接下来的面试。

终于到了最关键的一天，公司的高层也到场了，他们要在最终进入面试的10位面试者中选出5位。梦飞看着和自己分到一组的那个女孩，漂亮得让人嫉妒，但她告诉自己，不要慌，做好自己就好，又不是选美，无论成败全当练习，但一定要让人们看到最好的自己。

有一个考试题目是“你认为怎么样做好一个市场专员”。梦飞娓娓而谈：“我认为市场专员的首要标准不是容貌，而是要看她是否具有良好与客户沟通的能力以及是否有强烈与客户沟通的欲望。我希望能够得到这个机会，因为我知道公司近一段时间以及日后很长一段时间都会将主要精力放在旅游产品的开发及推广上，而我个人非常喜欢旅游，人与大自然相亲相近的快感是无与伦比的，我要把自己的这些感受与我的客户分享……”

梦飞不失幽默地说了半个多小时，她的语言流畅、神态自若、思维严谨，很快就赢得了诸位领导的赏识。人们不再关注她是否长得漂亮，而是被她的表现深深吸引住了。

当梦飞再次走进公司的大门的时候，她已经被公司正式录用了，对梦飞来说，那次的面试改变了她一生。

从上面的事例中，聪明的你肯定不难看出，对于女人而言，与美丽相比，优雅的谈吐、自信的态度、大方的仪态，才是更重要的。美丽或许能够打动别人，但你身上独一无二的优雅气场却能够感染他人，让对方被你深深地吸引，而你本人也会因此拥有更好的舞台和更广阔的空间。

看到这里，估计你已经开始蠢蠢欲动了吧，那么，美丽的你如何才能成为一个谈吐优雅的女人呢?

其实，想要成为谈吐优雅的女人一点都不难，你首先要做的就是培养自己说话的气度。这里所说的气度绝不仅仅是指良好的语言沟通能力，而是语言中的内涵和修养。让自己说话具有风度，是增强自己说话魅力的重要途径。良好的说话风度，往往具有很大的吸引力。不过，值得一提的是，聪明的你千万不要为了风度而风度，这就好比装出来的可爱不但不会给人一种可爱的感觉，反而会让人觉得做作。你的个人风度要因你的性格、身份以及说话的对象而定，适宜地讲究自己的风度才能起到画龙点睛的作用。

此外，作为女人的你在和人交谈的时候，一定要多站在对方的角度去思考问题，要尊重对方，千万不要揭别人的短，更不要用恶毒的言语攻击对方。同时，也不要给任何人伤害自己的机会。谈话时，即便对方触怒你了，你也不可以找出对方的缺点喋喋不休，要懂得礼貌、委婉地回绝、批评，要适可而止。用大方、温和的语言与人沟通，才算得上是真正的优雅、有风度。总之，不论谈话的内容如何，只要你对别人尊敬，就能得到相应的回报。

人生在社交中度过，话语交流伴随着人的一生，优雅的谈吐不仅是你生活的调味剂，也是你事业的推进器。为了成功，现在就请开始修炼吧！

拿捏好尺度，察言观色说好话

> 无论在什么场合，你都不得不承认，有一群女子总是特别招人喜欢。她们总是能够说出一些迎合你的话，更为神奇的是，她们竟然知道你心里所想，聪明地说出你的意愿。

无论在什么场合，你都不得不承认，有一群女子总是特别招人喜欢。她们总是能够说出一些迎合你的话，更为神奇的是，她们竟然知道你心里所想，聪明地说出你的意愿。的确，这样的女子，总给人一种善解人意的感觉，若再搭配一点甜美的微笑，谁能够不喜欢呢？那么，同为女人，难道真的是她们有过人的神奇之处吗？当然不是啦，一切的重点是，她们比你更懂得察言观色而已。

在交际场合，很多时候需要的是“顺情好说话”。对方爱什么、恨什么、喜欢什么、反感什么，都必须弄清楚了，这样在与对方交谈时，说话便有了方向和依据。要知道女人办事时不要偏离了自己的目的，只要能达到目的，怎么说有效就怎么说。如果你经常逛街，就会留意到一些服装专卖店里的女生，她们往往能很好地拿捏顾客的意愿，懂得如何顺着顾客的意思推荐衣服，并让顾客心生愉悦。如此表现，她们卖出去的东西自然多啦！

怎样做才能算会说话呢？当然是巧动心思，把话说到对方的心里去喽！只要拿捏好尺度，察言观色，说对方爱听的好话，肯定会取得事半功倍的效果。

小丽是一家珠宝首饰店的店员。一天，一个穿着靓丽的女人走进店里随意闲看柜台里的项链。这个时候，小丽的一个同事漫不经心地走过去，缺乏热情地询问：“您好，有什么可以帮您吗？”“我随便看看。”女人也漫不经心地回答。那个店员听到后，点下头就走开了。

店员对小丽说："估计这女的就是随便看看的，不会买。"小丽则笑了笑，走向女顾客，热情地说："您好，您身上的这件衣服真漂亮！"

听着小丽的话，女人抬起头，看着小丽也微笑着说："谢谢你！"

"您这个款式我第一次看见，真的好特别，您是在哪家商场买的呢？"

"我是出国旅行顺便买的。"女人饶有情趣地回答着小丽的问题。

"原来是这样啊，我说我怎么没在国内看过这款式呢。说真的，您穿上这件衣服真好看！"小丽微笑着看着女人。

女人看了看自己的上衣，说："真的吗？谢谢你！"

"您现在是要选择一条适宜的项链搭配衣服吗？"小丽热情地询问着。

"是的呀！不过我逛了几家，都没找到称心的。我也不知道该选哪个好了。"女人看着柜台内的项链说道。

"这样啊，没关系，我帮您参考下吧……"

就这样，小丽成功地卖出了一条价格不菲的项链。

聪明的小丽正是巧妙运用了语言这门艺术，搭起相识的桥梁，然后顺势引导，最终成功地推销出自己的商品。

其实，很多时候，一个人的喜好、性格、精神状态及品味追求都会或多或少在她们的表情、行动、着装、语言中表现出来。只要你善于观察，学会察言观色，就一定能够轻松把话说到对方心里去。

生活中，要想使自己事事顺利，就要想办法说服别人，把不可能变成可能。至于能否成功，全凭一张嘴，掌握一定的沟通与说服技巧，一切皆有可能。

王欣是一家中央空调销售的售后人员，一天她接到了顾客的投诉，说空调出现了问题。对方的火气很大，态度非常恶劣。王欣接到电话后，马上带着维修人员去客户家拜访。期间，这位顾客觉得维修的时间有点长，表现得很烦躁。王欣见状，就主动与对方搭话："您家的装修真好，大都是欧式的设计，一看您就是一个非常有品位的人。"

对方一听，内心顿时涌起了一股自豪感，说："没错，都是欧式风格，而且我家的装修大都是我自己弄的。"

"您真有才，对了，那边的家具应该是红木的吧！"王欣继续说到。

"是的，那个红木方桌还算是一个古董呢！"

"真好，我要是在以后也能有一间这样的房子，那我这一生就无憾了！"

"一定会的，对了，你要是感兴趣，我再带你四处看看，这里好多有意思的设计都是我自己想出来的，我家里的人和朋友也都觉得特别的好。"就这样，这位顾客带着王欣到各个房间转了一遍，侃侃而谈自己当时装修房子的创意，王欣则一直顺着这位顾客说。就这样，在轻松愉快的气氛中，王欣的维修人员很快调好了机器，她和顾客握手再见，相约下次有机会要再合作。没想到没过多久，这位顾客又介绍他的朋友来这里购买空调，说这里的售后服务非常健全，而且还指明是冲着王欣来的，看来王欣这个月的提成一定很多哦！

所以说，如果你想要做一个"会说"的女人，就一定要学会察言观色，留意对方身边的事物，从而了解对方的心态，把话说到对方心里。这样，才能引起他人的好感，之后你无论办什么事，都会一路绿灯。

把话说到人心里，仔细研究起来，是非常简单的。这就需要我们多用些心思，了解对方的心理，和人建立更深入的关系。

修炼魅力声音，让谈话成为一种享受

有人把女人的声音比作醉人的美酒，这一点也不夸张。温柔、得体的声音能够征服任何一个男人。这对于想成为社交达人的你来说，是绝对值得一学的。

每个女人都渴望拥有富有磁性、有吸引力的声音。因为几乎所有的女人都知道，与动人的言辞相比，声音的魔力更不容忽视。因为，它直接关系到对方愿不愿意给你机会让你发挥语言才能。很多时候，动人、美妙的声音往往给人一种精神上的愉悦感，这样的愉悦感会让人愿意认真倾听你的谈话内容。反之，人们心中只有烦躁，根本不愿意听你多说，那么，即使你准备了再多优美的词藻也无发挥之地啊！

那么，究竟什么样的声音才能算得上是优美、悦耳的呢？其实，说话不是演话剧，你没有必要为了追求什么效果而故意放大某些词语，追求自然即可，只要根据你所说的话，所在的场合，所交谈的人，再加上适当的语调，有升有降就好了。正确而恰当的发音，将有助于你准确地表达自己的思想，使你的声音更有魔力。

相反，不良的发音会有损你的形象，有碍于你展示自己的思想才能。比如，一些女性因为紧张或发音错误等原因，常常出现口齿不清的情况。起初，这种含糊不清的发音可能只是一些细小的问题，但因没能得到自身的重视，久而久之成了难以根除的劣习。

另外，还有一些女孩为了追赶时尚潮流，会时不时让自己带一点港台腔，她们认为这样才体现出自己的优越感及与众不同。但其结果恰恰相反，不适时的港台腔，不但不能给人一种潮流感，反而还给人一种很嗲的感觉。因为这种声音会使他人感到极不自然，从而产生一种本能的抵触情绪，甚至会让人有一种你一说话人家就头皮发麻的感觉，这样一来，光想着如何躲避难受了，谁还会用心听你在说什么，更不会想着帮你办事儿啊。

语调在女人社交生活中起着至关重要的作用。刘芳是刚毕业的学生，她凭借着优异的成绩进入了一家外企公司，成为了大区经理的助理。她的各方面能力都非常出色，本以为前途一片光明的她，却在上班三个月后意外地收到了辞退信，原因更是让她不敢相信，竟然是因为经理无法忍受她略带尖酸的语调。觉得很不服气的刘芳，在回家的路上买了一支录音笔，回家之后决定录下自己的声音，一直以来，她虽然不觉得自己声音好听，可觉得也不至于为此而被开除啊！但当她听到自己声音的录音后，她显然被吓了一跳，她甚至不敢相信，录音笔中那个腔调尖酸的女声是自己发出的。意识到问题后，刘芳每天都对着录音笔说上一段话，然后反复听，并买了一张语音矫正的光盘，每天都跟着上面的语调练习。没过多久，刘芳就能够用很悦耳的声音说话了，很快，她就又找到了一份不错的工作，而且越做越好！

从上面的故事，我们不难看出，女人的声音对其生活乃至工作都是非常重要的。我们也明白了，优美的声音是可以通过训练得到的，换言之，只要你想改变，就一定能够改变，因此，爱美的你在一味地注重个人形象的同时，也应该关注一下声音美。千万不要顶着美貌的外表，说出不够优美的语调。

现实生活中，很多MM都认为，声音是天生的，和性格一样，由不得自己。其实，这种观点不对。女人不注意声音的培训，往往会使凤凰变乌鸦，失去声音的魅力。所以，女人要像训练形体一样去训练声音，声音不仅能增加女人的自信，还能在关键时刻帮助女人改变自己的命运。

有人把女人的声音比作醉人的美酒，这一点也不夸张。温柔、得体的声音能够征服任何一个男人。这对于想成为社交达人的你来说，是绝对值得一学的。大家想，动动嘴皮子，就能让男人心甘情愿为你办事儿，何乐而不为呢？

那么，聪明的你在与人谈话的时候，应该如何注意及纠正自己的声音呢？首先，我们要注意鼻音和尖音。千万不要用鼻音和尖音说话，否则会破坏你与人交往的整体效果。很多MM的鼻音很重，这样的话，当你与不太熟悉的人交谈的时候，就会给对方一种无精打采甚至是不被重视的感觉；而用尖音给人刺耳的感觉，容易使人神经紧张，破坏双方谈话的气氛。

纠正鼻音首先要保持心情平和，根据调查显示，过度的紧张也是导致鼻音过重的原因之一。此外，你可以试着在交谈的时候放松下颚、舌头，张开喉咙，使声音由此散发，而不从鼻孔中遁出。除此之外，你平时还应多作放松喉咙的训练。尖音的消除当然也离不开心理因素，不要让你的情绪左右你的声音，影响你的魅力值。

除此之外，你在交谈的过程中，还应注意自己说话的语速，不要说得太快，以免让对方觉得你很紧张，并且不利于对方了解你的意思，也不能说得太慢，让对方产生厌烦的感觉。

再有就是，一定要保持声音的热情、活力及音量，不要给人一种死气沉沉的感觉，也不要在交谈的时候，声音过大“吓到”对方或者“细若游丝”，让对方怀疑自己的听力是不是有问题。

MM们要让自己尽量保持心境平和，不要过度紧张或者气愤。这样一来，你说话的声音就会随之温柔不少。久而久之，你的声音会充满魅力，你与人交往也会变得轻松而愉快。

言语要简洁，说话要生动

对于女人而言，言辞间最难得的就是给人一种明快、简洁的感觉，换言之，能用三言两语便说清楚的事情，你又何必浪费口水，说出添加作料的长篇大论呢？

女人大都有说话啰嗦的毛病，一件事情常常要说好几遍，并借口说，突出其重要性。但事实证明，一件事情你只说一遍常常让人印象深刻，说多了反而容易让人混淆。

说话正是如此，女人们在生活中常常不经意地说太多话。在公司中、家庭里，她们通常都是滔滔不绝的主角。参加各种各样的"茶话会"，结束后，她们又会遭遇这样的尴尬，自己早已说得口干舌燥，可人们对自己的话过耳即忘，甚至根本就没有听明白你在说什么。

事实上，言不在多，达意则灵。生活中，你没有必要为了一件事情反复地说，说到最后甚至连你自己都开始模糊自己说过什么了。对于女人而言，言辞间最难得的就是给人一种明快、简洁的感觉，换言之，能用三言两语便说清楚的事情，你又何必浪费口水，说出添加作料的长篇大论呢？

的确，滔滔不绝、妙语连珠是一种本事，但言语精简、字字珠玑同样难得，尤其是在当代，什么都讲究一个速度，大家为了自己的事情忙碌不已，谁有心情认真地听你讲完你的长篇大论呢？

恩慈是个大四的学生，现在她正为如何找到一份合适且满意的工作而烦恼。因为，她已经在最近的一个月里面试了5家公司，常常都是笔试顺利通过，但面试与主考官交谈之后被拒之门外。恩慈不明白自己究竟哪里做错了。起初主考官对自己的印象很好，可为什么到最后她总是以失败收场呢？

不甘心的恩慈在朋友的介绍下，申报了一个为期一个月的大学生面试培训。因为恩慈每次都因为面试没通过而失败，为了帮助恩慈找到面试时出现的问题，所以那里的培训老师特地为恩慈设计了一场面试。刚开始，由培训老师组成的主考官都很喜欢恩慈，简单得体的装扮，清新可人的外表。但没过多久，随着一些惯性问题的提出，恩慈也由之前的安静转变成了滔滔不绝，别人询问她的职称，她就会说很多其他的，甚至有时还会拉出很多初高中时的事情；而当人询问她是否有工作经历的时候，她又是一场长篇大论，基本都可以开个故事会了。原本可以半个小时就结束的面试，她整整用了近两个小时，而此时，培训老师也终于知道恩慈屡次失败的原因了。

恩慈面试的都是比较大规模的公司，这些公司的主考官们大都是公司的中层管理人员，平日里忙碌得不行，就连面试也要一天见上几十人，哪个有心情听她没完没了地说一些没有营养的话呢？即便是最初对你有不错的印象，在一场口水四溅的自我介绍之后，好感也会荡然无存。因此，培训老师针对恩慈这一问题进行了专业的训练，要求恩慈尽量以精简的言辞回答问题，并要懂得估计对方的感受，不要一股脑地自己说个没完。此外，培训老师还告诉恩慈，无论是面试，还是工作，一定注意自己的日常说话习惯，将自己想要说的话在大脑中组织好，生动简洁地表达出来。只有这样，你才能在日后的职场生涯中越走越顺利。

恩慈吸取了自己的教训，两个月后，临毕业的她再一次参加了之前曾被拒绝的一家公司的面试。但这次，她在回答每一个问题的时候都非常精简、生动，赢得了主考官们的好感。再加上学历、专业与应聘的职位都相符，两天后，恩慈就正式上班了！

所以说，作为一个新时代的女性，想让周围的人赞叹你的智慧，感受到你的历练，那么，从现在起精简你的言辞吧——用生动的词藻代替那些冗长、琐碎的句子。很多时候，说服别人、与人交谈，并不在于你说了多少，而是对方听进去多少，而决定对方是否愿意听你讲话的要素除了迷人的微笑之外，就是一字胜多字的语言技巧。下面就赶紧为姐妹们介绍一下吧。

◎用简单的方式表达己意

生活中，很多女人常常为叙述一件事情说了太多的话，然而最终也未能表达清楚自己的意思。如果你也有类似的问题，那么，一定要及时矫正。而矫正的最好办法就是在说话之前先在脑子里做一个大致的计划，然后再把计划要说的东西清楚地讲出来。切忌！说一遍就可以，多说无益。

◎摒弃重复的词句

一些重复的词句能起到强调的作用，但若运用不当，就会成为你说话时的累赘。比如很多女人在问问题的时候，都习惯性地说“怎么回事儿，怎么回事儿”。其实，一个“怎么回事儿”就足以表达自己的情绪，为什么偏要加一个呢？还有就是在答应别人的时候，常常会说“嗯嗯嗯”，同样的道理，一个“嗯”恰到好处，干净利索，那么多“嗯”反倒让人觉得你不耐烦，有点不乐意的情绪在里面。如果有这个不好的毛病，还是适时地改正一下吧！

◎不用总把口头禅挂在嘴边

生活中，不少MM都有着属于自己的口头禅。虽然在某种意义上来讲，这是能够彰显个性的方式，但若放在比较正式的交谈中，过多的口头禅反而会给人一种不太明朗的感觉，容易让人对你产生误解。比如一些MM总是喜欢在话语前后加上“我认为、绝对的、就是这样”，其实，这些口头禅与你要表达的内容毫无关联，这个时候说出来，就会给你带来负面的影响，甚至会成为别人取笑你的把柄哦！

实际上，女人天生就是语言家，在沟通和表达能力上，女人常常比男人更强。因此，作为女人的你，若能清楚地认清“超限反应”，把握好语言的尺度，不说多余的话，将良好的沟通约束在简明的言谈之中，你的社交能力必定能更上一层楼！

第2章 悦人利己，话说得滴水不漏才成功

恰当的赞美是最有效果的人脉语言

赞美是一把双刃剑，用好了可以讨对方的欢心，有助你成为社交达人；若用不好，不仅会给人一种过分迎合、讨好的假态，还会威胁到自身的社交能力。

这个世界上有一种语言最美丽——那就是赞美。成功的女人会把赞美当做自己俘获人心的法宝。可你知道吗？赞美是一把双刃剑，用好了可以讨对方的欢心，有助你成为社交达人；若用不好，不仅会给人一种过分迎合、讨好的假态，还会威胁到自身的社交能力。

所以说，赞美虽好，但要真正发挥其作用，必须要适度且找对方向。说到这里，很多MM便要问了，那么，应该怎样找准方向呢？其实，这一点对于姐妹们来说是非常容易的，只要你发挥女性特有的细心优势，尽可能地随时随地去发现，用你的细心、真心诚意，用心地留意对方的一举一动、一言一语……这些都是你赞美对方的素材哦。

此外，赞美别人也要讲究实际。在当时、事后、大庭广众之下、俩人独处之时你都可以进行。一般来说，面对面的赞美效果最大，有着立竿见影的效果。但如果很多人都在场，而你的赞美之言又过于丰富的话，难免给人一种矫情或者腻歪的感觉，尤其是频率过高后，更会令对方感到麻木甚至厌烦，到那时，纵使再怎么“巧舌如簧”也起不到什么作用啦！

刚毕业的小美在朋友的推荐下顺利地成为了一家公司的经理助理。她的顶头上司，也就是公司的经理，是一位很有气质的女人。小美第一天出门前，她的母亲就不断地叮嘱她，记得要嘴甜点，尤其是你有个女上司，要讨她的欢心，你的工作也会轻松很多。于是，小美谨记于心。

从一见经理起，小美的嘴就没闲着，就差说仰慕你如滔滔江水之类的话了。不过那位女经理没往心里去，她觉得小美还年轻，虚心点也好，对她的感觉还是不错的。但是，随后的两个月，这位女经理对小美的赞美之言到了极尽崩溃的状态：不管她每天早上穿什么上班，小美都会极力地夸赞一番；尤其是在当着客户谈生意的时候，小美的赞美更是让她感到不舒服，甚至是有些难堪。一次，她的一个客户兼朋友夸赞小美工作能力不错，小美就说：“没有啦，我个人的能力很有限，这都是经理培养得好，我的朋友们总问我在公司上班多久了，就能学到这么多，其实呢？才几个月，都是经理大度，肯教我嘛……”小美滔滔不绝地赞美着经理，却没有留意到经理早已黑了一张脸。这样不适合时机的赞美和过于夸张的言辞其实让经理很难堪，很不舒服，也会让在场的人觉得很做作，不真实！最后，实在无法忍耐的经理，将小美调到了市场部做业务了。

故事中的小美其实并没有本质上的过错，但最终却被降职，其原因就出在不恰当的赞美之上。言辞过盛的赞美常常给人太过做作的感觉，而且她的赞美方式不仅过于老套，而且没有说到点子上，从而无法获得经理的青睐，反而因此吃了亏。

由此可见，高声大嗓的当面赞美，效果往往不如那种含蓄自然的“背后鞠躬”。各位MM，我们在赞美他人的时候，语言一定要自然，且要顺势，不可刻意为之，更不需要极尽华丽的词藻。

小美公司的同事阿兰，她就在和同事一起吃午饭的时候，顺便说了上司几句好话：“我觉得咱们经理特有气质，还特能干，不仅穿着很有品位，而且你看她上个月的业绩报表，又翻番了，我要是有经理一半的能力，我就满足死了。”当这样一些话传到经理的耳朵时，免不了让女上司自己在办公室开心一会儿，同时也会对这个阿兰增添不少好感。结果可想而知，当小美被降职后，阿兰这个让经理开心、欣慰的员工自然做了助理……

所以说，聪明的你在赞美别人之前，千万不要忽略掉周围这些小细节。要知道细节成就完美，只有管理好生活中的小细节，你的生活才能真正的有条不紊。今日不同往昔，社会中需要花木兰的机会不大，所以你轰轰烈烈载入史册的机会也很小，让自己幸福、快乐，就必须认真对待生活中的小细节，让别人看到你的用心。

表面赞美与背后的赞美是有着本质区别的。一般来讲，表面赞美非常难把握，稍不留神就会给人留下奉承的感觉；而背后赞美，虽然效果没有表面赞美效果显著，但也会给对方留下一种真诚的感觉。当对方感受到你的真诚后，对方不仅会积极地给你反馈，还会对你心存感谢之情。

除此之外，恰当地赞美别人还有一种比较可行的方法，就是借他人之口传达。很多时候，很多MM都会有这样的感觉，觉得不大好意思当着对方的面进行赞美，其实这样的感觉也同样适用于被赞美者，她也会因此而感到不好意思。有时赞美不当还会给人以谄媚的感觉，因此，赞美别人的时候，聪明的你不妨试试借他人之口，事情就会轻松很多。比如，当你想赞美对方的时候，你可以借用别人的话，采用迂回的方式表达你的赞美之意。这样一来，既能够化解不必要的尴尬，还可以让对方轻松地接受你的赞美之意哦！

懂得说“不”，会说话的女人自有一套

没有人喜欢被拒绝，也没有人愿意拒绝别人，但是若不懂得拒绝，你的生活中会出现越来越多的麻烦事儿。所以，各位MM一定要学会果断地将“不”说出口哦。

生活在这个社会的女人，常常会遇到这样的问题：身边的人，无论是同事或者亲朋突然开口让你帮他做一件难度很高的事情。你要是答应吧，的确太难了，你可能要自己往里搭钱，没准事儿还办不成落得一身埋怨；要是不答应吧，都是熟人，人家一般不开口，突然拒绝人家，会让对方的面子过不去。这时，究竟要怎么办呢？

沈涵是一家律师事务所的会计，也是公司出了名的“老好人”。认识她的人都知道，沈涵的座右铭就是“有事儿您说话”。所以，无论是谁，只要有事儿求沈涵她都“来者不拒”，一一答应。沈涵这种“乐于助人”的好品格很快为她赢得了良好的口碑，但与此同时，也为她自己带来一身的麻烦。

工作上，沈涵答应同事的请求，帮对方做报表，结果自己的工作被耽误了；生活中，她又答应帮助已婚的姐妹照顾孩子，结果自己的假期泡汤了，最后愤怒的男友差点和自己分手；经济上，沈涵已经借出去了几千块，但大都是有借无还……

这样的日子让沈涵焦头烂额，她想着自己应该拒绝身边人的要求，但总是说不出那个“不”字，觉得自己要是说了就好像犯了罪一般的难受。

的确，没有人喜欢被拒绝，也没有人愿意拒绝别人，但是若不懂得拒绝，你的生活中会出现越来越多的麻烦事儿。所以，各位MM一定要学会果断地将“不”说出口哦。

说到这里，MM 肯定要问了，拒绝是一定要的，但是有没有既能拒绝对方要求又不伤大家和气的办法呢？当然有啦，下面就赶快来看看吧！

◎先倾听，之后再拒绝

当你身边的熟人向你提出要求时，他们自己的内心此时也是忐忑不安的，甚至也有着某些困扰和担忧，担心你会如何看他，会不会拒绝他。所以，在你决定拒绝他之前，让他把所有的话都说完，这样你能够更加清楚对方的处境，即便你拒绝他，你也可以为他指出一条可行的道路。

说到这里，女人拒绝他人常常比男人有一定的优势，因为女人善于倾听。而倾听能够让对方感受到你的尊重，这样即便你之后要拒绝，对方心理上也不会觉得太难过。此外，倾听完对方要说的话，又便于你知道他请求你的事情是不是你力所能及的事儿。若是，你大可不必拒绝。此外，也能够分析出帮他办这些事情，你是否能够从中获益，得到一些帮助。

另外，很多人都习惯在拒绝别人的时候给对方指出另一条可行的道路。这个时候，倾听就要发挥其作用了，如果你不倾听，便无法清楚地了解对方现在所处的处境，便无法为对方找寻一条可行的道路；反之，你可以比较清楚地了解对方目前的处境，给予其适当的帮助，即便你拒绝了对方，对方也会对你心存感激的。

◎拒绝一定要委婉，太直接伤人心

温和的回绝总是比情绪激动的回绝效果要好得多。拒绝的话说出口通常会引发一系列的负面连锁反应。若此时你的表现过于激动，情绪有些恶劣，那么，对方也一定会很生气，毕竟，当你拒绝一个人时候，他的情绪本身就好不到哪里去。而此时你又恶言恶语，就如同火上浇油，必定会引起不必要的争执与麻烦。

◎从对方的利益出发

在拒绝对方的时候，聪明的你可以替对方找找理由，从对方利益找借口而拒绝，这样通常比较容易达到目的。

对那些求你帮助的人来说，你并非不愿意帮助他们，只是这样做对他们也不好，尤其是那些前来找你帮忙完成工作的同事，你大可以告诉他们：“我对这方面的内容不熟悉，到时候出了差错，上面会以为你的专业性不强，给你的工作带来负面影响，而且我最近也忙着赶工作，毕竟做起来会很仓促的。”这样一来，同事不仅不会怀疑你的意图，还会对你切实为他利益着想的态度产生感激之情。

◎给出对方关怀，提出可行性建议

拒绝对方的时候，除了要注意语言技巧之外，更要你发自内心地去关心一下对方。同时，还可以帮助对方想一些可行的建议，而且，过一段时间就去询问一下对方这件事情的进展。这样的话，更容易让对方感激你，常常比你答应了他们的请求还有意义。

综上所述，你就一定能够很好地拒绝他人的请求，更轻松地生活。不过，最后值得注意的是，千万不要忘记在拒绝对方后说一句：“真的很抱歉，没能帮上你！”

批评要委婉，时刻为对方准备好台阶

大家在日常的社交活动中，一定要尽量避免触及他人的隐私，即便说要指出对方的过错，也最好采用暗示的方式，委婉地说出对方的过错。

没有一个人喜欢被批评，也没有一个人愿意自己的隐私被当众说出来。所以，大家在日常的社交活动中，一定要尽量避免触及他人的隐私，即便说要指出对方的过错，也最好采用暗示的方式，委婉地说出对方的过错。这样一来，既可以避免对方因此而当众出丑，也可以增加你的社交魅力值。

另外，你在批评对方错误的时候，一定要做到“点到为止”，千万不可抓着不放。在批评之后，你还要懂得为对方找个台阶下，并且不可让周围人察觉到你是为对方找台阶，只有这样，你的批评才算是完美的。

在北京一家国际饭店中，一位刚刚用完餐的外国客人，顺势将一双很漂亮的银质餐筷放进了自己的口袋里。这一幕被旁边一位服务员看到了，就将这件事情告诉了正在值班的大堂经理善雅。

于是，当这位客人准备结账走人的时候，善雅手里拿着一个包装精美的盒子走到外国客人面前，很礼貌地用英文对他说：“先生您好，刚才餐厅的服务员告诉我您对我们的银质餐筷非常感兴趣，所以，为了答谢您的厚爱，餐厅特地为您准备了一双崭新的、未使用过的银质筷子，并且按照酒店的‘优惠价格’记在了您刚才的账上，您看，您满意吗？”那位外国客人，接过筷子，连连点头，又赶忙说自己刚才多喝了两杯红酒，并说既然酒店准备了未使用过的银质筷子，那么，他也没有必要要使用过的。于是，这位客人就从自己的口袋里拿出了刚才装进去的筷子，大方地接过了善雅手上的盒子。

试想一下，如果善雅想让这位外国客人出洋相那真是太容易了，但她却没有这样做，而是委婉地暗示对方犯了错。这样一来，外国客人会感激善雅，也避免了因为争吵影响其他的客人用餐。事实上，懂得语言艺术的女人常常都会通过这样不动声色的方式让对方在认识到自己错误的同时，又不会陷入窘境。

事实上，当对方已经陷入窘境的时候，真正会办事儿的女人也会想办法帮助对方挽回面子，这样一来，对方一定会感激不尽的。

王女士是做外贸生意的。一次，她和一位来自日本的客户谈生意。期间，日本商人那边的翻译人员翻译错了几个单词，而王女士这边的翻译则做了更正，这让日本商人觉得很丢脸，当众就训斥了翻译人员，并且说要开除他，这让会议室的气氛一下子就紧张起来。这时，王女士却温柔地说："可能是我讲得不够清楚，现在我再讲一遍吧，再加上日语和汉语本来就存在着一些差异，被翻译错也是很正常的事情。"

就这样，王女士把刚才说的话重新一字不差地讲了一遍，而这一次，翻译人员也很正确地翻译了原本的意思。

最后，在庆功酒宴上，王女士还特地与那位日本翻译人员单独碰杯，让对方感激不已。

幽默是女人社交中最好的润滑剂，一句幽默的话能够轻松地为正处在尴尬期的对方找一个合适的台阶。通过幽默的话语，双方也可以增进了解，彼此体谅。

李淑多年不见的好姐妹带着她5岁的孩子来看她。一进门，好姐妹5岁的小孩就又吵又闹，最后干脆跑到李淑刚买不久的沙发上又蹦又踩。李淑看着很心疼，但若直接制止，又会觉得不给好姐妹面子，对方毕竟是一个5岁的小男孩。想来想去，李淑对好姐妹说："你的儿子真活泼，你快让他回到地板上来吧，我去给你们拿点小点心吃。"好姐妹看了看儿子，笑着对李淑说："好的，我这就去和他谈谈。"

一个真正讨人喜欢的女人，通常是那种在说话时能够时刻用幽默为对方找“台阶”下的女人。

被批评的滋味相信每个女人都尝过，也都知道不好受，也都不喜欢，尤其是当自己被批评得一点面子都没有时，甚至会开始记恨批评自己的人。所以，己所不欲，勿施于人，同样的道理，你在批评别人的时候一定要尽量做到委婉并及时地为对方准备好台阶，要知道，这样也是给自己留余地。

人活在这个世界上，谁能不犯错误，关键在于知错能改，那么，如何知错呢？就需要他人指出来，由此不难看出批评的重要性，但是，批评虽重要也一定要注意批评的方式，如果不注意批评的技巧和方法，往往会导致一些不必要的麻烦发生。因此，要想达到良好的批评效果，就一定要掌握良好的技巧和方法，那么，姐妹们在批评别人的时候有哪些地方需要注意呢？

◎在批评别人的时候要先自省

在批评别人过错的时候，先要自省，以免自己也犯类似的错误，同时也有助于更好地完善自身。如果你曾犯过，再去批评别人，别人不但会不服气，还有可能与你发生不必要的争执。

◎批评和表扬相结合

在批评别人的时候，先找出对方的长处称赞一番，然后再提出批评，最后还不要忘记使用一些鼓励性的话语。这种方式会让被批评者认为你非常的公正，面对自己的过失不至于丧失自信，面对自己的长处也可以不断进取。这样一来，既减少了被批评者的抵触情绪，还能够最大限度地发挥批评的效果。

◎运用明褒暗贬的方法

很多时候，你所批评的对象在受到你的批评之后会对你说：“我知道，我没有什么好的地方。”此时，你就可以利用明褒暗贬的方式教育他。比如，你可以说：“你一不偷二不抢，怎么不好了呢？这样认为无异于否定了自己，这样说你的人也是不对的，你应该做好让大家知道你是很好的。”

这样一来，既能够起到教育的作用，还留给批评者自己反思的时间，为什么别人要说自己坏，怎么才能变好。

◎肯定对方的观点，再逐一攻破

很多时候，你在批评一个人的时候，他们也常常会振振有词。此时，你大可不必直接否定对方的观点，可以先假定对方的观点正确，然后你们一起进行分析与推理，最后用正确的观点将错误的观点逐一攻破，这一点尤其适合家庭教育中，可以使受批评者心服口服地改正错误。

当然，批评的技巧和方法何止以上四种，女人想要让自己的批评达到预期的效果，就必须讲究批评的技巧和方法，也要注意批评时的措辞，只有这样，女人所说的批评之言才能发挥其真正的作用！

幽默感是俘获人心的秘密武器

有幽默感的女性，大多是知识渊博、辩才杰出、思维敏捷的人。她们总是能够发现生活中那些有趣的事情，懂得开玩笑的场合，善于因人、因事而开不同的玩笑，能令人耳目一新。

你是风趣而又富有幽默感的女人吗？如果你的答案是“否”或者“尚不确定”，那么，你就需要锻炼自己的幽默感了。要知道，它是社交达人的必备武器。

幽默是一种语言技巧，也是一种愉快向上的生活方式，它能够给你带来愉快与轻松，也能带给你身边的人一种快乐的感觉。烦闷的时候，幽默的话语能够打破沉闷，起到活跃气氛的作用；双方交流感情的时候，幽默的语言能够进一步拉近彼此的距离。此外，幽默的语言还能够提升你的亲和力，让人愿意和你接触、交谈，恰当的幽默还可以帮你缓解尴尬的气氛，使你获得更多朋友。

有幽默感的女性，大多是知识渊博、辩才杰出、思维敏捷的人。她们总是能够发现生活中那些有趣的事情，懂得开玩笑的场合，善于因人、因事而开不同的玩笑，能令人耳目一新。

交谈中的幽默感体现在你的语言上，要知道说话幽默，不仅是一种大度的体现，也常常会给人一种宽容的感觉，让对方愿意与你接触、交谈。换言之，说话中恰当的幽默可以增进你的亲和力。没错，这就是幽默的力量，它不仅可以博人一笑，更是润滑人际关系、提高交际质量的关键所在。

很多时候，如果你能够让陌生人对你产生好感，那么，以此类推，你也可以让你周围的大多数人对你都产生好感。不信的话，就尝试一下吧！当你真正做到这一切的时候，你会发现，让所有人对你产生好感绝不仅仅是靠和每个人微笑着握手就能办到的，而是常常因为你的友善、机智、幽默拉近了你与那些陌生人的距离，你先让他们感到放松，然后他们才会放松警惕，邀请你走进他们的生活。

陈瑶被邀请参加一个非常高档次的派对。为了这次派对，陈瑶两个月前就开始准备，挑选什么样的内搭、首饰，甚至亲自找来很有名的设计大师为自己设计了一件很漂亮的烟粉色的晚礼服。

终于，一切的准备都没有白费，派对的那个晚上，陈瑶成为了全场最亮丽的女孩。但是，天有不测风云，就在派对快结束的时候，一个服务生却不小心将一杯红酒洒在了陈瑶非常漂亮的晚礼服上。所有的人都张着嘴巴，有的等着看陈瑶愤怒地责怪服务生，有的人则猜想陈瑶会红着脸、带着哭腔跑进洗手间……然而，他们都错了。陈瑶只是看了看自己的晚礼服，然后对一直说抱歉的服务生说："你很有设计天赋，我想我的设计师看我现在的晚礼服一定会大吃一惊，因为你的红酒撒得实在太有艺术感了，呵呵……"

陈瑶的一席话，立刻让原本紧张的气氛轻松起来，很多人都向她投来了赞赏的眼光，而她依旧是那晚最美丽的、最完美无瑕的派对女郎！

从上面的故事中，大家一定不难看出幽默的魔力吧！如果陈瑶如人们所想的那样子做，很可能让人们觉得她不够成熟，还会因此成为人们茶余饭后的笑料。但她却用幽默的方式，保存了自己的面子，还将自己的成熟与优雅展示出来，让人们对她有了更完美的印象。因此，你也要允许你的生活被幽默填充。之后你会惊喜地发现，你的生活也随之变成了喜剧。

幽默感对于当下的女人来说，除了是一种交际能力外，也是一种很好的保护伞。你可以在幽默的庇护下尽情出招；也可以严密防护，用幽默的语言反击对方；还可以巧妙地回绝对方，在这样的情况下，即便对方很恼火，也无法对你发火。俗话说得好，"伸手不打笑脸人"，这样你既能赢回自己的面子，也不会使自己处于"针锋相对"的"战火"之中！

由此可见，幽默的作用真是不小。生活中，尤其是希望成功的你，想在这个充满“争斗”的社会中快乐地生活，就一定要学会幽生活一默。没错，每个女人都需要幽默，然而真正的幽默感是来自内心的一种态度，是需要长期的修炼的，那么，生活中的MM应该怎样修炼自己既优雅又能引起“众乐”的幽默感呢？

◎拓宽自己的知识面

最重要的一点，幽默不是哗众取宠，而是一种内在修养的体现。因此，你一定要多读好书，不断拓宽自己的知识面，让自己有默可幽。只有积累了丰富的知识，在各种场合与各种人接触才胸有成竹，从容自如。

◎具有乐观的心态

要不断培养自己高尚的情操和乐观的生活态度。毕竟一个心胸狭窄的女人，每天除了嫉妒就是抱怨，肯定幽默不起来，也无法感受到生活中的快乐。因此，只有不断培养自己的高尚的情操，对世事能够以平常心看待。

◎保持一个年轻的心

时刻保持一个年轻的心，适时地“浮想联翩”。很多时候，浮想联翩这个词都是贬义的，说人们不切实际，但是，生活在现实中的女人，你不妨偶尔适时地让自己不切实际一次，保持一颗年轻的心，这样一来，很多让你苦恼的事情都会变得很“可爱”！

修炼自己的幽默感并非一朝一夕的事情，不然，你身边的姐妹们早就成了社交达人啦。所以，要做好循序渐进的计划，并要相信自己能够做到。平时，你可以多参加一些社交活动，不断锻炼自己的幽默感，增强自己的社交能力。

如果你是一个很温柔、很妩媚、很有智慧、善交际的女人，那么，再加上一点可爱的幽默感，你就完美啦。因为，没有一个人能够拒绝你这样一个魅力女人。他们都会争先恐后地与你接触，成为你的朋友。

说别人爱听的话，才不会冷场

> 与不太熟悉的人聊天，最好选择较为轻松愉快的话题，这样可以使谈话自然顺畅地展开。毕竟，聊沉重的话题，大家的心情肯定也会跟着沉重。

很多女生在现实中都或多或少有一种与陌生人交谈的恐惧感，害怕自己与陌生人谈不来，影响自己的印象。其实，这样的情况除了对自己不够自信外，也常常因为自己对与人聊天的话题把握不准。

一般来说，与陌生人的第一次交谈，通常决定了你们日后的关系。因为，如果对方觉得你的谈话让他舒服，那么，他就有想要和你进一步接触的欲望，反之，你们的关系可能就停滞不前了。

说到这，很多MM就要问了，怎么才能知道自己是不是找对了话题呢？两个人萍水相逢，素昧平生，该怎样沟通呢？……许多女人对谈论的话题存在着误解，以为只有那些风趣、幽默或令人震惊的事情才值得谈起。其实，只要你稍加留心，身边的一些小事都可以让你们双方谈得兴高采烈、意犹未尽。

事实上，与不太熟悉的人聊天，最好选择较为轻松愉快的话题，这样可以使谈话自然顺畅地展开。毕竟，聊沉重的话题，大家的心情肯定也会跟着沉重，而聊一些有争议的话题，又可能引起争议，甚至是引起冲突。

另外，聪明的你，在与不太熟的朋友交谈时，要做到言明嘴快，要懂得看准情势说话，不要放过任何可以说话的机会，适时地“自我表现”，能让对方充分了解自己。如果你能够在对方的谈话内容中找到彼此的共鸣，那么，你们之间的生疏感很快就会消除。最后，你还可以通过某个节目或某本书拉近彼此之间的距离。比如说，你看见对方手上有一本书，且这本书你也比较了解，那么，不妨就从聊这本书开始，不过千万不要不懂装懂，免得出笑话，反而破坏对方对你的印象。

其实，与你不熟知却想要加强关系的人说话的技巧除了适合工作方便的朋友之外，也适合正处在单恋的你哦。在与他沟通的时候，你可以试着从对方的兴趣面着手，多谈谈他感兴趣的事情；若是工作上的朋友，则可以从他比较在乎的股票、财经之类的谈起……不同的兴趣有不同的“兴奋点”，兴趣相投的人聚在一起交谈，可以激发出话题焦点的“火花”，进而产生思想、情感上的共鸣。

可欣和芸芸同时看上一个男孩子。于是，两个姐妹决定不为了此事烦恼，两个人一起去约那个男孩，谁约到了，另一个人就主动退出。

首先，芸芸找到了男孩，两个人在街边聊了几句，但最后男孩委婉拒绝了芸芸周末一起出去玩的提议。芸芸悻悻地回来，告诉可欣自己被拒绝了。第二天，可欣也找到了男孩，但出乎意料，男孩却主动说自己周末有时间，提议一起出去玩。

芸芸对此很不解，为什么自己去就没时间呢？难道是自己很没魅力吗？其实不然，问题的关键就出在交谈之上。芸芸一见到男孩就开始不停地介绍自己，说自己都干嘛干嘛，让男孩觉得很有距离感，觉得就算一起出去也会很被动很没意思。相反，可欣则先打听好了男孩的兴趣，投其所好，和男孩大谈起来他感兴趣的事情，说到最后，男孩还有一种意犹未尽的感觉，于是，就主动约可欣周末一起出来。

由此可见，恰当的交谈是一种心理上的沟通，也是思想与情感的交流，不但有利于解决问题、推动工作、发展友谊乃至爱情，而且可以使人心情愉快。

不过，不少女生也会这样觉得，找共同的话题对于熟悉一点的人来说还容易，但对于那些素昧平生、初次见面的人呢？怎么能找到共同感兴趣的话题呢？这就要求身为女人的你在讲话时充分发挥女性特有的细心，仔细观察对方，从他的兴趣、爱好、个性特点入手。若初次见面你就能做到从交谈的细微处着手去了解这个人，那么，你离“社交达人”就越来越近喽！事实上，只要你善于寻找，根本不用发愁找不到共同话题！

另外，值得一提的是，无论与陌生的人交谈还是比较熟悉的人交谈，都应该找到合适的话题，切不可像盲人摸象般胡乱谈论，随便找了话题就切入，这样不但不能够拉近彼此的关系，还很有可能导致结果与你的本来愿望背道而驰。

第3章 口吐莲花，小嘴一张人人欢喜

说话有礼数，分寸很重要

> 对于一个女人而言，只有说话有分寸，别人才能够接纳你、帮助你、尊重你并且满足你的要求。反之，如果你说话不懂得拿捏，随便乱说，那么，只会让你身边的人讨厌你。

一个女人想要在交际中获得成功，方法有很多种，但是每种方法都要讲究“分寸”。无论是说话的分寸，还是办事的分寸，差不多都蕴含着尺度的玄机。事实上，一个女人在社会中，最不爱把握的就是分寸二字，而若把握不好分寸，无论说话、办事都无法达到很好的效果，这样一来，何谈人际交往啊？

的确，纵观这个社会有成就的女人，哪个不是说话、办事儿很有分寸的人呢？所以说，掌握说话的分寸是一个成功女性的必备修养。其实，如果你是个很关注娱乐圈的MM，就不难知道什么叫有“分寸”地说话。你看看那些荧幕前活跃的明星们，哪一个不是把话说得很得体，恰到好处呢？因为他们知道，这说话的分寸关系着他们的前程。虽然，你的生活中没有随时随地都会冒出来的“狗仔队”，也没有人很较真地反复研究你说的含义，但如果你想要获得成功，就必须时刻把握好自己说话的分寸。

那么，什么是说话的分寸呢？从某种意义上讲，分寸与中庸有着类似的意思，不偏不倚刚刚好就是分寸。但事实上，分寸本质的含义却很深远，对于现代女性来说，有分寸的语言可不是如古时候的之乎者也，而是指你有没有说了不该说的话，是否恰当地表达了自己的意思，有没有画蛇添足等。

提到分寸，人们也常常联想到另一个词语，就是“掌握火候”，那么，这“火候”与“分寸”之间究竟存在着什么联系呢？

一方面，说话不到位不行，因为说不到位，别人就可能无法明白你的意思，无法理解，甚至会产生歧义，同时也会让你提出的建议不被重视或接受。这样非但不利于你办成事，还可能制造不必要的麻烦，常常给人一种你很弱势的感觉，无法得到他人的欣赏及好感。

但另一方面，你若是多得过头，要求太高，就很容易给人一种尖酸刻薄的感觉，让人听了非常不舒服，觉得你这人不识大体，甚至是不知好歹，这样你就会被大部分人“敬而远之”，也同样无法获得他人的好感，没有办法与人开展良好的交际关系。

你说得太木讷，人家不懂，还会笑你傻；你说得太透彻，别人又会说你不懂人情世故；你说得太幼稚，人家会看不起你，觉得你的观点和思想不成熟；你要是说得太烦琐，人家同样会觉得你故弄玄虚，不够真诚……

由此不难看出，这说话不掌握分寸是不行的。对于一个女人而言，只有说话有分寸别人才能够接纳你、帮助你、尊重你并且满足你的要求。反之，如果你说话不懂得拿捏，随便乱说，那么，只会让你身边的人讨厌你。试问，有谁愿意帮助一个自己讨厌的人呢？

一个懂得分寸的女人，会把一句很平常的话说得很有感情，十分中听，让听的人觉得舒服。一位中学女老师，对此就做得很到位。每一次她叫学生去办公室的时候，从来不会像其他老师那样习惯地说："XX，一会儿来我的办公室一趟。"而是大多会说："XX，下课后我在办公室等你。"这样让学生听着很舒服，也不那么紧张了，自己处理起问题来也相对容易多了。

事实上，说话得讲究分寸对中国女人而言更是如此，为什么呢？因为，中国人好讲究人缘，你人缘好自然好办事儿。那么，你的人缘靠什么维护呢？靠的其实就是嘴上的分寸。一句话说错了，有可能毁掉一段美好的婚姻，一份不错的工作……但一句话说对了，则有可能平步青云，扶摇直上。所以，聪明的女人，想要在这个社会上体面地生活，幸福地生活，成功地生活，就一定要掌握好嘴上的"分寸"！

怎样将同样的话说出不同的感觉

语言是天下最神秘、最有威力的武器，它可以打动别人，破除你成功路上的障碍，也可以伤害别人，为你增添阻碍，所以，学会利用语言的积极面是你人生中最重要的课程之一。

可爱的女孩，你是不是也经历过这样的事情——明明你和别人表达的意思一样，但对方得到了奖赏，而你却倒霉地受到批评。如果你的答案是肯定的，那么，在这样的事情过后你有没有想过为什么呢？是怨恨不公平，觉得对方实在讨厌，还是在反思是不是自己的表达方式出了问题呢？

事实上，并不是谁对你不公平，也不是对方故意刁难你，的确就是因为你的表达方式有问题。很多时候，同样一个意思，不同的人有不同的说法，不同的说法有不同的效果。所以说，在与人交流的时候，无论对方是谁，你都不要以为内心真诚就可以不在乎表现形式。事实上，就算你的家人，他们也不可能完全明了你的心思，所以，你既要想到，还要恰当说出来，说得明白，说得得体，学会艺术地表达自己的想法。

一个女孩失恋了，她把自己关在屋子里独自伤心。她的一个姐妹淘得知后过来安慰她，告诉她："唉呀，你不要伤心了，男人就是这样的，早就告诉你不要付出太多，不然你还会被男人欺负的。"姐妹淘只是想安慰女孩，告诉女孩这么难过是不值得，但却因为表达方式不当，结果让女孩听了之后更加难过。

第二天，女孩的另一个朋友过来看女孩。她握着女孩的手，说："离开你，是因为他没能看到你的好，你只是放开了一个不爱你的男人，而真正爱你的男人很快就会出现的，相信我！"女孩听着朋友的话，觉得豁然开朗，微笑着点头，决定不再难受了！

随后的一次朋友聚会，之前的姐妹淘便问后来的朋友，“我们说的意思都一样，怎么我越说她越来越伤心，你一说，她就好了呢？难道是因为我的话没有你有分量？”

朋友笑着说：“当然不是，只不过我转换了表达的方式罢了！”

生活中很多事情也如这个故事一般，常常并不在于你说了什么，而是在于你是怎么说的。语言是天下最神秘、最有威力的武器，它可以打动别人，破除你成功路上的障碍，也可以伤害别人，为你增添阻碍，所以，学会利用语言的积极面是你人生中最重要的课程之一。你只有认真听，多思考，不断地改正，才能掌握适合自己的说话技巧。也只有这样，你才能在言语出口后，如愿以偿地达到自己的目的。

我们在与人交流的时候，一定要注意说话或提出意见都不能太直白，否则就可能会给自己惹来麻烦。

一句话到底应该怎么说，其实很简单，你只要设身处地地从他人的角度想想就会明白了。

商场里，有两个售货员，都是卖香水的。其中一个导购对前来看香水的顾客说：“这款香水味道非常好，很多气质美女都选这款。”而另一个导购对前来看香水的人说：“这款香水非常棒，和您的气质刚好吻合。”结果，前一个导购员一天一瓶香水都没卖出去，而第二个导购则卖出了5瓶价格不菲的香水。

知道为什么两个人都在推销香水，前一个推销不出去，而后者却收益非常好吗？其实，只要你仔细一分析，就不难发现——两个人虽然都在夸赞自己的香水好，但前者却把重点放在香水之上，而后者则着重在说购买者的品味，虽然意思相同，但却留给人两种完全不同的感觉。前者的意思好像是若是气质不佳就配不上这款香水，而后者则说这款香水就要你这样有气质的人使用才能锦上添花。

一句话就可以打动前来购买香水的人，轻而易举地抓住购买者的心，也因此，得到了不错的回报。所以，一个心理成熟、懂得社交技巧的女人知道应该在什么时候、以怎样合适的方式说话办事。很多时候，在实话不方便说的情况下，善意的小谎言是你不错的选择，这种美丽的欺骗不但不会让人反感，反而会让人们感到很开心，拉近你们之间的距离。

生活中，你在说话之前，一定要思考一下，不要想什么就说什么，甚至不经大脑地胡言乱语。要知道，无论在什么情况下，结果才是最重要的。所以，我们在说话之前，一定要确立好说话的目标；还要学会察言观色，善于把握对方的心理，充分考虑到说什么话、如何说、什么时候说。另外，你还要分清场合和人群说话。做到以上几点，相信你一开口，便能收到不错的效果。

善说圆场话，帮人也利己

当你的朋友和同事处在尴尬境地的时候，你及时说出的一句话，帮助对方化解尴尬，对方一定会对你抱有感激。

姐妹们在说话办事的时候，可能都遭遇过让自己或对方陷入尴尬境地的经历。此时，有些聪明的女生能够马上婉转地转化局势，化解自己或者对方的尴尬，但也有些女生没有办法及时地化解这些小尴尬。如果你恰好属于后者，那么，在遇到类似问题的时候，应该怎么帮助自己或对方走出尴尬的境地，找回自己或者对方的面子呢？

其实，这样的事情虽然听起来比较麻烦，但只要你在自己或对方处在尴尬境地的时候，说几句圆场话，就能轻松地化解啦。一般来说，若是为自己找回面子，可以主动地岔开话题，或者借话搭话，这一点我们上文中有过比较详细的介绍，那么，怎样化解对方的尴尬呢？同样很简单，只要你适时地说几句得体的美言或巧妙地转换个话题，就能轻松地带对方走出尴尬的境地，这样一来，对方一定会很感激你的。

一次，一个朋友的生日聚会，赵青因为工作加班的原因，只简单地化了个妆，穿着职业装就去了。席间，当朋友正在敬酒的时候，一个朋友突然对赵青说："不是吧，你怎么总是穿着沉闷的职业装，现在公司不都让女员工打扮得漂亮点吗？你穿得可有点老土哦！"赵青举着杯子顿时僵硬在那里，这时，另一个女性朋友则说："你懂什么，我们赵青是国企正规单位的骨干精英，你以为是你这样无业游民，随便穿呢？"听了好友的这番话，赵青笑了笑，顿时不觉得那么尴尬了，而此时，桌上的朋友们也纷纷附和，说这叫品位，让聚会得以快乐地继续。

的确，与其说大方的圆场可以拉近彼此的感情，不如说，适时的圆场是一种受人感激的美德。当你的朋友和同事处在尴尬境地的时候，你及时说出的一句话，帮助对方化解尴尬，对方一定会对你抱有感激。要知道，“人在江湖走，哪有不挨刀”，说不定下次就轮到你了，这样一来，那人也会想尽办法帮你圆场的。其实，到最后，你还是等于是在帮自己。

姗姗参加好友的订婚仪式，仪式上，好友的男友为好友定做了一颗水晶心，由一个酒店的服务生送上来。结果就在送到台上的途中，服务生被绊了一下，不小心将水晶心磕在了餐桌上，水晶心立刻变成了两半，而惊慌的服务生则脱口而出：“怎么这么脆弱……”顿时，全场一片寂静。这时，姗姗马上走过来，拿起摔成两半的心，对着在座的来宾说，“看来，这对恋人一定能够在一起一辈子的，因为，就在刚刚，他们心中的彷徨与小害怕全都被打破了，现在，他们留下的只剩下一颗真爱彼此的心啦！”就这样，原本尴尬的现场，立即活跃起来，人们都纷纷祝愿这对恋人相爱一生。一句话使得本来十分紧张的气氛顿时又欢腾起来。

在这样一个浪漫的日子，由于一个不太好的小插曲，致使欢乐高兴的气氛一下子被弄得十分难堪，后来若不是姗姗会说话，圆上了场面，这一句“脆弱”必定会引起不小的风波，也会让台上的好友及其男友非常尴尬！

既然打圆场有这么多的好处，那么，生活中你应该如何发挥自己的聪明才智，将圆场进行到底呢？

其实，要想成功地打圆场，就必须要针对实际情况，更要区别对待，有时可以用幽默的话语转移话题，制造轻松气氛。一般来说，主要有以下几点，可供各位MM借鉴！

◎懂得转移话题，制造轻松气氛

很多时候，尴尬的事情发生后，当时的环境就会急速降温，变得非常敏感甚至是有些严肃，此时，你可以暂时回避这个问题，通过转移话题，借助一些轻松、愉快的话题来活跃气氛，转移双方的注意力；或者充分发挥你的幽默功力，化解有些僵持的局面，从而缓和尴尬的局势。

◎善意地改变原意，化干戈为玉帛

很多时候，一些尴尬局面的出现，都是因为双方某些谈话内容产生的误会，从而出现的一系列的问题。此时，为了缓解这种局面，你可以善意地扭曲下对方的意思，装作不明白或者干脆不予理睬地直接跳过，从而善意地避免尴尬或者不必要的冲突发生。

◎多用设问，巧妙回避尴尬

很多时候，因为碍于面子，你可能对某些事情把不准。这个时候，你最好不要随便选择肯定，而是不妨用设问的方式，把重点再丢给对方。

这种方法非常适合你在与比自己年长、辈分大或者级别大的人交谈时使用，既不会让对方觉得你不够尊重，还能够巧妙地化解双方在谈话间导致的尴尬。就比如在和上司理论的时候，一方面不能够太过强势地直接说对方不对，但又不想承认自己错，尤其是在自己没有过错的时候。此时，聪明的你不妨这样说："如果您觉得这是对的，那么，我肯定是做错了！"这样一来，你并没有肯定上司的观点，也不否认自己的观点，然而却能够停止与对方的争辩，且不会使人难堪，因为，附加了疑问的意思，很温婉地表达了自己的意见，大多数人都能够很轻松地接受。

综上所述，只要做到以上几点，相信过不了多久，你定能成为一个圆场高手，在帮人解围的同时，也能"预防"自己陷入尴尬、难堪的境地之中。

告别谈话冷场的尴尬

任何一个聪明的女人都必须掌握找寻可谈话题的能力，只有这样你与对方的谈话才能顺利进行下去。

交谈能力对于在职场中“拼杀”的你来说太重要了。因为，它很有可能会决定你的前程，是你人际关系中最关键的部分之一。良好的交谈能力不但能够成为你人际关系中的润滑剂，消除你与他人的摩擦，化解矛盾；也是黏合剂，能够拉近你与对方之间的距离。综上所述，你一定要好好利用并不断提升自己的交谈能力，让其成为你工作中的推动力。

一般来说，良好的交谈只是双方找到了比较谈得来的话题，不会出现冷场或者尴尬无话可说的局面。当出现冷场的时候，你还要具备能够及时转移话题的能力，只有这样，你才能算得上是一个具备不错交谈能力的女人哦！

那么，生活中，哪些情况会导致谈话中出现冷场的现象呢？通常来说，你选择过高或者过于平淡的话题都会导致你的谈话出现冷场的现象。此外，假如你不太善于言谈也很容易在交际中陷入“无言以对”的尴尬境地。因此，假如你想要在交际场上得心应手、游刃有余，就必须让自己掌握在那些场面上“没话找话”的诀窍。

所谓“没话找话”其实就是善于找到可谈的话题，或者能够根据某件事儿引出可交谈的话题，记住，一定要是可交谈的话题，并不是随便什么话题都成。比如，你在聚会时突然没头没脑地问身边的人一句：“你用哪个牌子的马桶？”估计很少会有人与你探讨这个话题，反而多半人会以为你精神上存在某些问题。此外，话题作为初步交谈的媒介、深入细谈的基础、纵情畅谈的开端，其重要性可见一斑。因此，任何一个聪明的女人都必须掌握找寻可谈话题的能力，只有这样你与对方的谈话才能顺利进行下去。

小君是一家度假山庄的经理。一次，她开车去山庄视察，不料车子却在半路抛锚了。她的司机下车修了好半天也没能修好，且那个位置连打车都打不到。正当二人犯难的时候，一个年轻的小伙子正好开车经过，见状后询问小君是否需要帮助，小君半信半疑地告诉了小伙子自己的状况，并让司机带着小伙子去查看问题，没想到，不一会儿小伙子就找出了车子抛锚的原因，并帮助小君的司机将车子修好了。但当小君准备对小伙子说感谢的时候，那小伙子却早已开着车走了。

于是，小君也只好吩咐司机先开车去山庄了，没想到却在山庄遇见了刚才帮助她修车的小伙子，原来他是这里的采购员，两个人就刚才的事情聊了起来，原来小伙子这一手修车的本领是从部队里学来的。聊天间，小君觉得小伙子是一个很有能力且责任感很强的人，于是，在回到总公司不久就吩咐人事部提拔了这个小伙子。

上面故事中的小伙子的确很幸运，但在幸运的背后，我们也不难看出，想要彼此有话可说，谈得来，首先就要双方都能够认同彼此或共同经历过的事情。女性朋友要与人谈得投机，就要在“故”字上做文章，变“生”为“故”。因此，想要和他人很好地交谈，首先要找到彼此共同的切入点，不放过应当说话的机会，能让对方充分了解自己。

小海陪自己的侄女去游乐场。小侄女要坐缆车，因为缆车是四人座的，加上是周末人多，所以小海就与另外一个带着孩子的女人一起坐了一辆缆车。小孩子都比较熟络，没一会儿两个小家伙就玩到了一起。小海觉得这缆车到终点怎么也得 20 多分钟，这样干坐着实在没意思，就打量了一下坐在对面的女人，很年轻也很漂亮，无意间发现女人胸前挂着一个小吊牌，能看清前三个字是电视台。于是，小海就笑着问：“您在电视台工作？”

女人也笑着回答：“是的，我是做编导的，你是怎么知道的？”“我看到您的胸牌，呵呵，能在电视台上班真好，我就最羡慕在电视台上班的了。”“好什么啊，每天都很忙，就连陪孩子来个游乐场都要算着时间，呵呵，这是女儿？”“是我小侄女，她妈妈也是太忙，就托付给我了，哈哈！”“原来是这样啊，刚才我还在嫉妒，同样是孩子的妈妈，怎么你这么年轻呢？”“没有啦，我只是大龄未嫁啦……”就这样，缆车在轻松愉快的气氛中很快就到达了终点，两个人互留了电话，因为小海从事的是广告行业，所以，没过多久，两个人又因为工作上的事情坐在了一起，现在半年多过去了，两个人已经成了很好的朋友。

由此可见，生活中，想要找到合适的交谈话题，很多时候是需要你细心寻找的，通过寻找找出对方感兴趣也同样适合你的话题，找出共同点，交际才能自如。

不少 MM 也会碰到这样的时候，刚开始谈得还算顺畅，但越聊越没话题，最后两个人干脆无话可说了，继而出现了令人尴尬的冷场状况。此时，聪明的你想要打破僵局，完全可以从时下大家比较关心的问题，先表达自己的观点，然后询问他人对你的观点有何评价。为了吸引大家的兴趣，你还可以时不时地装作似懂非懂的样子，这样子对方就会有成就感，很乐于与你交谈这个话题。谁没点小虚荣呢？当然，你要把握似懂非懂的程度，千万不要把你明摆着就能知道的事再去问别人，这样很容易引起对方的反感，反而导致你们接下来的交谈变得“更冷”！

最后，作为女人的你在与对方交谈的时候，一定要懂得给对方留下一些思考和接话的时间，不能完全不给对方说话的机会。那么一来，完全就成了你个人的演说会。要知道，如果交谈是和谐的，就能使双方之间的距离缩短。因此，当你和别人交谈，不要一味地说个不停，也不要一个人就把话说绝，而是要选择敞开式的话题，给对方发挥的空间，你们之间的交谈才能够“如鱼得水”！

适当地“吹捧”，为你的人际关系升温

> “捧”也是有讲究的，可不是毫无目的地“瞎捧”，更不是不知所云地“乱捧”，而是要从实际出发，因其所长而有内涵地“捧”！

有过求人办事经历的MM可能都知道，这求人办事儿最关键的一点就是一个字——“捧”。这个字虽然说出来有点虚伪，但你要是“捧”得得体、恰当，就能起到很好地拉近彼此关系的作用。

所以说，MM们在社交中要经常捧捧对方，不过话说回来，这“捧”也是有讲究的，可不是毫无目的地“瞎捧”，更不是不知所云地“乱捧”，而是要从实际出发，因其所长而定有内涵地“捧”！

两个月前，李峰接到了总公司下派的任务，说要完成一个美术馆的设计。随后，李峰马上召集人马进行设计，总公司那边规定要在30天内完成，但是就在即将要完成的时候，公司的小陈却将策划稿中的一页丢失了，造成了整个计划推迟了三天才上交。这让一向办事儿非常严谨的李峰感到非常恼火，事后经过调查，发现是当时设计底稿的一个设计人员记错了页码，但李峰还是决定开除小陈。

但小陈毕竟已经在公司工作3年了，他不想就此被辞掉，于是赶忙找到了他的主管王晓娟，让主管去李峰那里求情。

到了李峰办公室，王晓娟拿着设计好的图纸看了好一会儿，然后大声赞叹道：“李经理，您的设计方案真是太出色，相信总公司一定会好好奖励您的，最重要的是，这么复杂的设计方案，你操作起来竟然这么的有条不紊，所有员工都完成得非常出色，这可是一般项目不能比拟的，所以，我看您完全没有必要开除小陈，他也吸取了教训，着实没有必要让他影响

了您的成绩不是？”

李峰听着王晓娟对自己的赞扬，细想想也对，于是，就撤消了对小陈辞退的指示。

小陈之所以免于被辞退，原因都在于王晓娟的说情，王晓娟把一顶高帽子扣在李峰的头上，然后就事论事，让李峰也觉得的确就是那么一回事儿，于是，事情自然办成了。

其实，这个道理就好像是“异性相吸，同性相斥”的原理一样，每个人都有着自己喜欢和讨厌的事情，对那些自己心里喜欢的事情当然比较容易接受啦。因此，我们办事儿的时候一定要掌握规律，恰当地“捧”一下，事情就办成嘞！

小雪是一家外贸公司的总经理助理。一次，总经理利用业余时间研发了一个小发明，竟然意外地获得了城市赛区的一等奖。回到公司后，大家给总经理开了个庆功会。期间，一个部门经理过来对总经理说：“不瞒您说，您选择从商真是错了。你看你的才能，你要是搞创作发明，现在早成了科学家了。”

总经理听了以后，有些不高兴地说：“那你的意思是我做经理做得不好，应该早点换个工作吗？”

本来想拍总经理马屁的部门经理一听这话，傻眼了，顿时不知道如何是好，一顿支支吾吾。这时，小雪正好送水进来，也恰好听到，便打圆场地说：“总经理，他是在夸您不仅本职工作做得好，而且多才多艺，是我们学习的榜样呢！”

总经理一听这才哈哈大笑起来。

从小雪的经历中，聪明的你一定不难看出“捧”人也是需要技巧的。同样在“捧”，不同的方式所产生的结果也不尽相同，若能先给对方扣上一个“高帽子”，再巧妙地将对方的“不”说成“是”，便可以轻松达到你所要的效果。

“捧”其实与奉承不同，也不是谄媚，一般人在生活中大多只会看到别人的短处，而常常忽视对方的长处，甚至不自觉地放大对方的短处，便觉得一种对方根本没有优点值得你捧，于是你只能说点不存在的事情奉承对方，这样一来，也会让对方觉得虚假、不真实。事实上，你根本不用费尽心思去吹嘘那些不存在的事情，首先应端正自己的认知：这个世界上“人无完人”，你要善于发现周围人的长处，发现别人可捧的地方。让他在“舒服”的同时又没有办法拒绝你的要求，你的目的不就达到了吗？

第4章 妙语连珠，让自己在职场中八面玲珑

把握面试机会，“说”出成功来

> 作为一个女人，在面试时恰当的自我表白，是非常重要的。面试的时候，并不在于你说了多少话，而是在于你有多少话说到对方心里去。

工作越来越难找，工资挣得越来越少，这是现在职场女性普遍存在着的苦恼。很多时候，你常常懊恼，为什么自己有着不错的学历和经验，可就是死在面试这关上了呢？但是，聪明的你有没有想过，与你一样在找工作的女孩有多少，每天公司又要面试多少这样的人？如果你一直等待对方发现，自己不做一些努力，又怎么能如愿呢？作为一个现代女性，你不能再让自己做一个坐待“伯乐”的“千里马”，而是应该“毛遂自荐”，让对方看到你的自信与能力。不然公司为什么要设立面试这一环节呢？其目的不过就是给每一个面试者一次自我表现的机会，再从中找出表现力最好的那些人。

由此可见，面试场上你的语言表达能力决定着你的前程。事实上，面试中的语言表达能力不仅是个人表现力的一种展示，也是你个人内涵及修养的一种浓缩展示，对于正在求职的MM来说，恰当的语言表达能力实在是太重要了。

接下来，就给各位姐妹们简单介绍一下，面试中所需要注意的一些问题及如何提升自己的语言表达能力。

首先，聪明的你在面试时应尽量放松自己，表情自然、面带微笑，这样才能给人一种真诚、亲切的印象。而此时，你所说的第一句话非常重要。据不完全统计，有70%的应试者参加面试时，不主动说第一句话，而是选择沉默地等待主考人发问，或虽然主动说话，但说得不清晰、不得体。而只有30%的人能够礼貌地、得体地说好第一句话。很多MM觉得不知道如何开口说好第一句话，其实，第一句话是非常好说的，它可以是问候、请示或自我介绍，如"您好，我是……"等，要根据当时的实际情况灵活掌握，不能弄巧成拙。创造良好的开端，可以给主考人留下良好的印象。

其次，在这个社会中，公司大都比较喜欢招聘一些个性开朗的女生，而不会挑选像林黛玉那般凡事闷在心里的女生。因此，你在面试的时候绝不能消极被动地坐在那里等着回答问题，而是要积极主动地参与交谈，适时调控面谈的进程，达到说服对方的目的。当然，交谈要掌握分寸，若喧宾夺主了也不好。对于女人而言，切记话不在多，而在精，话要是说得太多，难免会给人浮夸而轻率的感觉，因此，说话时要找好切入点，要说得有力度，说一些无关的事只会于己不利。

小莫最近一段时间正在四处求职，相貌、学历都不错的她却始终没能被一家公司录取，这次，她又鼓起勇气来到一家规模很大的广告公司应聘。

人事部的人员粗略地看了下小莫的简历后，说她可以去总经理那边面试。小莫很是惊喜，一般情况下，能见总经理的面试都说明机会很大了。来到总经理的办公室，一个中年男人慵懒地坐在办公椅上，随便说了句坐，就不再正眼看她。

小莫看了看经理说："您好，王总，我叫安莫，是前来应聘客户代表一职的。"说完，走上前，将自己的简历递给总经理。总经理拿着简历皱着眉头看了一下，就直接放到一旁的文件夹内，说："好的，你现在可以回去等消息了！"

小莫站起身，刹那间，那种渴望得到这份工作的意念支配着她，在离开大门前对总经理说："谢谢您，我并不是害怕面试失败，只是很渴望能够得到这份工作，希望成为贵公司的一员，我想，我能够做好。"说完便从容地离开了。

第二天，正当小莫在家继续查看招聘网页的时候，她的手机响了，是王总的声音。他告诉小莫，她的面试成功了。

从上面这个故事，聪明的你一定不难看出，作为一个女人，在面试时恰当的自我表白，是非常重要的。面试的时候，并不在于你说了多少话，而是在于你有多少话说到对方心里去，因此，你在自荐或回答问题时要力求把握要点、精炼准确、有条理。要知道，重复的谈话会使人觉得你平时说话办事也一定唠唠叨叨、婆婆妈妈。

自信是成功的第一秘诀，这是千古不变的真理，当然也适用于女性求职过程中。不论你希望从事什么职业，首先都要除去对该职业的敬畏心理。要相信自己有资格担任那项工作，并在心里告诉自己，一旦被录用，自己一定能够做得很好。而这一点通常也是公司选择人才的标准，毕竟没人愿意把工作交给一个连自己都不相信自己能做好的人处理。

赵小姐在各个方面都特别优秀，但就是一面试就失败，究其原因才知道，原来是她面试的时候声音太小。知道了问题所在，赵小姐再次去面试的时候，注意提高了自己说话的声音，结果很顺利地就被录取了。

事实上，这个问题很多女性在面试的时候都遇到过，因为紧张或者不够自信，而导致说话的声音很小，而这种细若游丝的声音则会展示你的不自信，甚至会怀疑你简历内容的真伪，让人感到很不舒服，给人一种你很软弱的假象。所以说，MM 们在面试的时候，也一定要注意自己的音量，不能太小，当然也不要太大。

另外，在面试的时候，你还应该注意在说话时适当地停顿一下。这样不仅能使讲话层次分明、重点突出，还能够使人明白你所讲的内容分几个部分，这样既能吸引听话人的注意力，又能使前后互相照应。当你转换语言、承上启下，或提示重点、总结中心思想的时候，就需要停顿，而停顿的时间按你所说的具体内容而定，在 3~10 秒之间波动即可。

此外，即便你很紧张，也一定要注意停顿。不然会给人一种滔滔不绝、不知所云的感觉，而你话语间流露出来的急促之感，也会引起对方的不耐烦。

求职面试，其实都是非常平常的事情，你没有必要把它看得太重，不妨放松一些，把它当成表现自己的舞台。这样一来，你可能就会表现得更出色一些。

若想游刃职场，先学会赞美你的同事

对于他人的成绩与进步，成功的女人都会及时给予肯定、赞扬抑或是鼓励。任何人只要有值得褒奖的地方，你就不要吝啬给予对方真诚的赞美。

在没有江湖的今天，办公室其实就是女人们的江湖。在这江湖之中，隐藏着太多的不可预知和危险，有些女人一时失足跌入悬崖，而有些女人则掌握了秘方，在职场中自由畅游。那么，让女人们游刃于职场的法宝究竟是什么呢？其实你大可不必费尽心思去想，因为它非常容易办到，就是微笑着赞美你身边的同事。

沉闷的办公室，总是有做不完的工作，办公桌前总是对着做不完的工作。很多时候，面对每日反复的工作，我们常常感到厌烦，无奈甚至毫无兴趣可言。就这样，在不知不觉中，我们对现有工作的热情越来越少，与同事之间的关系也越来越生疏，尤其当我们面临较大的工作压力时，我们的情绪又会变得焦虑、不安甚至是抑郁。烦躁的心情常常降低你的工作效率，甚至令你做出一些让大家都不愉快的事情，这使得原本很简单的工作最后变得复杂起来。而在这个时候，你内心深处常常会涌起一种得到他人赞美的渴望，同样的道理，你若能够站在你同事的角度上，适时地也给他们一些赞美与肯定，那么，你还用发愁做不了办公室最“红”的女人吗？

没错，赞美的力量无穷大，在你赞美他人的时候，也必定会得到他人对你的赞美。这样一来，你不仅能够收获不错的人际关系，也可以得到促使你不断前进的动力。因此，对于他人的成绩与进步，成功的女人都会及时给予肯定、赞扬抑或是鼓励。任何人只要有值得褒奖的地方，你就不要吝啬给予对方真诚的赞美。

不要总是想，等到对方做了惊天动地的大事儿后再赞美对方，事实上，用心观察对方身上一些细小的优点并及时地说出来，才是最令人感激的。此外，赞美他人要有分寸，不离谱，要恰到好处，不能随口乱说，也不要过分夸大其词。若给人一种惺惺作态甚至肉麻的感觉，事情就会朝着反面发展。

看来，这赞美还真是一把双刃剑，那么，姐妹们应该如何正确地利用赞美的有益面，如何适度地赞美别人呢？

◎从实际出发来赞美别人

每个人都有自己的优点和个人特色，因此，你要赞美别人，就必须从实际出发，符合对方的实际情况，这样才能够收获到良好的效果。假如你的赞美不符合事实，只是随口凭空捏造，则成了“虚伪”。

如果你对你公司的保安说：“天啊，你怎么这么帅气，你一看就是成功人士，你真是我见过最伟大、最帅气、最成功的人”那么，很显然，对方肯定以为你吃错药了，甚至认为你明显就是玩笑他，因为这些话完全和他没有关系。但若是这番话换个场合，你对着一个年轻有为的男士说，则又会有另一番效果。

◎赞美应从小事入手

赞美对方可以从日常中的一件小事着手，比如同事今天穿了一件衣服很漂亮，不妨赞美一番，或者对方最近新买了一个手袋，也不妨赞美一番，并肯定对方有眼光，不过值得一提的是，这样的赞美一定要在第一时间第一次见面说哦！

除了赞美同事们的打扮外，还要多注意同事们在工作上的表现。毕竟是在公司，大家当然希望在工作上得到赞美。因此，当同事提出了不错的创意或顺利出公差回来之后，不要忘记说句“你真行！做得不错”之类的话。

不要觉得这些说法很虚伪，事实上，它一点都不假，反而是一种做人的艺术，如果你能够多留意别人的长处，学会欣赏别人，对你的人际关系一定有很多的好处。

◎赞美对方觉得骄傲的事情

所谓赞美，首先要有美可赞。因此，你在赞美对方之前，首先要找到对方的优点，这就要求你细心地去发现，而通常这也是能够在最短时间里获得别人好感的、最该使用的一种赞美技巧。千万不要觉得那些你认为有些虚假的赞美之言不足挂齿，事实上，赞美都是有根据的，本来就是真诚的，它反映着你的内心，对方听到之后，也定能感受你的真诚，这样一来，你们的关系便会在无形之中被拉近，而对方也会想着找机会赞美你或者回报你！

◎将赞美具体化

将你的赞美落实到对方所做的事情上，那么，效果会更好哦！比如你夸奖某个同事能力很好，就不妨说说他在工作上的成绩，用事实说话，这样的赞美才最有力度；又或者你夸奖身边的女同事漂亮，不如细化到“你的眼睛真迷人”、“你笑起来的样子真好看”……这样会让被赞美的人满心喜悦。

◎赞美虽好，说前要多思考

赞美虽好，但是你在说前也一定要多思考。很多女生都觉得赞美谁不会，不外乎就是夸奖对方，但事实上呢？赞美的学问可大了，夸别人不难，但夸到对方心里去，让对方舒心，甚至对你感激就难了。一般来说，赞美别人的时候千万不要总是说一些“落俗”的话，让对方感觉俗不可耐，毫无美感，这样一来你的赞美就变成了劣质的吹捧，毫无实效。要知道真正聪明的女人，是非常懂得把握赞美的火候的，她们常常把那些词语拿捏得很得当，还会经常说出点小惊喜，这样一来，听的人高兴，说的人办起事儿来自然就容易得多了。如果你的同事做了很大的事情，而你却小小地赞扬了对方，会让对方觉得很纳闷，认为你言不由衷；而如果你的同事没有那么好，你却很夸张地表扬她，则会让她觉得很别扭甚至很尴尬，不但不会认为你在赞扬她，而且会觉得你在有意地挖苦。

所以说，作为一个聪明的女人，在沟通中必须掌握赞美他人的技巧。

让对方心悦诚服地接受你的批评

无论你处在何种位置，你都必须让自己知道——批评不仅是一种情感的抒发，更是一种学问，运用在社交之中，更是一种艺术。

我们在前面的章节中提到过批评的艺术，本节还要详细说一说在职场中批评他人的艺术。姐妹们无论现在年纪几许，一定都有过被人批评或者过批评别人的经历。那么，你有没有考虑过，在职场中，什么样的批评最能让你接受？而你在批评他人的时候，又是否考虑过你说的话对方是否能够接受呢？

在职场中，批评一般多是上级对下属的，当然也有同事平级之间的批评，无论你处在何种位置，你都必须让自己知道——批评不仅是一种情感的抒发，更是一种学问，运用在社交之中，更是一种艺术。

你知道怎样的批评算是成功的吗？很多人总是觉得批评就是批评，其目的就是让对方意识到自己的错误。实际在很多时候，你的批评非但不能够引起对方的反省，反而引起对方的逆反心理，对你心生厌烦。因此，聪明的你一定要好好学习批评的艺术，让对方心悦诚服地接受你的批评，并对你心生感激，只有这样，你的批评才算是成功的，才算是达到目的。

生活中不少 MM 在面对别人的错误的时候，常常一时激动找不到合适的方法，而是冲动地说一些过激的话。事实上，这种批评方式是非常错误的。要知道，批评是要讲道理，双方平静地找出最好的解决办法，而不是凭借着大声音，让对方臣服，更不是说一些不合适的话打击对方，这样不但不利于犯错误者接受，弄不好还会使犯错误者产生不接受批评的抵触情绪。所以，你一定要把握好批评的分寸，尽量使用正确的措辞，并且尽量控制自己的情绪。要懂得给对方留有余地，给对方自我反省的机会，毕竟只有对方自己意识到错误才能及时地改正！

若你作为女上司，在批评下属时可能会说出这样的话：“你怎么这么马虎，这样的小错误你也犯，真是太笨了！”但你却没有考虑到自己这样的一味加以批评，甚至说一些带有侮辱性的话语，不但常常无法达到你预期的效果，还会让下属对你感到厌烦，而你的人际关系和个人威信也会受到影响。相反，同样的话，你如果换个说法，效果则会大不相同，比如，“今后你要多注意不要再犯类似的小错误啦。”、“我觉得，你就是不细心，要是再细心点一定能完成得很好。”这样，对方不仅会感激你对他的信任，也会感受到你的真诚，而对你来说，你的人际关系也会上升一个层次。当你遇到类似的事情时，对方也一定会极力帮助你的。

此外，你还要懂得批评与安慰并进，当你批评了他人之后，他人的内心一定会或多或少的有一种失落感，此时，你若能及时地给予对方一些恰当的安慰，那么，对方一定会感激你的。不过你在安慰对方的时候一定要把握好批评与安慰之间的距离。比如，如果昨天你批评你的同事或者下属，第二天见面的时候，她看上去不是很高兴，此时你就可以主动和对方打招呼，这样一来，对方会忘记昨天的不快，像往常一样与你相处。

如果你因为工作中的一些小事儿批评你的同事，且你们同级，此时你一定要坚持得过且过的原则，批评的话语尽量温和，以避免发生不必要的摩擦和误会，引发不必要的矛盾。

辛辛的公司里，有几个男同事常常在办公区抽烟，虽然公司设有专门的吸烟区，但连经理都常常在办公室内吸烟，辛辛和所有讨厌烟味的女同事也只能忍受着。

一次，办公室里三位同事都感冒请假回家休息了，经理开会的时候就嘱咐大家要多注意身体。这个时候，辛辛灵机一动，便说：“是啊，最近可是流感的高发期，昨天我陪朋友去医院做检查，医生就说，这次的流感可严重了，还得隔离什么的，所以嘱咐大家一定要做好防护措施，因为是由呼吸道传播的，因此不要去人多的地方，也要尽量躲避二手烟的侵害，以免降低免疫力，我今儿个上班来的路上，发现很多公共场所都贴出了禁止吸烟的标识，我想我们也可以试一试，有好身体才能更好的工作嘛，不过那可就要委屈经理和男同事们了！”

经理听了辛辛的话，笑着说：“为了大家的健康，那有什么难的，从今天起，我带头，谁要是再在办公区抽烟每人罚 10 块，我罚 20 块，不过，辛辛说得没错，这次流感很严重，大家要好好注意。”

实际上，想要改变一个人不良的喜好而又不伤及彼此的感情，最好的办法就是，间接地告诉他，让他自己意识到自己的错误，这常常比正面批评的效果要好得多。

聪明的你，不妨在说话之前，给自己一两分钟思考的时间，说一两句体谅的话，要知道你对他人的大度与宽容，其实就是对自己的大度与宽容。因此，当你要批评他人的时候，请保持冷静，让自己仔细想一想，应该采取什么样的方式，用什么的词语，才能既不伤害到对方的自尊还能起到让对方认识到自己错误并积极改正的作用。

批评可以是让人难受的，也可以是给人快乐的，关键在于说它的人。要知道，艺术的、富有语言魅力的批评不但很容易被对方愉快的接受，还会给对方留下深刻而美好的印象，甚至对你心存感激。这样一来，通过恰当的批评你不仅达到了自己的目的，还可以为自己的人际关系累积人气，何乐不为呢？

办公室那点事儿，做得好更要说得好

常言道，“光做不说傻把式，又做又说真把式”，意思就是说闷头苦干的人很傻，不懂得向外界推销自己，所以干了再多也不被人知道；而既能做好又懂得适时地推销自己的人才是有真本事的人。

无论什么行业，都会有这样一类女人，她们往往第一个到公司，最后一个离开公司，每天认认真真地工作，勤勤恳恳地加班加点，恨不得把所有繁重的活儿都一个人揽过来，可是每次年终表彰大会中，却鲜能看到她们的影子，而年终奖金，她们也常常是分得最少。

如果你恰巧是这一类人，你可能会把这样的结果归罪于上司眼睛有问题或者同事们在背后和你玩阴的。可是，你有没有在自己身上寻找原因呢？

常言道，“光做不说傻把式，又做又说真把式”，意思就是说闷头苦干的人很傻，不懂得向外界推销自己，所以干了再多也不被人知道；而既能做好又懂得适时地推销自己的人才是有真本事的人。其实这个道理也同样适用于当代职场，作为女人，你若想得到长远的发展，除了具备专业的知识和充足的干劲儿之外，你还必须要懂得把握表现自己的机会，努力寻找展示自我的机会。

小雯和一个男同事一起负责一个项目。男同事自然将项目中的文字性工作交给了小雯处理，结果数百页的数据收集和计算统计让小雯的工作进度远远地落在了男同事的后面。

大多数男人都喜欢将文字性或者统计性的工作交给女拍档来做，美其名曰，自己做不来这些精细的工作。实际上，是他们心里明白，这些文字性工作是非常费力且不出成绩的，与其这样，他们更愿意将眼光放在那些能够带来直接效果的工作上。

小雯后来意识到了问题的严重性，明确了自己所要负责的项目职责。得到授权后，她只需要负责项目投标书的文字工作，另外把主要精力放在了研究项目的可行性调查之上，而她的搭档也就是那位男同事则负责技术部的问题和统计类的文字工作。

在职场中，最有说服力的并不是你做出了什么项目，而是你在这个项目中做出了什么业绩。即便你才华出众，工作不辞辛苦，没有被上司发现，你也只能充当一个可有可无的小人物。

蒋小涵在大学时是出了名的校园才女，不但是校办宣传部的部长，还是多个社团的团长，在校园中的人气那真是“相当的”高啊！大学毕业后，在学校的极力推荐下，她去了一家很有名气的杂志社实习，谁知道原本在学校被众人称赞、让学校引以为傲的才女去杂志社不到两个月就被辞退了。

原来，杂志社有个规定，每周五都要举行一次例会，讨论杂志的新选题和方向。每次开会的时候，其他员工都积极发言，说出自己的想法，只有蒋小涵一个人安静地坐在后排，不吭一声。事实上，蒋小涵心里有很多好点子，但是她觉得自己刚刚来到公司，若是“妄开言论”，不免会让人觉得自己张扬，影响自己在同事眼中的印象。再者，她觉得自己毕竟没有什么经验，万一自己的想法不合主编的口味，这无异于泄露自己的缺点。就这样，她沉默地度过了一个又一个例会，直到有一天人们完全忽视了她的存在，开会的时候再也没有人询问她的意见，或是向她这边投来目光。当她发觉这种情况后，想要扭转这样的局面，但为时已晚，她已经给人留下一个没有实力的花瓶印象，最后，她因为惧怕展现自己的能力而让自己失去了工作。

生活中的你是否也有过类似的经历呢？会议中，你的同事总是非常雀跃发表自己的意见，看上去总是那么的自信、有准备。事实上，他们很有可能并没有熟悉那次会议，甚至他们所准备的资料完全没有你齐全。但因为你没有发表自己的观点，你的上司不知道你的存在，更无法了解你的专业程度。人们常说沉默是金，但你也不要忘了，沉默也是埋没才能的沙土。

那么，职场中究竟是哪些因素导致MM们的才能被埋没呢？

◎成了点头机器

对于女人而言，点头常常仅代表她正在听或者她明白了；但对于男人来说，他们却往往把点头视为“我同意你的观点”。这样一来，对方一说话，你就点头，就给了对方一种你没有主见，甚至是有些软弱的感觉。

◎大胆说出你的话

很多女生在说话的时候，都喜欢加上一些修饰词语，比如“但愿、希望、只是、猜想……”但也正是因为这些词语，使得女生的话语不能得到足够的重视，甚至会被忽略掉。因为，对于很多人来说，这种带有假设修饰等意味的话语，大都因为说话的一方没有自信，或者想法不成熟。而在工作中，又有谁会愿意留心去听一个不自信的人说话或者用心分析一个不成熟的点子呢？同样的道理，一些女生在职场中，一遇到一些小错误，就会频繁说“对不起”，渴望对方看到自己的诚意。但事实上，过于频繁的道歉是很不恰当的，常常会给人一种软弱无能的假象。

◎不允许被打断

很多时候，大家都觉得女生可能是容易会插话的那类人。但事实上，男人们更喜欢将突然想到的事情说出来，换言之，他们其实比女人更喜欢打断别人。而女人在这个时候，常常容忍男人们的这种行为，并认为自己的想法不够好，失去主见，这是于己不利的。此时，你应该对对方说：“抱歉，我还没有说完。”然后自信满满地继续你的观点，直到你完全表达清楚自己的意见为止。不要怕自己的观点不够正确，要知道，所有动人的点子都不是完美无瑕的！

◎不要被动等待他人的邀请

很多女生她们不主动发言，不表现自己，其实并不是因为她们学识不够高，经验不够深，自信不够多，而常常是因为她们在等待邀请，等待有人邀请自己发言。结果呢？并不是每个人都能等到被邀请的机会，于是越来越多的女生就在等待的时候，一点点地被埋没了。所以与其傻傻地等待别人来邀请你，不如学着在适当的时候打断他人来阐明自己的观点。想要在职场中有一番作为，你就必须学会让别人来听你的意见。

◎说话要有力度

另外一些女生经常犯的错误，就是说话没有力度，常常声音和语调很柔弱，虽说用细若游丝来形容有点夸张，但你如果不静下来仔细听也着实让人听不清。其实这是一种缺乏自信和安全感的表现，也会让听你说话的人产生一种厌烦感。因为他们必须费劲去听，不然他们根本不知道你在说什么。这样一来你的观点常常被人打上没有说服力的标签，甚至没有人会认真地听，你又怎么可能成功，怎么可能得到晋升呢？

MM们，别再抱怨别人不重用你或排挤你了，自己站出来寻找机会吧。要知道——机会从不会从天上掉下来，只有展现自己，你才能获得更广阔的天空，不然你做得再多、再好也只能是一只“井底之蛙”。

加薪问题很重要，如何与上司交谈

向老板要求加薪的确是一招险棋，弄不好不但薪水没有提高，还有可能从此以后再也没有薪水拿了。不过，如果你要是一个会说话的女人，你就会发觉其实向老板提出加薪的要求远没有想象中那么可怕。

每个职场中的女人，都希望在自己做出成绩后得到加薪，但事实上呢？很多时候，你的薪水常常一连一两年都未曾变过，那么此时，你是否想过去找老板“理论”，让他给你加薪呢？

的确，如果你觉得自己的能力很好，但薪水却很低，那么，你就可以大胆地去找老板加薪，不过在加薪之前，你一定要清楚地列出加薪的理由，以便成功地说服你的老板。

在现实生活中，女人们对于加薪这件事儿，大多是抱着保留态度的，即便自己对目前的薪水真的很不满意，她们通常也不会直接地提出来。

事实上，向老板要求加薪的确是一招险棋，弄不好不但薪水没有提高，还有可能从此以后再也没有薪水拿了。不过，如果你要是一个会说话的女人，你就会发觉其实向老板提出加薪的要求远没有想象中那么可怕。

小惠三个月前完成了一个大单子，按理说，光提成她就能得到 1 万块，而且经理在两个月前就决定给小惠每个月加薪 500 元，但连着两个月了，小惠领的依然是原来的工资，而且奖金一点也没有发放的意思，坐不住的小惠找到了经理。

章经理放下手上的文件，说道：“有什么事儿，你尽管说吧！”

“是这样的，章经理，两个月前您说给我涨工资和上次单子的提成，我现在还没有收到，我想是不是财务那边的手续还没有办下来。”

章经理一听，说帮她问问，让她回去等消息。结果临下班前，章经理找到了小惠，并对她说：“哦，真是不好意思，我这就打电话催催那边，你也知道最近公司财务比较忙，可能那边一时太忙没来得及处理，你放心，错过的两个月我会让财务给你补上的，以后继续好好干，我们公司也是按劳分配嘛！”

在你明明应该得到加薪的时候，却没有得到应有报酬，这个时候，无论是老板的疏忽还是故意为之，你都应该在提醒老板的时候给他个台阶下，只有让他下来，你才能有机会上去。

当然，除此之外，你还有很多需要掌握的加薪技巧，下面就简单地为姐妹们介绍一下吧！

◎加薪前为自己找好凭据

想要说服老板给你加薪并不是一件容易的事情，万一出现失误，就会影响你在老板眼中的形象，不利于日后的工作。

因此，在你准备向老板开口提钱之前，一定要先确定好谈话的要点，然后有理有据地展开，让他意识到给你加薪对他、对公司来说都是百利而无一害的事情，这样你的目的才能达成。

◎一定要选好时机

提加薪这件事儿的时候，一定要找准时间，如果正赶上你的公司遇到麻烦或者老板心情不好时，你去提这样的要求，无异于自己打自己嘴巴。一般来说，最好的加薪时机应该是老板正沉浸在喜悦之中，此时，你向他提出加薪的要求，他大都比较容易接受。

另外，你最好了解一下每年公司加薪的具体时间。大部分公司都是在冬季，如果公司的效益不错，此时你去要求加薪成功率也比较高。

◎听老板为什么不给你加薪

当你的要求被老板拒绝之后，你也不要太过激动，质问老板自己做牛做马为什么得不到应有的待遇……此时，你应该冷静地听听老板为什么不给你加薪，这样一来，即便老板现在没有满足你的要求，也会提前想着你的，若又闹又问只能让事情变得更糟。

◎借人之口帮你传话

作为一个员工，直接向老板提出加薪要求的确比较困难，此时，你就可以借助一些经常打交道的部门经理或和老板比较熟络的员工帮你捎话。这样一来，既免除了老板与你之间双方面的尴尬，办起事儿来还比较容易。不过，这个传话的人一定得是你了解的，且跟你关系很好的人。

工作中，只要你认为加薪是合理的，只要掌握好合理提出加薪要求的技巧，那么你就可以大胆地去敲老板的门。

第5章

巧言善辩，将他人的刁难拒之门外

以“三寸之舌”挽回面子

> 人与人相处，难免会遇到不可避免、无可预料的事情，此时，你是脸红脖子粗地与人争论，还是优雅、婉转地挽回自己的面子呢？

姐妹们求人办事儿或者在与人交谈的时候，常常不可避免地会受到他人言语上有意无意的侵害。此时，面对令自己不快的言语或事情，你必定会感到颜面大失、非常尴尬，并且觉得自己很窝火、很气愤。

的确，人们都喜欢被恭维、赞扬，没有人希望自己被对方左右。但人与人相处，难免会遇到不可避免、无可预料的事情，此时，你是脸红脖子粗地与人争论，还是优雅、婉转地挽回自己的面子呢？

相信几乎全部的女生都选择后者，那么，你该如何“悄无声息”地挽回自己的面子呢？

◎借势搭话

借势搭话不是让你简单地接别人的话，而是当对方说出了令你难看、没面子的话后，你选择用幽默的方式，或嘲笑的方式，接着对方的话说，挽回自己的面子。

一次，小精家里来客人，当时正赶上她和老公一起挂一幅装饰画。老公在上面挂，小精在下面看，老公就问小精，挂正没？小精说，正了。但是老公从楼梯走下来一看却发现还是歪的，于是就对着小精说，你怎么做什么事儿都这样马马虎虎的！当时，小精觉得自己很没面子，但当着外人她也不好说什么，于是就接着老公的话说，对啊，不然你怎么会娶了我呢？

这一句巧妙的接话，不仅帮助小精挽回了自己的面子，还给大家增加了幽默轻松的气氛，而老公也觉得自己刚才说的话有些不恰当，就对小精笑了笑表示歉意。

◎**反讽**

反讽事实上是一种典型的"以牙还牙"型的方式，所谓"以其人之道，还治其人之身"说的就是这个道理。当对方出言不逊，或者以不好的语言和态度伤害到你的时候，你就可以采用反讽的方式，讨回你的自尊。反讽是一种很高深的方式，它不是气急败坏地叫嚣，也不是"黔驴技穷"地狂鸣，而是一种偶尔流露出来的智慧与锋芒。

◎**幽默**

找回丢失的面子，就一定不能忘记提醒 MM 们要幽默，尤其是当你面临尴尬处境的时候，幽默常常是最有效的。

一对夫妻抱着 3 岁大的孩子去探望一位德高望重的钢琴教授，希望她能够收下自己的孩子做徒弟。但令人尴尬的是，那小家伙从一见到教授开始，就不停地哭，怎么哄也没有办法，那对夫妻感到非常的难堪。这时，这位教授却走过来，摸了摸孩子的小脑袋笑着说："这么多年，你是唯一一个能够当着我面说出对我印象的人。"幽默的回答，让尴尬的气氛得到了缓和，这位教授既给那对夫妻留了情面，也为自己挽回了面子。

◎机智不可少

一定要机智，为什么呢？只有你反应够快，才能及时挽回自己失掉的面子，如果你反应迟钝，估计你不大能察觉到自己丢了面子。要知道，灵感的爆发，机智的回答，常常能够让已经陷入尴尬境地的你“柳暗花明”起来。

以上介绍的这些技巧，可以自由搭配使用，只要能够达到挽回面子的目的就可以。事实上，语言的运用是一门综合的艺术，幽默机智的背后常常蕴藏着高深的文化素养和高雅的气质。

有礼貌地拒绝对方无礼的要求

拒绝人也是有技巧的，尤其是拒绝身边比较熟悉的人的请求。要妥当地拒绝，既消除自己的尴尬，又不让对方没有台阶可下。

生活中，我们经常要面对身边亲人、朋友等的请求，比如说帮忙照顾孩子、借钱等等。如果你不愿意接受某种请求或者某种请求超出了你的承受范围时，你应该怎么办呢？一来觉得都是熟人不好当面拒绝，二来又觉得这样拒绝会不会影响彼此之间的感情。但答应吧，有时自己真的没有办法完成，甚至对方提出的要求简直近乎玩笑，此时，你应该怎么办呢？

一般来说，如果是你亲密的人或朋友要求你帮他们办一件事儿，只要你能办，还是建议你积极地帮助他们。但是，面对这些人的无礼或不当请求时，你也一定要保持清醒的头脑，并坚持自己的原则。特别是当这些请求违反了国家的一些法规、社会道德时，你一定要坚守自己的立场，毫不留情地予以拒绝。

不过话又说回来，拒绝人也是有技巧的，尤其是拒绝身边比较熟悉的人的请求。要妥当地拒绝，既消除自己的尴尬，又不让对方没有台阶可下，的确有些难度。

不过，各位姐妹们也不用发愁，如果你也遇到了类似的问题，不妨参考一下下面的方法吧！

◎反弹式拒绝

当对方因为一件事儿向你提出请求的时候，你完全可以回到这件事儿上，用这件事儿来拒绝对方，让对方无话可说。

当对方想让你帮他们办一件可能有违原则的事情时，你可以仔细听他们让你这么做的原因，并且根据这原因找到回绝对方的切入点，不必急着回绝对方，你可以告诉对方给你点时间，在这段时间里你可以好好地组织自己的语言，找准切入点，一次性表达自己的意思，不给对方反击的机会。

◎敷衍着拒绝

这样拒绝方式是最常用的，几乎每个人在生活中都这样拒绝过别人，也被别人这样拒绝过。敷衍就是在不便明说的情况下含糊其辞地回绝对方。事实上，敷衍用在拒绝别人上，的确不失为一个不错且很艺术的方法。

刘艳的同事向刘艳借一万块钱，但刘艳和这个同事根本不熟，且自己也正在用钱阶段，但若正面拒绝一定不好，于是刘艳就说："好的，不过我现在不能给你，我上个月刚刚把钱借给我姐姐装修房子，她一还给我，我就借给你，如果那时你还需要的话。"

刘艳的话中，并没有说不借，而是说需要过一段时间，但多长的时间，她自己也不知道，因为得别人把钱还给她，她才能有钱。事实上，这看上去简单的一句话却蕴含着很多意思：第一，就是我现在也没有钱，没有办法借给你；第二，就是我也等着别人还我钱，我手头也紧张；第三，我不知道什么时候能借给你，没有明确的时间，到时候借不借还要再说。

姐妹们在拒绝身边比较熟悉的人的时候，也可以采取这种方法。当然，你在使用这种方法的时候，也一定要分析清楚对方的领悟能力，不要给对方造成让他等待你帮他的假象，那样就与你最初的意愿相悖离了。事实上，除了这种方法外，你采用敷衍拒绝的时候，也可以顾左右而言他、模糊其辞或者答非所问。

◎巧妙地转移话题

没有正面拒绝的请求，你可以采用迂回战术，转移话题就是很不错的选择。总之，就是要善于转折，不会答应但是也不会撕破脸皮。比如，你可以在对方向你提出请求的时候先向对方表示赞美或同情，然后再提出理由加以拒绝。因为你之前的同情与赞美大都给对方留下了不错的印象，所以，你此时的拒绝，常常会给对方一种“情有可原”、“可以接受”的感觉。

比如，当你的朋友向你借钱的时候，你就可以说：“我真的特别想帮你，但是数额太大了，要是数额小一点的话，我还能承受，现在我真的爱莫能助了，抱歉！”

诸如此类的说法，不仅得体，而且能够表现出你对他们的重视，即便你拒绝了对方的要求，也不会影响到你们之间的关系。

◎用代替的方法拒绝

很多时候，当对方提出要求的时候，你觉得难以拒绝，此时，你可以用另一件事代替你拒绝对方。当朋友向你借汽车想出去野营的时候，你不妨告诉他，你们的另一朋友那边有一辆更适合野营的越野车。

拒绝别人不恰当的要求时，一定要以一种和气的态度讲话。对于客气的拒绝，人们大都能够接受。如果你想婉转地拒绝别人，就不妨试试以上的方法，要知道拒绝对方不合理的要求，其实并没有多难，关键在于你能否恰当地表达出自己的意思。

多留“心眼”，提防身边的“小人”

尖酸刻薄的人天生得理不饶人，因为他们的行为离谱，说话的时候不讲究分寸，所以基本上没有什么朋友。遇到这样的人，你最好的办法就是与他保持一定的距离，不要招惹他，不给他机会挖苦你。

我们常常说要警惕“小人”，但事实上，生活中的你，光警惕是绝对不够的，你更要与这些“小人”打好关系。要知道，若与“小人”的关系处理不协调，你可是要吃大亏的。

下面就来看看你的生活都有哪些“小人”，你应该怎样对待吧！

◎揭开“假好人”的面具

这种人整天都活在面具之下，别人看不到他们的真面目。而他又常常在人前伪装出一幅很好的样子，在背地里耍手段，给你造谣生事，甚至是拆你的台。

生活中，这类“好人”常常有共同的特点：在公共场合一定会主动和你打招呼，甚至和你称兄道妹。但是事实上，你们并没有多熟悉，他们会想办法博取你的欢心，会顺着你的意愿做一些事情。只要你留心观察，这类人是非常容易辨认的。

这种人大都是唯利是图，一旦与别人发生了利益上的争执，就会毫不留情面地要回自己的那一份，这时候，他的虚假面目便会自然脱落，公之于众。

◎应对笑里藏刀的人

事实上，这种笑里藏刀的小人是最可怕的，因为你不知道什么时候他会在背后捅你一刀。他们嘴巴很甜，平时见到你都是姐姐长姐姐短的，让你很难想到他们会害你。

想要应对这样的人，表面上你一定要与对方保持良好的关系，但是暗地里一定要提防着对方，不要和对方讨论公司的问题，更不要谈论公司的领导，也不要将自己的私事儿告诉这样的人。总之，切忌守口如瓶，滴水不漏。

◎应对口蜜腹剑的人

如果你的身边恰好就有这样的人，那么，你最好的办法就是惹不起躲得起。每天早上，当这样的人往你身边凑的时候，你就立即找借口离开，能不一起工作，就不一起工作。如果避不开，也要在工作时记录下每个细节，预防日后发生事变。

如果很不幸，他是你的上司，那么，你最好装出一副比较愚笨的样子，他让你做的事情你就满口答应下来；他笑着和你谈事儿，你就笑着附和。

◎应对善于挑拨离间的人

如果你身边有这样的人，你最好的办法依然是躲得远远的，并且时刻谨慎自己的言行，不给对方留任何机会。可能的话，可以联合身边的朋友一起孤立他，让他变得势单力薄。这种人，最善于无事生非，因此，当你遇到与你无关的事情时，千万不要逞一时口快，妄下判断，以免给人留下把柄。

◎应对尖酸刻薄的人

这类人常常比较容易对付，为什么呢？因为他们大都当着你的面，而不是选择背地里中伤你。所以，对比前面几类人，你要是摊上这样的人也算是幸运了，顶多就是耳朵受罪罢了。

尖酸刻薄的人天生得理不饶人，因为他们的行为离谱，说话的时候不讲究分寸，所以基本上没有什么朋友。遇到这样的人，你最好的办法就是与他保持一定的距离，不要招惹他，不给他机会挖苦你。如果你一旦被他缠上，要么就甘愿吃点小亏马上走人，要么就使用一点技巧让他有口难开，之后便不要再招惹他。

用沉默回绝傲慢清高的人

很多时候，清高傲慢的人之所以傲慢是因为他们的学识、地位等都处于优势，这才导致他们蔑视其他人，或者大肆地攻击不如他的人。

我们的生活中难免有一些自恃清高、傲慢无礼的人，他们常常会在你面前摆出一副不可一世、目中无人的架子，更有甚者，还会当面奚落你一两句。面对这样无礼、修养指数很低的人时，你应该怎么做呢？又应该选择什么样的方式与这类人打交道呢？

◎骄傲自大，目中无人

事实上这是此类人最典型的特点，他们有一种至高无上的优越感，总以为自己非常了不起，别人都不如自己，常常在说话的时候奚落对方。惯于我行我素，自信到爆，经常对身边的人或事儿不屑一顾。

◎自恋成狂，固执己见

这样的人常常都很自恋，因为觉得自己就是最好的，所以很少会赞美别人，而且经常孤芳自赏，与人讨论的时候也会固执己见，把对方的反对当成是没眼光、少根筋。

◎自命不凡，手高眼低

傲慢清高的人大都自命不凡，好高骛远，自己做不好的事情，别人做的她还看不上。因此，她们常常认为身边的事情都是俗不可耐的，不值得自己去做。

很多时候，人们说，当你遇到这样的人时，最好的办法就是以牙还牙，他无礼，你就更无礼。但事实上，这种做法并非是必要的。很多时候，你可能会觉得对方的清高对你是一种侮辱。但对于对方来说，这是她情感的一种抒发，而并非是对你的侮辱。换言之，她就是这么一个人，没有针对谁，别说是你站在他面前，就是大明星来了，她照样清高她的。

那么，生活中聪明的你应该如何与这样的人相处呢？

◎用信赖打圆场

通常情况下，你必须要让自己信任清高的人，相信他们就是自命不凡，并在适当的时候，给他们展示自己的机会，让他们的自信充分建立起来。这样一来，他们就没有必要在你面前强摆出一副姿态，更不会对你冷言冷语，因为他们喜欢你，更喜欢你的认同。

◎当头棒喝

很多时候，清高傲慢的人之所以傲慢是因为他们的学识、地位等都处于优势，这才导致他们蔑视其他人，或者大肆地攻击不如他的人。这种人无论到了什么地方都会抱着那句“我最好，你们都不如我”。那么，你如何对待这样的人呢？其实很简单，因为这样的人大都自命不凡，所以一经抬高，势必会摔得粉碎。狠狠地当头棒喝，不失为上策，不过你也要注意所选用的语言，不可太过激，激怒对方就不好了。

◎转换场合

面对自命不凡、清高傲慢的人，你不妨邀请他去一些没有办法摆谱的地方，这样一来，反而更有利于你们之间进行良好的沟通。你可以带对方去唱唱歌、请他去乡间小镇散散步、聊聊家常。而当对方一旦在你面前表现出其本貌时，他以后便再也不会在你面前傲慢无礼了，这样一来，你便可与对方从容共事了。

姐妹们在与这类人打交道的时候，最忌讳柔柔弱弱、拖泥带水，而是应该简洁明了，尽可能地用最少的话说清楚你要表达的意思和要求。这样才能让对方感到你是一个很干脆不与人讨价还价的人，因此，也会适当地约束自己的行为。

对别人的奚落说“No！”

无论对方如何奚落你，你都能找到合适的办法回应。如果察觉对方来者不善，故意挑衅，你也可以“以牙还牙”，有理有据地回敬对方。

生活中，在很多场合，你可能会不可避免地遇到别人有意无意的奚落、挖苦，遭遇这些时，你该怎么办呢？

和奚落你的人大吵大闹，当然不行！那样无异于中了他的计，你的优雅肯定荡然无存，也会影响你在其他人心中的好感。此时，聪明的你应该用语言做你的“护身符”，为自己筑起防卫的护栏。要知道，能够随机应变的人，常常会化被动为主动，让难堪的局面烟消云散。

所谓“兵来将挡，水来土掩”，无论对方如何奚落你，你都能找到合适的办法回应。如果察觉对方来者不善，故意挑衅，你也可以“以牙还牙”，有理有据地回敬对方。

有一次，茉莉参加一个名媛派对，她穿了一件粉红色的长裙，这时，突然从对面走过来一位女士，她对茉莉说：“真没想到你也来参加这个派对，这是名媛派对，以你的出身你凭什么参加，难道就因为你结识了有钱的公子哥？……”

茉莉冷静地看着这位女士，微笑着没有说话，见对方仍在继续滔滔不绝，便放下手中的酒杯，看着对方说。直到那位女士说到自己也不知道该说什么的时候，茉莉笑着拿起杯子，朝着女士优雅地摇了摇，转身走开，像是完全没把对方的话当回事儿一般，只留下那位女士木木地站在那里。

如果对方来势汹涌，不依不挠，对你进行辱骂，而此时，你又确信真理在手，那么，姐妹们，你们没什么好畏惧的，大可以用藐视的目光、冷峻的笑容迎接对方，让对方尽情发泄个够，完全不用理会他。要知道，有时候沉默是最强有力的武器。

假如在公共场合，突然有个人对你冷言冷语、横眉竖眼，甚至直接恶语中伤你。此时，如果你心中无愧，你大可不必与她一般计较，更没有必要和她发生正面的冲突，不如抱着“洗耳恭听”的态度听对方把话说完。当她说完之后，你再以温文尔雅、彬彬有礼的方式回击对方，在场的人都会倾向于你的修养的。

另外，生活中，你也很有可能会遇到一些人用半真半假的话质问你。比如，看到你和老板走得比较近，可能就会有人这样对你说：“和老板成双成对的这么久，快晋升了吧？”此时，你大可不必忙着解释，完全可以这样回答对方：“放心，我要真晋升一定会想着你。”你的话语中带着阳刚的锐气，别人也不好意思再问了。

当有人用比较唐突的语言或者言辞让你受到伤害，或者难堪，此时，你应该含蓄以对，或者直接装作没有听到，或者干脆答非所问地转移一下话题。用这种委婉的态度拒绝对方，既不会伤大家的和气，还能扭转自己的尴尬处境。

人生在世，不如意的事情十有八九，说不定哪天你就遇到一些很棘手的问题。到那时，如果你能够用幽默诙谐的语言对待，通常都能够化险为夷，使自己走出窘境。但切记，无论何时，都为对方准备好台阶，别人不仁但你不可不义，这是想要成为社交达人的你必须要牢记的真理！

第6章 绵绵情话，令爱情之花永不谢

生活不平淡，甜言蜜语来陪伴

感情平淡了，现在我们之间一点激情都没有。我摸他的手，就像左手摸右手。以前过情人节时，我可能还会收到花。现在呢？根本不再过情人节了……

一天到晚，都能听到姐妹们这样的抱怨："感情平淡了，现在我们之间一点激情都没有。我摸他的手，就像左手摸右手。以前过情人节时，我可能还会收到花。现在呢？根本不再过情人节了……"

其实无论谁，都不希望自己的感情趋于平淡。作为女人的你，是不是也渴望心爱的老公一直能像从前一样，时不时为自己送一束玫瑰，时不时说几句"我爱你"。但是，姐妹们，你们有这样的想法，那么，你们的老公呢？有没有想过他们的想法，他们是否也渴望你像当初一般小鸟依人，也对他撒娇着说一声"我爱你"呢？答案是肯定的，只不过大部分男人都不会表现出来，因为他们觉得自己是强大的施予者，如果向自己的妻子袒露自己的心声，很可能会招来嘲笑，但如果细心的你能够体会到他们这些感受，并适当地给予，那么，你的他一定会更加爱你，也会给你更多你想要的浪漫哦。要知道，婚姻的甜蜜和浪漫是需要双方共同去创造的。

几乎所有的女人都认为，自己应该是被呵护的，也是应该被甜言蜜语和浪漫包围的。通常女人们都在抱怨自己的丈夫忽略了自己的感受，不知道向自己示爱，但同样的道理，这些女人也常常忽略向她们的丈夫示爱，赞扬她们的丈夫。在感情的世界中，没有谁多做谁少做，也没有什么公平，你也必须清楚地知道，你在索取的时候，要先问问自己是否付出了。成功的女人大多会先给予她们的丈夫，而随后她们便可轻而易举地得到她们想要的一切。

有没有想过，当女人们在抱怨自己丈夫不爱自己的同时，男人们也在抱怨妻子不如从前。不同的是，女人们说了出来，而男人们放在了心里。作为女人你要知道，男人与你没有不同，他们同样需要情感的慰藉，很多时候，他们的“苦咖啡”中也需要你加一块甜蜜的“糖”来中和。

婚姻生活虽然有时很无趣，常常围绕着家庭琐碎，充满了枯燥与乏味，但如果你学会了一些表达爱意的小技巧，让你的生活充满激情就不是一件难事。

娜娜结婚了，关心她的姐妹们经常打电话来询问她过得好不好，幸福不幸福。每当姐妹这样问的时候，娜娜都会开心地说：“真的没想到，他对我这么好，家务每天都抢着做，而且他做的饭菜也越来越好吃，经常换着样地做，有时间你们也过来，尝尝他的手艺，绝对不比饭店的差哦。而且当我晚上需要加班赶工作时，无论多晚多累，他都会为我做一份爱心宵夜……”但事实上呢？娜娜的老公其实只会做最简单的炒鸡蛋，收拾家务也常常是迫于无奈才会去，但是每次当他听到自己的老婆在外人面前夸奖自己，晒恩爱的时候，心里都决定要好好做。就这样，娜娜的老公开始学做菜，家务干得也越来越起劲，久而久之，真成了娜娜说得那般好的“模范丈夫”了。

事实上，说甜言蜜语不是男人的专长，却是女人的拿手本领。试问，哪个男人能够拒绝心爱女人撒着娇说的那些充满爱意的话语呢？所以，你从现在起，不要再对着自己的老公说那些冷冰冰的话了，也不要总是抱怨他不够爱你，而是换一种心态，发挥一下自己说甜言蜜语的本事。不要认为男人不需要蜜语甜言，要说出你对他的爱，要知道，这可是维持婚姻热度，维系彼此感情的最好方法。在日常生活中，多一些赞美与鼓励，他会感受到你的用心的，也一定会对你更加疼爱的。

综上所述，女人一定要积极发挥自己说甜言蜜语的本领哦，不要以为男人都是“铁石心肠”不需要这些，难道你没听过“以柔克刚”吗？

于洋晚饭前和丈夫因为一点小事儿吵了起来，两个人互不相让，最后丈夫摔门而去。于洋一个人坐在桌子前，看着满桌子的菜，觉得自己也是，何必为了那么点小事儿就吵呢，最后破坏了大好的周末。想到这里，于洋决定给老公打个电话。电话一通，于洋就温柔地说：“老公，你在哪呢，快回来吧，饭菜我都热好了，等你回来我们一起吃吧！”电话那边的老公一听，心里顿时温暖起来，刚刚那些气瞬间就消失了，而原本打算住几天酒店的念头也消失了。

上面故事中，本来吵得很凶的一对夫妻，最后因为妻子一句关爱的话语而和好如初。话语虽短，但却流露出了妻子对丈夫的关心，让丈夫心生暖意，怨气全消。

事实上，无论是对于热恋中男女，还是对婚姻中的夫妻，表达爱意的话何时说都不算多余，也不算晚，它是平淡生活中的涟漪，能够带给你意想不到的惊喜。所以说，姐妹们千万不要忽略掉这一点，最终在抱怨中度过平淡无奇的生活，甚至因为抱怨而导致彼此的感情陷入危机。

男人们又不是“铁石心肠”，只要不失时机地温暖一下他，让他感受到你对他的爱与关心，那么，他也一定会更加爱你的！

偶尔撒撒娇，生活更幸福

只要是女人都会撒娇。撒娇是一种技法，撒娇的女人虽说不能无坚不摧，但也基本能够无往不胜，在男人面前屡试不爽，是俘获男人的迷魂剂。

撒娇是女人的天性，光从“娇”这个字你就不难看出其与女人的关系。换言之，“娇”衍生于女人，而女人又通过“娇”将美丽延伸。

的确，只要是女人都会撒娇。撒娇是一种技法，撒娇的女人虽说不能无坚不摧，但也基本能够无往不胜，在男人面前屡试不爽，是俘获男人的迷魂剂。几乎没有男人能够抵挡得住撒娇的女人，男人生性刚烈，总是渴望自己成为保护别人的英雄；而女人则生性阴柔，总是渴望被保护。这样一来，一个渴望保护别人，一个又渴望被保护。刚好中和。

不过，随着时代的变迁，越来越多的女人走入职场，变得强势起来，这个时候，她们不再是那个会撒娇的小女生，而是职场中拼杀的女强人。此时，男人便无法在女人身上寻找到实现自己“英雄”角色的梦想，因此，双方的生活也就会出现摩擦与不和谐的因素了。

所以说，无论你处于哪种社会角色，但是回到家中，你应该学会撒娇，因为，撒娇是缓解家庭矛盾的最好方法。

小丽昨天心血来潮买了五六件名牌衣服回来。这个时候，为了房贷、车贷而辛苦工作的老公很气愤，便走进来问小丽：“你不知道我们现在还有很多贷款要还吗？”

如果此时，小丽毫不理会丈夫的态度，而是更强硬地对丈夫说：“我花自己的钱怎么了，那么多贷款是你自己没本事儿，我又没花你的钱。”那么，结果可想而知，两个人可有得吵了。而小丽当时是这样说的，结果就完全不一样了——“好啦，老公，人家知道错了，不过是因为打折才买的啊。再说，人家买衣服不就是打扮得漂漂亮亮的给你看吗？”丈夫听到小丽这样温柔、撒娇的话语，再多的不满也说不出来了，最后还疼爱地走到小丽身边说：“没事儿，我就是说说，有想买的东西当然要买了，我会更加努力挣钱的！”于是，原本的一场矛盾倒变成了一次温馨的表白，你觉得如何呢？

没错，男人都喜欢温柔甜美的女人，更喜欢会撒娇的女人。而对于女人而言，在自己丈夫面前无疑都是最漂亮的。于是，适时的撒娇便会让彼此的生活锦上添花，更加美好而甜蜜。

要知道，男人要面对外面的竞争，他们不能像女人那样向别人哭诉自己的劳累，几乎所有的压力、痛苦和失败都要一个人承受。他们不把失意和痛苦写在脸上，但却不代表他们内心不需要安慰与呵护。而这个时候，聪明的你如果能够给他一些温暖，在他累的时候撒着娇给他讲个笑话，那么，再多的劳累对他来说也都不算什么了，剩下的只有对你的爱和发誓要给你幸福的决心。

撒娇的女人是美丽的。因此，如果你之前认为撒娇很无知、很软弱甚至有点小虚伪的话，从现在起，统统都忘掉吧，让撒娇成为你最温暖的“手”，时时刻刻给深爱的男人甜蜜的抚摸。撒娇不仅是女人的一种魅力，撒娇更是一种享受，是聪明女人对幸福生活的一种诠释。它可以让女人永葆青春，可以使男人倍感轻松，享受生活中的幸福。

不过，虽然撒娇有这么多好处，也能够给生活增添很多乐趣，但撒娇也要分清场合，并且把握好尺度，切不可让撒娇泛滥，最后让男人厌倦。

事实上，女人之所以对心爱的男人撒娇，无非就是想加深彼此的感情，所以，只要能起到这样的作用就应该见好就收。不然的话，就会给你的男人一种不懂事甚至有些胡搅蛮缠的感觉，久而久之反而会威胁你们的感情哦！

有些话很伤人，不要经常挂在嘴边

无论苦涩或者甜蜜，都是自己酿造的，用犀利的语言伤害了自己的爱人，最终面对伤痛的还是你自己。

事实上，感情这种事儿，两个人由独立的个体变为一个整体一起生活，要说没有磕磕碰碰是不可能的。总会有那样的时候，你认可的事情，他不满意；或者他觉得刚刚好的事情，你又有另一番想法。但无论如何，作为女人你都应该知道，既然争吵是感情生活中必不可免的，那么，千万不要为了这些无可避免的琐事儿失去理智。有不少MM经常会在与男友吵架的时候“信口开河”，想说就说什么，甚至什么难听说什么，以此来强迫对方妥协。但事实上，有些话就像凶猛的洪水，一出口就会让爱的“堤岸”受到强大的冲击，最后坍塌。

在我们的生活中，有这样一种女人，她们有着典型的怨妇心态。无论如何，对自己的生活总是有不满，抱怨这个抱怨那个，但事实上呢？无论苦涩或者甜蜜，都是自己酿造的，用犀利的语言伤害了自己的爱人，最终面对伤痛的还是你自己。所以，想要保持和谐美满的生活，姐妹们要知道有些话咱们可不能随便说。

那么，哪些话是姐妹们生活中不能说的呢？

◎过不了就别过

不少MM一和男友吵架，无论多大的事儿，动不动就说分手，或者用分手威胁对方。那么，很可能就会说者无意，听者有心，这样的话就会像一颗定时炸弹，在你们的感情中生根。慢慢地，当不愉快的事情越积越多，最后便会引爆炸弹，你们的感情就会炸得“面目全非”，而你时常挂在嘴边的分手也会成为现实。的确，即便如此，我们也不能说这样的女人就错了，毕竟她在说这话的时候，并没有想到真的要分手，只是吵架时赌气说出这句话而已。只是她不知道，自己说得多了，爱人就会当真，最后导致分手，造成不可挽回的局面。所以，女人在和男友吵架的时候，一定要慎重地想一想：你真的想分手吗？如果不想，那么，无论你们为了什么事情而争吵，都不要把分手挂在嘴边。

◎你算老几，你管不着

你知道男人最害怕也最讨厌女人在吵架的时候说什么吗？那就是“你算老几，你管不着”，这样的话一说出口不仅是对男人自尊心的打击，更会让他对另一半产生误解。众所周知，男人都是爱面子的动物，他们常常觉得自己无所不能，尤其是感情生活中，他们大都认为自己有着绝对的地位，然而女友一句“你算老几”，便会让他们所有的自信荡然无存。而此时他便开始怀疑自己的女友是不是变心了，加上那些不懂事的MM，再多说一句“不用你管”，这样一来，矛盾和误会就会加深，彼此的感情也会开始摇晃。

不少姐妹常常有这样的经历。自己因为一个文案加班到很晚，心情很不好，回家后，男友却一点不懂体贴地问：“你干什么去了，这么晚？”这个时候，烦燥的你很可能会这样说：“我干什么不用你管，你也管不着。”而你的男友便会暗自猜测：你是不是有什么不可告人的秘密？甚至和你发生激烈的争吵。

两个人的感情是需要建立在相互信任、相互理解的基础上的。对于男友的询问，即便你真的很烦，你也应该尽量心平气和地回答对方。如果对方语气不好，你也可以想是因为自己回来晚了，他担心、着急才这样的。的确，如果你的男友不在乎你的话，他大可以自己酒足饭饱后，看电视或者睡觉，根本不需要理会你是不是回来晚了，想着你去了哪里。所以，此时你千万不要因为自己的情绪就丢给男友一句“你管不着”，更不要随便对自己的男友说“你算老几”。那样你的男友就会觉得很委屈，甚至很伤心，对你们的感情失去热情。

◎看你那窝囊样

男人都是爱面子的动物，他们大都自尊心极强，非常渴望能够得到自己爱人的尊重，即便他资质平平。也许他能力有限，也许他老实木讷，但他是你今生今世相依为靠的男人，你对他要多给予鼓励和赞赏，少些讽刺和否定。只有这样才能激发他的潜能，让他能够有所作为。如果你经常骂他窝囊，也许他从此就放任自流、自暴自弃，最后真的变得一无是处。

聪明的女人不要说这样的话。试想：男友这么窝囊，你还和他在一起，你自己是不是脑子有病呢？既然你选择了，就应该尊重他，即便他有很多让你不满意的地方，你也应该给他一些理解与关心，并和他一起去分析、改正。要知道，你尊重他，他也会尊重你，更会愿意为了你去变好。这样一来，你的他也可以越变越好。

◎你看看人家

姐妹们难道没有听过“人比人气死人”吗？既然如此，干嘛没事儿总拿自己的男友和别人比呢？这样既会伤害男友的心，也会让自己难受。再有，你又何必觉得别人的男友好呢？你看看自己的男友，他或许不帅、没有钱，但是他踏实、爱你，这难道还不够吗？在你拿自己的男友和别人比的时候，你一定要想一想他的感受。若他总是拿你和别人的女人比，你的心情又会怎样呢？事实上，两个人相处，最重要的就是相互考虑、相互理解，不要总是带着眼镜看你的男友，而忽略了他身上那些闪光点。

请记住，女人一定要让自己活得满足一点，不要看到朋友嫁入豪门，想着自己每天咸菜白饭就难受，你看到的常常只是表面的光鲜，而你未能知道背后的苦楚。所以，一定要活得满足一点。而且，男人都是鼓励出来的，如果你男人目前只能给你自行车，你天天埋怨他也不可能埋怨出宝马来，反之，如果你温柔地引导，积极地鼓励，总有一天他会实现你的愿望的。

无论多生气都要学会克制

男人也是人，也有自己的脾气，也会有不舒服的时候，为什么自己不能妥协一次，为什么一定要自己心爱的男人妥协呢？

女人们从轰轰烈烈的热恋期走出来，慢慢走近她们越来越平凡的感情中，可是她们的心却还留在热恋之中，她们以为准备和自己谈婚论嫁的男人还是那个可以包容自己一切坏脾气和任性的男友，无论自己如何发脾气，男人们都会在第一时间妥协。可女人们却忘记了，男人也是人，也有自己的脾气，也会有不舒服的时候，为什么自己不能妥协一次，为什么一定要自己心爱的男人妥协呢？要知道，感情中的两个人本来就是平等的，不存在你一定要让我，而我就可以从不妥协这样的道理！

女人总是喜欢将最好的一面展示给自己心爱的男人，有的张扬自己的个性，有的则尽显时尚。总之，为了让自己心爱的男人看到最完美的自己，女人们各出绝招，精心装扮。

但是生活有时偏偏有点调皮，总是制造些麻烦让女人的心情变得很差，琐碎的事情总是那么多，不如意的事情也总是十有八九。不过无论生活中你遇到什么事情，都要告诉自己，生气可以，千万不要在自己男友面前毫无克制地发泄。毕竟，他先是个普通的男人，也有喜悲和承受能力，然后才是你的男友，不要总是把男友当成自己的出气筒，更不要一生气就毫无顾忌地对着他发泄。

阿海和小娟决定在今年年底结婚。但认识快三年的两个人，在最近的一年里，却让吵架占去了大半年，于是原定在年底的婚期就在这样的争吵中被搁浅了，两个深爱的人也决定各奔东西，但三年的感情又岂能说散就能散，他们彼此还爱着对方。

最终，小娟决定主动挽救他们的爱情。在情人节那天，小娟提前准备了晚餐，决定给阿海打电话先妥协。这时，门铃响起了，小娟纳闷会是谁呢？只见门口站着一个不认识的陌生男人，还不时地用力敲门，可把小娟吓个够呛，赶紧拨通了阿海的电话，电话一接通，小娟就惊慌地说："阿海，你赶紧过来我这边，这有一个陌生男人敲我门，吓死我了。"阿海听着小娟的电话，马上说："你等着我，马上到！"就这样，阿海以最快的速度赶到小娟的新住址。小娟一见到阿海便扑了上去，说自己吓死了，等到自己平静下来才想起来自己并没有告诉阿海自己的新住址。这才知道，原来阿海在和自己分开的这半个月，一直关注着自己，而当阿海得知小娟今天是在为自己做晚饭的时候，也感到异常的温暖，就这样两个人又和好如初了，且比起以前来更加甜蜜了。因为，小娟终于懂得了自己也是需要谦让男友的，只有相互的理解，感情才能很好地继续！

现实生活中，几乎 80% 以上的女生都曾经历过类似的情况，常常为了在外人看来不起眼的鸡毛蒜皮的小事儿和自己的男友大动干戈，甚至常常不计较后果地发脾气，只顾宣泄自己的情绪，两个人的感情因此受到伤害。

很多时候，想要维持爱情的保质期，需要的不仅是男人们的妥协，有时也需要女人们的妥协，你一定要懂得在爱情发生裂痕前向你心爱的他妥协，不要以为道歉就该是男人的专利。爱情本来就没有对错，有时维持一段美好的爱情，也需要你温柔地向你心爱的他说一声对不起，那样，你的老公一定会怨气全消，而且会更加爱你的！女人天生就很感性，常常被感情牵着鼻子走，也会被坏情绪扰乱头绪，最后选择了不恰当的处理方式，影响了双方的感情。

这一点对于即将步入婚姻殿堂的男女来说更是如此，无论你之前是一个多么任性的女孩，当你决定和一个男人结婚时，你都要好好改改自己的脾气，因为一旦你结了婚，你就要接受 2 个甚至 3 个角色的转变。如果仅仅因为自己的自私和任性，最后导致自己无法胜任这3个角色，导致刚建立不久的婚姻破裂，那就得不偿失了。所以，姐妹们，无论你是一个多么个性、独立、风光的女子，一旦你决定和一个男人相处一生，你就必须让自己学会如何做一个贤惠的妻子、孝顺的儿媳，当然也包括一个称职的母亲，只有做到这些，你的婚姻生活才能很好地发展下去，细水长流，越来越幸福。

一份甜蜜的感情，需要男女双方共同维系，同时双方在维系这段感情的时候，一定要站在平等的原则之上。只有这样，你们的感情生活才能够和谐地进行。尤其是在家庭生活中，女人更要好好地克制自己的感情，事无巨细，什么小事儿都发脾气，并且试图改变对方的思想，强加给对方一些自己的想法。殊不知，这样的做法往往事与愿违，不但会让对方开始厌倦你，还会令他对你产生逆反心理。其实，既然你在众多“花花草草”中选择了他，那么，就应该尊重他的性格、个性，虽然可以适当地加以“扶正”，但最终你还要让其发展他的特长。

每个人都是一个个体，不会因为他成为了你的男友，就变成你想要的那种“形式”。所以，想要做一个聪明的女人，就一定要有一颗宽容的心，既然爱他，那么，为什么不能坦然地接受他的小毛病呢？为什么不能在生气的时候为了对方克制一下呢？只有这样，你们的感情才能够天长地久地继续。换言之，如果一个男人在你面前百依百顺，千方百计的掩饰自己的缺点，你会不会怀疑他另有所谋呢？因为那样会让你觉得不真实。所以，你眼前这个有些傻、不拘小节，以真实一面对你的男人其实是真心爱你的，所以毫不掩饰地对你。既然如此，那么，你不妨睁一只眼闭一只眼，这样那些毛病就看不见了，也不会心烦了，自然不会生气喽！

这个世界没有两个人是相同的，所以，你的男友必定会有一些习惯是你不喜欢或者会引发你小脾气的。但是，试想一下，不正因为这样，生活才被称之为生活吗？若你同一个与你完全一样的人生活在一起，那会是多么的无趣啊！

总之，作为一个聪明的女人，你要控制好自己的情绪，不要随便发脾气，即便发脾气也要尽量克制，不要一生气就不管不顾，甚至胡言乱语。要知道，胡言乱语说过了，可以告诉对方我失去理智了，但是对感情的伤害就像是钉钉子，钉下去再拔出来会留下无法抹去的痕迹，久而久之，感情千疮百孔就会破裂！

用善意的谎言浇灌甜蜜的爱情

婚姻生活需要两个人相互理解才能够很好地进行，对于那些必不可免的摩擦，很多时候，你可以借助一些善意的谎言将它们从你们的生活中剔除。

“爱一个人就要对他绝对的诚实”，这话几乎是大部分女人的爱情座右铭。当然，也是她们要求男友必须做到的基本准则。对于一个女人而言，当她决定和一个人共度一生时，就等于他们宛如一国了，如果彼此相处融洽、配合默契，那么，“国家”便可长治久安；反之，若一直吵吵闹闹、别别扭扭，“国家”就很容易瓦解，给双方及双方的亲朋带来的也必将是伤害。

作为一个女人你要知道，男人的坚强都是表面上的，实质上，他们最需要你温柔的抚慰。人们常说：“成功的男人背后都有一个好女人”，其实这句话说得很对，一个聪明的女人会懂得巧妙地影响身边那个男人对自己的看法，让他变成一个更优秀的男人。

赵海是一名消防警察，他的左腿在一次救火行动中被大面积灼伤了，虽然经过了两次修复手术，但还是留下了很显眼的伤疤。

一次，他和他的妻子一起去海洋公园玩，一开始两个人玩得都很开心。但很快，赵海发现每个人都很在意他腿上的伤疤，甚至还有一些人会小声地议论，一直没有在意过受伤左腿的赵海，那一刻意识到那伤疤太显眼了，于是就借故累了，一个人穿上长裤悻悻地坐在休息椅上发呆。

很快，一个月过去了。一天他的妻子又提议去海洋公园玩，但是这次赵海当即就拒绝了，他的妻子走过来坐在他的身边说：“我知道你为什么不去，因为你觉得每个人都注视你受伤的左腿，对嘛？”

赵海看了看妻子，没说话只是闷着点了点头。这时妻子轻轻地抬起赵海的头，温柔地说："听着，亲爱的，这没什么不好意思的，那伤疤是你的荣耀，就像是打胜仗的将军领到的勋章一样，它在告诉所有看到它的人，你是一个多么勇敢的人，你从事着多么光荣的职业，没有必要隐藏它，反之，让所有人都认识它吧！"

生活中，哪个女人不希望自己的老公像汤姆·克鲁斯一样帅呢？但是现实中这种可能性实在是太小了。面对不达标的老公，这样的话你说出来，无疑只能让对方尴尬、伤心甚至是自惭形秽。但是如果你告诉他，你就喜欢他的啤酒肚，能无时无刻给你安全感；告诉他，虽然他看上去有些柔弱，但却是你最强力的依靠；告诉他，即便他晚上睡觉的鼾声震耳欲聋，但少了这鼾声你却无法安然入睡……是的，就这样，告诉他，你欣赏他的一切，告诉他那些缺点也是他的优点。你爱的他就是这样，而你就爱这样的他，让他知道他没有必要为了你而改变什么，然而当你真正这么做了，他却会用尽一生去做一个爱你的好男人。

当代社会上，你身边围绕着很多年轻有为、财富型的男人，而你的爱人现在或许只是一个囊中羞涩的打工一族，可是你就是爱他。不是因为他的存款，他的事业，而仅仅因为他就是他，于是你决定将自己的人生全部购买他这个让你坚信不疑的"潜力股"。因为，你看到他的真实、善良、健康和体贴。你告诉自己也相信有那么一天，他也会拥有令人羡慕的财富，没错，你每天都打着这样的如意算盘，你相信在不久的将来你深爱的人也能够给你物质上的满足，这样一来，你就相当于感情、物质双丰收了。也许你们现在还住在廉价的合租房里，没有自己的车子，即便是自行车，但当他向你抱歉说让你受苦的时候，你却依然会微笑着编一个善意的谎言告诉他说："和你在一起，我不在乎你有没有钱，只因为我爱你，你也爱我！"

就这样，你们幸福地走在了一起，可是婚姻路上是无法一路顺风的，你们必不可免发生一些小争执。如果，这个时候你的他总是习惯在你面前摆出一副盛气凌人的姿态，或者在与你谈话的时候总喜欢和你争论，而且一定要分出高下，当然，如果你高他下，那么肯定就没完。他可能会和你在超市为了一个罐头争执，突然加大声音的音量；或者为了一个女演员的名字和你争执。此刻，傻女人会提高音量和男人争论，最后吵到双方抓狂，接着演变成一场“战争”；但聪明的女人则不会，她们大都会温柔地说“你是对的”，暂时地退让只是为了日后更好地获得，要知道，男人大都喜欢占主导，希望自己能够控制一切，所以，在这种小事儿上，没有必要和他计较。

婚姻生活需要两个人相互理解才能够很好地进行，对于那些必不可免的摩擦，很多时候，你可以借助一些善意的谎言将它们从你们的生活中剔除。作为一个聪明的女人，让那些恰当的小谎言成为你们生活的润滑剂吧！

第7章 少些抱怨，拥有和谐的家庭关系并不难

成功女人不八卦、不碎嘴

女人天生是感性的，女人的话天生就具有一种神奇的魅力，但关键在于你能否把握好说话的尺度。不要滥用语言，因为过多的话语就变成了唠叨，会让人产生厌烦。

生活中常常可以见到喋喋不休的女人：无论是在电梯上还是在菜市场抑或是在很正式的场合，什么办公室里谁谁像狐狸精，谁家老公又外遇之类的……就好像这个世界上没有她们不感兴趣的事。听她们聊天，不知道的还以为她们是干私人侦探的呢，不然怎么连别人家生活的小细节她们都能知道得一清二楚？看着她们那窃窃私语的样子，听着她们明明分贝很大还故意装着压低声音的话，连身为女同胞的你都很可能崩溃掉，更何况是对这样的事情比较反感的男士们啦！

你知道，生活中，女人最大的弊病是什么吗？答案显而易见，就是管不住自己的嘴，简言之，就是常常口无遮拦，好奇心太重，也就是人们常说的碎嘴。你知道男人最受不了女人什么吗？没错，就是唠叨。而事实证明，

但凡碎嘴的女人都特能唠叨，因此也最不受男人喜爱。如果你有这方面的倾向，还是抓紧时间马上改正吧，以免成为男人眼中的“黑名单”上的女生。

男人与女人之间这种爱唠叨与讨厌唠叨的矛盾几乎不会发生在恋爱初期，因为，恋爱初期，男生的包容度常常很高，而最重要的是女生们也大都比较矜持，很少会像婚后那般唠叨个不停。但是随着时间的推移，两个人经过了热恋期后，男人突然间无奈地发现：曾几何时，自己那个温柔美丽的女友，怎么变成了一碎嘴婆，每天唠唠叨叨，一套一套的，简直让人崩溃！

梦梦最大的毛病就是碎嘴，她一唠叨上来就没完没了，她身边的人都不理解，怎么能让她感慨的事儿就那么多呢？在家里，她追着自己的男友唠叨这，唠叨那，什么袜子没有洗，上完厕所怎么不关灯，不要穿着脏衣服坐在沙发上，为什么进门不换拖鞋不知道自己收拾很辛苦吗……诸如此类。每一件小事儿，梦梦都能自己说上半个小时甚至是一个小时。起初男友还能忍受，但时间一长，男友也开始了反抗，常常梦梦一说话，男友要么关门去房间里上网，要么就闷着头不说话看电视。梦梦见男友这样对待自己，更是一发不可收拾，唠叨的事情又变成了你不爱我了，怎么这样子对我，我付出了多少……没完没了，就连临睡前还要唠叨一番才能安静。

男友实在是受不了梦梦无休止的唠叨了，尽管无数次说过梦梦不要总是唠唠叨叨，但梦梦却毫不在乎地对男友说，你以为我愿意吗？要是我不爱你，我才懒得理你，我唠叨你是因为我爱你，不像你什么都不做。

时间久了，男友开始逐渐疏远梦梦，因为知道没有什么好说的，又不想听见梦梦的唠叨，唯一能做的就是躲呗，人不是常说，惹不起躲得起吗？而另一边，梦梦也觉得很累，觉得自己付出了那么多，男友却这样做，根本就不爱自己，她觉得自己还这么年轻为什么要为了一个不值得爱的人操心、浪费青春呢？现在梦梦和男友都在想到底还要不要过……

女人天生是感性的，女人的话天生就具有一种神奇的魅力，但关键在于你能否把握好说话的尺度。不要滥用语言，因为过多的话语就变成了唠叨，会让人产生厌烦。在家庭生活中，你的爱人或亲人或许能够因为爱你而忍耐，但在工作中呢？没有人会包容你，你的唠叨会让人产生厌烦，让你身边的人疏远你。

所以，无论是不是有类似的毛病，都应该注意，有则改之，无则加勉。生活中，想要克制碎嘴的毛病，就应该从控制个人情绪着手，凡事儿只要说一遍即可，更没有必要絮絮叨叨地说个不停，尤其是对于生活中那些不愉快的事儿，没有必要像祥林嫂那般一遍一遍地说，最后用光了所有人的同情，剩下的只能是厌烦了。此外，还要克制自己对他人隐私的探听欲望，有人议论的时候不要参与，也不要主动追着人家问，将心比心，你是否愿意人家向你打听私生活呢？

一个碎嘴女人的背后肯定会有一个郁闷的男人和一群烦躁的同事，哪怕你的碎嘴是出于爱与关心，你也要清楚地认识到这样一点，适可而止。想一想《大话西游》中的唐僧吧，真是惹人烦。所以，从今天开始，控制自己的唠叨情结，不要再对着身边的人“碎碎念”啦！

喋喋不休要不得，女人要有神秘感

对于女人而言，沉默更是一种品格。家庭生活中总是有那么多的不可避免的烦心事儿让人不得安宁，所以，女人要学会适当地保持沉默，找到摆脱烦恼的好方法。

女人大都是感性的，她们也会感情用事，常常跟着感觉走，喜欢用各种各样的言语来抒发自己的情感。因此，对于生活中的很多事情，她们一定要讲个明白、问个清楚，让对方知道自己是怎么想的。同时，因为敏感，她们也必须要知道对方是怎么想的，将这一点放到家庭的生活中，实在让丈夫难以忍受。

因为一个想要时时刻刻讲清楚也问清楚的女人多半就是一个喋喋不休的女人，试问哪一个男人天天对着一个说个不停的女人不厌烦呢？因此，作为女人的你，一定要在掌握适合表达自己情感方式的同时，学会该沉默时则沉默的道理。要知道，对于家庭生活而言，有时更需要“无声胜有声”的意境！

女人的一生应该是绚丽多彩的，成功女人会让自己的价值在生活中不断得到提升，不会成为任何人的附属品，不会每天没完没了地家长里短，喋喋不休。她们更懂得何为沉默，也更懂得把沉默的时间丢给男人自己去休息。

相对而言，菲菲就是比较宁静的女人。很多女人在老公一下班时就问个不停，今天你干什么去了，见到了什么人……诸如此类，一大堆没完没了。但菲菲却从不会这样，每次她都会选一首很安静很抒情的轻音乐等待丈夫下班，丈夫进门后也只是简单问一句累吗，之后倒一杯水给丈夫，便不再多问。她知道丈夫辛苦了一天一定很累，面对那么多的工作和客户一定很心烦了，而家应该是一个可以给他安静和休闲的地方。就这样，对于菲菲的老公来说，每天下班后，他最想要做的事儿就是马上回家，去感受家的安宁与闲适，对他来说，能娶到菲菲这样的女人，真是几辈子修来的福气。每当公司的男同事相互诉说自己老婆啰嗦的时候，他从来都是笑笑不语。

的确，对于女人而言，沉默更是一种品格。家庭生活中总是有那么多的不可避免的烦心事儿让人不得安宁，所以，女人要学会适当地保持沉默，找到摆脱烦恼的好方法。很多时候，你的沉默往往比你大声抱怨、争吵更能抒发你的情绪和思想，千万不要低估了沉默的力量。男人大都喜欢沉默的女人，这是因为沉默的女人并不是因为木讷而不善言谈，而是她们更懂得如何表达自己的情感，不会为了一件小事而喋喋不休，她们大都有着自己的主见并且自信十足！

事实上，就女人而言，更不应该整日喋喋不休。为什么呢？很简单，为自己保留一点神秘感。对于时间越久越容易平淡的婚姻生活而言，神秘感对男人有着致命的吸引力，你要是每天说个不完，男人会对你厌倦。但你要是适当地来个沉默，便可以引起男人们的好奇心理，让他们觉得你神秘。这样一来，你还用得着担心“小三”的威胁吗？男人的心全都在你这儿了！

汪华是一家酒店的经理。一天一个气汹汹的女人跑过来找她，二话不说就破口大骂，质问她开的什么破酒店，竟然成了他老公找小三的场所。就这样，这个女人越骂越凶，那不堪入耳的话语更是非常多。10分钟过去了，女人依旧没有停下的意思，在场的员工都感到很气愤，都以为汪华一定会起身和女人理论或者叫来保安将这个疯女人赶出去。然而，令大家出乎意料的是，汪华不但没有表现出不耐烦，反而很耐心地在听对方讲，并一直保持着温和的表情，那女人骂得越凶，汪华就表现得越温和。

于是乎，那女人越骂越觉得纳闷，最后停住了嘴。事实上，心理学家认为，当一个人在暴怒之下，找人发怒却得不到回应时，她多半坚持不了多久自己就会停下来。

女人吞了口口水看着汪华，她本来是找汪华理论的，想问问她知不知道自己下属勾引他老公的事情。然而此时，她却不知道如何是好了，甚至感到了一种羞愧感。

大部分女人在遇到麻烦的时候，都会喋喋不休，以此来发泄自己强烈的不满，但是很容易让自己陷入尴尬的境地。此时，与其不停地说，甚至说错话，还不如保持沉默来得好，这样会为自己保留一份神秘感。

那么，都有哪些可取的方式呢？下面就赶快来看一看吧！

◎回避自己不想回答的问题

无论是在家庭生活中还是工作中，女人总有些自己不想回答的问题，可是直接拒绝不仅伤和气也会让人家觉得自己小气。此时，你完全可以先沉默，不过沉默的时间不应超过10秒，然后找一个对方感兴趣的话题说起。这样做，往往都可以帮助你成功回避掉自己不想回答的问题，转变话题还不会让对方丧失对你的好感。

◎对抗他人的抱怨

生活中，你难免遇到几个姐妹或者邻居对你大声诉苦，说自己工作不如意，家庭不如意，孩子不长进。此时，你若是去安慰，她便越演越烈，甚至还会拿你的生活说事儿，着实让你尴尬不已。你最好的方式，就是倾听，不表明任何态度。过不了多久她就会自己停下来，并且开始自己思考对错。

◎如何对待犯错误的老公

男人大都是粗心大意的，常常会犯一些你三番五次叮嘱过的错误。而此时，你若喋喋不休地指责，则会让对方厌烦。相反，你若是一言不发地沉默，则会让他无地自容，悔恨自己怎么就是记不住，反而觉得对不起你，从而积极地改正。

◎化解生活中无端的小争吵

姐妹们常常会觉得自家老公奇怪，怎么就那么多的问题和点子，对一些无关紧要的事儿怎么就那么较真？其实，男人很多时候就是这样的，他们希望自己可以事事把握，主导一切。所以，当你的男人在你专心看偶像剧时跟你长篇大论或者为了一件小事儿跟你讨论的时候，与其和他喋喋不休地争论，不如对他说句“恩”、“说的没错”，就能够轻轻松松地化解你们无端的小争吵哦！

对于女人来说，适时保持沉默，是明智之举。在现实生活中，你如果能够灵活运用沉默，那么，你的生活就会减少很多不必要的烦恼。

有事儿就在家里说，为亲爱的保留颜面

男女朋友之间或者夫妻之间，纵使有天大的矛盾也应该关起门自己说。如果这矛盾是在外面引起的，也一定要忍着回家再谈。

人们常说“家丑不可外扬”，意思就是无论什么事儿，只要是有关婚姻、家庭，最好都关起门来大家自己说。一方面可以不让外人知道，另一方面给婚姻中的双方保留面子，尤其是妻子一定要给丈夫留面子。另外，若总是在外面人多的地方把自家的事儿晒个没完，难免被某个八卦的大婶听去，到时候掀起一阵风言风语就不好喽！

所以，人们喜欢关起门来说家事儿，就是为了避免自己家事儿成为家家的事儿。毕竟，谁也不想自己家的事儿人尽皆知吧！当然这里不包括好事儿。所以，生活中女人应学会守口如瓶。试想一下，谁会喜欢一个总说自己闲事儿，且没完没了的长舌妇呢？

男女朋友之间或者夫妻之间，纵使有天大的矛盾也应该关起门自己说。如果这矛盾是在外面引起的，也一定要忍着回家再谈，尤其是在亲戚长辈面前，一定要记得给丈夫或男友留面子，维护他的自尊。

你可以和他在家里吵架，但是绝不要在别人面前和他吵，更不要在外面说他的不是。要知道，男人都喜欢吹牛，与男人外出和朋友一起吃饭时，女人最好装出一副乖巧的样子。对于大多数男人来说，面子和尊严常常与生命等值。所以，聪明的女人懂得如何像保护自己的爱情一般地保护男人的面子。最好不要和男人的面子较劲，如果你以为让他颜面无存就能够使他就范，那么，你就大错特错了，那样做只能让你失掉在他心中的地位，最后你将失去爱情乃至婚姻。

恰恰和自己的丈夫结婚两年了，最近她越来越感觉丈夫不爱她了，因为，想让他买个香水，他都特别的小气。郁闷的恰恰无处发泄自己的不满，只能有事儿没事儿都和自己的邻居李姐说。一开始恰恰还有些避讳，但后来觉得李姐人不错，就什么都说了，什么丈夫小心眼，为人特小气，对自己父母也不好，工作也不太长进……渐渐地李姐对恰恰的家事儿由同情转为了嘲笑，而恰恰的家事儿也几乎成了众人皆知的事情。每次恰恰的丈夫回家时，这些邻居们都会在他背后指指点点、说三到四。这让恰恰的丈夫觉得非常难受，严重影响到了他的正常生活，最终，两个人便因此事引发的无数次争吵而离婚了。

你说这离了婚的恰恰应该怪谁呢？恐怕只能怪自己当初没能管住自己的嘴巴。其实，家事儿本来就是一些琐碎的事儿。俗话说，清官还难断家务事儿呢，更何况是完全不了解情况的外人呢！再加上“好事儿不出门，坏事儿传千里”，这你一言我一语的，到最后就不知道会传成什么样子。最后传到男人耳朵里，一定会挫伤他的面子。到那个时候，即使有心和解，也必定是骑虎难下。所以，如果你真的想和自己的男人好好解决出现的问题，唯一的选择就是把话留在家里说，把事儿留在家里解决。的确，两个人之间有什么事儿是解决不了的呢？何必非要张扬得满城风雨呢？

其实，你要懂得体谅身边的男人。男人要面对这个社会，他们总是惯于向这个社会展示自己的坚强，不愿意将自己的脆弱展示在人们面前。所以，作为他心爱恋人的你，一定要在他意气风发的时候，鼓励他、欣赏他；在他失落的时候，给他一个可以倾诉、可以停靠的港湾，给他机会振奋精神。因此，一个真正幸福的聪明女人，首先应该是一个懂得体贴男人，理解男人的女人。

在这个复杂的社会中，你无法了解你身边人的真实想法，所以，无论男人做错了什么，都不要把这些事情四处“传播”。换言之，如果你把自己的男友或老公说得一无是处，那么，你能得到什么好处呢？所以，女人不仅要在外人面前维护男友或老公的尊严，还要让人们感受她的自信和大度。另外，一个聪明的女人还要懂得不断地“修炼”自己，让自己为老公的面子加分。那么，MM们都应该从哪些方面着手，为男人的面子加分呢？其实，除了胭脂粉黛之外，你可以不断地丰富自己的知识，不断提升自己的修养……诸如此类，这些都是让心爱的他长面子的事儿哦！

的确，想要创造良好的家庭氛围，首先应做到的就是相互体谅、相互理解，有什么事儿是过不去的呢？与其吵吵闹闹不如关起门来面对面地好好谈谈。

抱怨得越多，事情越糟糕

抱怨其实是毫无意义的，只不过能够让你得到短暂性的发泄，结果什么也得不到，甚至还会失去更多的东西。

女人和男人在对待情感问题上有着截然不同的表现：前者遇到此类的事情后不是显得“楚楚可怜”就是抱怨不休，仿佛若不让她们将心中的不满说出来，她们就会憋死一般；而男人呢？大都会自己慢慢消化，顶多在难受的时候脆弱地“借酒浇愁”，他们不会向其他人透露烦恼，也不会表现出自己焦虑的情绪，因为男人们清楚这对所发生的事情毫无帮助。就这样，因为女人们的抱怨，全天下的人都知道了她们的委屈和不满。久而久之，人们常常会将原来的安慰与同情变为一种不耐烦甚至厌恶，结果当然可想而知，人们都对这样抱怨的女人避而远之了。

孟伟为了结束与男友有些痛苦的异地恋，毅然辞去了国外收入优越的工作，回到国内男友工作的城市，找到了一份副主管的工作。但进入公司没多久，她就对公司的硬件条件一顿抱怨，觉得现在的条件没有原来的工作单位好，连咖啡机都没有。公司组织大家出去玩，她又觉得既没意思又没品位，国内有些沉闷的办公室气氛让她在失望中不断地抱怨。

她总是自顾自地在吩咐下属的时候讲英文，当下属听不懂她的话时，她还抱怨公司员工素质低，都什么年代了，英文水平竟然还这么差。不知不觉中，孟伟成了一个暴躁的、不耐烦的负责人。员工们对她的意见都很大，有的不愿意配合她的工作，而想要配合她的员工却又不敢接近她，反映到经理那里的评语几乎都是负面的，这一切让孟伟郁闷无比。加上公司原先许诺的高薪并没有兑现，而分配给孟伟的新办公室也很小很差，条件比外面的大开间还要差，不是台灯常常不亮就是空调不好用，就这样，孟伟对这一切都充满了情绪，她说得最多的话就是发牢骚。

结果几个月之后，她就被辞退了。

女人的情绪多变，非常容易因外界的影响而产生种种抱怨情绪，当这些抱怨情绪出现后，她们大都会选择消极地对抗，甚至听之任之。其实，这都属于正常的心理反应。但如果你不加控制、放任自流，甚至誓将抱怨进行到底，那么，过不了多久，你身边的人都会远离你，不愿意与你多接触，最后，你的心情不但不会变好，你的生活也会因此而变得狼狈不堪。抱怨其实是毫无意义的，只不过能够让你得到短暂性的发泄，结果什么也得不到，甚至还会失去更多的东西。

通常，女人们的抱怨多是因为受到了不公正的对待或觉得自己没能得到应有的回报，因为某种心理落差而导致不满。但事实上，人生活在这个社会中，无论是生活、工作抑或是个人情感，谁能一辈子顺顺当当，如愿以偿呢？谁不是一年到头不如意之事十有八九呢？对于生活中的这些事情，与其无奈、抱怨让其成为束缚你的羁绊，不如看开一点，毕竟抱怨对于解决这些问题毫无帮助，甚至只能火上浇油。

人活在这个世界上，无论男人、女人，都希望能够得到他人的肯定，可以如愿以偿地生活。可事实上，你想要得到这一切，首先应摒弃的就是抱怨，而不是渴望着通过抱怨得到这些。

作为一个聪明的女人，无论你在生活中、工作中、感情中遭遇了什么困难，你都不要让自己沉沦在抱怨之中，不要以为你对别人抱怨就能挽回什么，也不要渴望借此得到谁的同情。要知道，作为一个新时代的独立女性，任何人的同情都是不可靠的，想要过得幸福，就必须要学会自我消化。面对困境，抱怨是无济于事的，只有不断地努力才能改善现在的处境。

别把对方当成自己的“出气筒”

每对夫妻在结婚之后也都应该尊重彼此的私人心理空间。如果不管不顾地把自己的情绪强加给对方，甚至把对方当做是自己的出气筒，那么，你得到的只能是对方的厌恶与疏远。

女人都爱犯唠叨的毛病，一件事情说个没完，以此来发泄自己的不满，觉得丈夫这也不好，那也不好。早上起得晚就抱怨他不上进，庸庸碌碌；等到丈夫决定早起，又开始抱怨他起得太早，影响家人休息，说他就这样了，怎么做也都是没出息。总之似乎所有的事儿都不能让这样的女人满意，从张开眼睛开始，一直到熄灯为止，她的嘴巴一直唠叨不停。

对于这样爱唠叨的女人，无论丈夫做得多么谨小慎微，甚至几乎做到完美，她们也会在“鸡蛋里面挑骨头”。若是丈夫不小心被她们抓住了“把柄”，这就很可能成为她们唠叨的话题，接下来便是翻来覆去的长篇大论，让人叫苦不迭。

男人最受不了的就是女人的唠叨，唠叨是导致婚姻破裂的重要因素之一。很多爱唠叨的女人，往往意识不到唠叨其实对男人而言无异于伤害和折磨。女人的唠叨不但会引起男人的极大反感，而且还会使生活在她周围的人感到厌烦，也会使在这样环境中生长的孩子生性懦弱，不敢承担责任。综上所述，唠叨不仅会给男人带来痛苦，让其无法忍受，也会给婚姻带来灭顶之灾。

王娟和自己的丈夫结婚已经11年了，这样的时间说长不长，说短也不短，但对于王娟的丈夫来说，却着实是一场噩梦。结婚前，王娟的丈夫觉得王娟哪里都好，但是结婚后，随着家庭琐事儿的增多，王娟渐渐地养成了爱唠叨的习惯，常常对着丈夫就是一顿唠叨。一开始，丈夫能忍就忍，毕竟要操持家务，谁都不容易。可是渐渐地，王娟的丈夫发现，王娟这唠叨的毛病越演越烈，常常因为一件小事儿就唠叨一天，甚至第二天还没起床就纠结着唠叨，听得丈夫烦躁不已。

后来，王娟丈夫的公司分配了他一个比较棘手的策划案子。为了能够在领导面前表现表现，丈夫决定加班加点完成，可是一想到家里唠唠叨叨的王娟，他就一点心思都没有了。后来，想到王娟一般起得比较晚，所以丈夫就早早起来赶工，可是时间才刚过去半个小时，离王娟每天起床的时间还差两个多小时，丈夫就听见王娟在卧室大声地说："这么早，你起来瞎闹腾什么？"

丈夫一阵心惊胆战，马上说："公司的策划，我想着快点赶出来！"

王娟这次干脆起身走到书房，倚在门口对着丈夫说："你天天瞎忙什么，非要这么早起来打扰我睡觉啊，你那工作怎么做也那样，要不这么多年你怎么还是那点工资，那个职位……"

还没等王娟说完，丈夫就已经火冒三丈了，他实在忍受不了王娟了，就大声地说："这一天天的，你就不能消停一会儿吗？天天唠唠叨叨没完。"说完，收拾好材料就走了，只留下一个目瞪口呆的王娟。

此外，心理学研究证明，婚姻生活中女人的唠叨不仅是瓦解感情的元凶，同样也是影响丈夫事业的罪魁祸首。女人的唠叨会严重打击男人的自尊心和自信心，让他开始怀疑自己，以至于对自己的事业毫无信心，最后干脆放弃。

其实，每对夫妻在结婚之后也都应该尊重彼此的私人心理空间。如果不管不顾地把自己的情绪强加给对方，甚至把对方当做是自己的出气筒，那么，你得到的只能是对方的厌恶与疏远。作为妻子，在家庭生活中，一定考虑到丈夫的心情与感受，不要只顾自己的嘴痛快，就一顿唠叨，最后将自己的烦恼传播给家人，影响大家的情绪。

现代生活中，无论男女都在为工作而奔波。人们周旋在复杂的人际关系网中，身心早已疲惫不堪，而此时你还要让对方承受你的叨唠，他能不烦吗？而对于你自己来说，你每天唠叨就不累吗？作为聪明的新时代女性，首先要识别自己是否有好唠叨的毛病，然后精简自己的话语，说有意义的、有价值的话。

成功女人凡事都不会太苛求完美，她们知道面对生活中的琐事儿其实睁一只眼闭一只眼才是上上策。无论是面对家庭生活还是工作，都应该大度一点，其实真的没有必要为了一点点小事儿就大动肝火。与其终日计较，充当碎嘴婆、播种机，还不如把你烦恼的时间用来养花、养宠物、理财、看书，这些都可以是你放松心情、提升自己魅力的武器。为了你的亲爱的他，更是为了你自己，请放下那些没有必要的烦恼，为自己寻找快乐，做一个美丽的、善解人意的女人吧！

第8章 收紧嘴巴，不该说的话不轻易说

言多必有失，女人说话要谨慎

那些没事儿喜欢曝别人隐私，甚至三三两两讨论别人长短的女人，大都是因为好奇才聚在了一起，而最终又因为这种好奇，弄得自己像“过街老鼠”一般，人见人烦，避之唯恐不及。

看了一些类似于宫廷剧的电影之后，不禁产生了这样一种感觉：好像女人多的地方，是非就多，这是非一多，就会影响和谐，女人们之间闹个别扭、要小心眼儿、没事儿传个是非，就足以让一个安稳的朝廷动摇，又何况是家庭生活及工作生活呢?

有部电影的名字叫《好奇害死猫》，虽然内容未曾仔细看过，但就光看这名字，你就不难从字面中看出好奇的弊端。的确，每个女人在内心深处都是好奇的，因为好奇所以才会对一些人或事儿旁敲侧击，但也正是这种好奇心理，成为了威胁女人交际的导火索。的确，那些没事儿喜欢曝别人隐私，甚至三三两两讨论别人长短的女人，大都是因为好奇才聚在了一

起，而最终又因为这种好奇，弄得自己像“过街老鼠”一般，人见人烦，避之唯恐不及。

作为女人，聪明的你一定不希望自己成为招人讨厌的人。那么，你就一定要注意，说话时一定要掌握好尺度，不要说太多废话、闲话。说话时要考虑听话者的立场，无论是你的朋友、上司、老公、父母还是孩子，请记得嘴下留情，更不要八卦地打听别人的小道消息，即便你听到了什么，也尽量一耳朵进一耳朵出，不要成为谁的扬声器，毁坏自己的人缘。

艾云前不久恋爱了，那个男人是她暗恋很久的对象，现在终于如愿以偿，艾云很是高兴。高兴之余，她也忘不了和自己的闺蜜肖敏分享。俩人没事儿的时候坐在一起聊天，恋爱后的艾云，几乎开口闭口不离自己的男友，什么男友很能干，是公司的大区经理，喜欢研究天文地理，小时候还幻想当什么考古学家，又或者是男友特体贴，很喜欢下厨房做饭，诸如此类。总之，在艾云的言语中尽是甜蜜之意。

起初肖敏没觉得有什么，但后来听多了关于艾云男友的事情，也渐渐地对这个在朋友嘴中百分百的男人产生了些许兴趣，她渐渐地越来越习惯去倾听、关注有关艾云男友的事情。

一天，艾云约肖敏来家里吃饭，这也是肖敏第一次见到艾云的男友。寒暄之后，艾云的男友发现原来经常被艾云提及的肖敏和自己谈得竟然如此投机，顿时对肖敏产生了不少好感。但事实上，所谓的投机并不是默契，而是因为肖敏通过艾云对男友的介绍，早就对艾云男友的喜好了如指掌了。

此后的日子，肖敏经常会出现在艾云与男友之间，当艾云看到自己的男友与闺蜜亲密地坐在一起谈论天文地理时，心里特别不是滋味。正当她准备找自己的闺蜜肖敏好好谈谈的时候，一切已经晚了，因为她的男友和闺蜜肖敏先她一步和她摊牌了。这时，艾云才发现原来他们早就已经暗度陈仓了……

从上面这个故事，聪明的你一定不难看出管好自己嘴巴的重要性，即便是对非常要好的姐妹，也没有必要把自己的事情像“倒垃圾”一般全部倒给对方。除此之外，在铭记言多必失的同时，你也要时刻保持一颗清醒的头脑，不要轻易听信别人的话，尤其是那些对你的生活、工作、情感提出问题的人，无论她们的初衷如向，你都不能盲从，而是要冷静下来仔细思考。此外，如果你是一个很容易冲动的女人，常常不能消化外界的质疑，那么，不妨远离一下身边喜欢怀疑别人的人吧，以免轻信人言，最后因为一时冲动而后悔不已。

王芳的先生是她大学时代的恋人，两个人大学毕业后没多久就结婚了，他的先生在大学时代曾是出了名的校园才子，被很多女生喜欢过。随后的几年时间，他的丈夫又凭借着自己的能力，成功创办了自己的公司，几年下来，已经资产过千万。在王芳的朋友当中，有的羡慕，有的嫉妒，而她与她丈夫的婚姻生活自然也就成了这些人谈论的目标了。

王芳在生活中也有一个无话不谈的闺蜜小雅，在众多个王芳先生因工作出差的日子，王芳经常会找小雅诉苦、解闷，说自己的老公经常出差，即使不出差也总是有各种各样的应酬，回来得很晚。每当这时，小雅就会在王芳面前变唠叨：“你老公在我们众多姐妹中算得上很优秀的，这么优秀的一个男人，你可要小心点，现在他的公司做得又那么好，那么有钱，很多小女孩可都虎视眈眈地看着呢，再说你们现在结婚都七八年了，也快到婚姻冷淡期了，你可得好好把握，不然就得为他人做嫁衣了。”

本来并不多心的王芳一听到小雅的话，也开始怀疑、害怕了。为了避免这样的事情发生，她开始“密切”关注丈夫的一举一动，甚至不惜花重金购买电话追踪系统，每晚一个电话查询丈夫的位置……

但纸包不住火，丈夫很快就知道王芳对自己的“监视”行动，觉得王芳对自己极其地不信任、不尊重，十分生气。本想找王芳好好谈谈，却发现王芳根本不听自己说什么，只是单方面地咬定自己有外遇，无奈之下，两个人决定分居一段时间，让彼此都冷静一下！

的确，上文的姐妹是出于好意，但结果如何呢？葬送的还不是自己的幸福。在我们身边，还有一些喜欢打听他人秘密且添枝加叶的“长舌妇”一族，她们不亚于现在的“狗仔队”，最大的乐趣就是给身边的人制造花边新闻。若此时，你说话稍有不慎，就很可能成为她们“跟踪”的对象。这种人让你防不胜防，因此，解决问题的最好办法就是你不说，也就是管好自己的嘴，不给她任何可以制造新闻的机会，少说话，多做事。

天下之大，谈话的题材取之不尽，用之不竭，相信你即便不拿自己或者他人的隐私当话题也能与人很好地交谈。与其把那些并非事实的事情说出去，冒着被人误解甚至自己的秘密被告知天下的危险，最后落得个搬石头砸自己脚的下场，还不如保持沉默来得好。

纸包不住火，你今天的几句“多言”，也许明天就会传到当事人的耳朵里，只是对方还没有表示。但不表示不代表不在乎，也许他正谋划着什么计策来对付你呢？

所以说，我们一定要看好自己的嘴，他人的是非留给他人去判断好了，自己的事情也留给自己来决定，做你该做的，说你该说的，这样足矣！

轻率之言，说出来容易收回来难

作为一个女人，无论你身处什么位置，也不管你的财富、势力有多雄厚、强大，嘴巴既能帮你平步青云，也能让他人对你侧目相看。

人们常说“嘴上没有把门的”，这其实是女人社交中最致命的一点。因为没有把门的，所以常常什么话都往外冒，说不定哪些就是伤人不利己的话。

而那些不经大脑思考说出来的轻率之言，常常也并不能算是说话人的错，毕竟她是无心的，而只是因为观察不全面造成的，没有考虑到对方的感受，没有站在对方的立场思考，但不管这样的女人是不是有口无心，都会令身边的人无法忍受。于是乎，这样的女人的人际关系开始告急，而其生活及工作也因此受到影响。

“祸从口出”其实说的也是这类图一时口快的人。事实上，作为一个女人，无论你身处什么位置，也不管你的财富、势力有多雄厚、强大，嘴巴既能帮你平步青云，也能让他人对你侧目相看。所以，管不住自己的嘴，想说什么就说什么，对于你的人际关系来说无异于“慢性自杀”。

韩琳琳出身很好，也很傲慢，大学毕业后，她凭借关系到一家电视台工作。期间，她要和其他电视台新招的女孩一起参加为期三个月的培训。这几个女孩中，有一个农村女孩虽然长得不够漂亮，却因为出色的能力成为和韩琳琳竞争主持人的强劲对手，但韩琳琳却很看不起那个女孩。于是，就在培训前对身边的人说，若那乡巴佬考得比我好，我就把整层大楼的地板擦一遍。

后来，这话传到了那个女孩的耳朵里，女孩幽默地说道：“那我还是尽量考得差点吧，不然整层的地板她可有得擦了！”

很快，三个月的培训结束了。虽然培训内容都是有关时尚、广告类等农村女孩从未接触过的内容，但凭借着自己的努力。在最后的考试中，她比韩琳琳的总成绩多出了3分，最后，韩琳琳不得不愿赌服输，兑现自己当初的承诺，擦整层楼的地板……

虽然，上文中的韩琳琳的确有点过于自负、傲慢，但现实生活中，作为一个聪明的女人，即便你很温柔且成熟，你也要记得在人际交往的过程中，不要把话说死、说绝、说得自己毫无退路可走。例如，“我这辈子都不会去求你帮我”，“我才不会做那样的傻事”等等。这样的话谁听了都会不痛快。生活中，无论男人还是女人，都是爱面子的，而你这样的绝对性话语不但挫伤了对方的面子，也等于堵死了自己的路。没有人能够一连几次都忍受这样无礼的话语，即便她表面上不表现出来，也会对你怀恨在心，甚至结怨树敌。再回到你自身来说，世事无常，等你发现自己当初的断言成了一句蠢话时，又该如何收场呢？

事实上，如果你仔细回想，你就能发现，发生在你身上很多不愉快的事情大都是由口无遮拦导致，所以想要在交际中畅快地交谈，你就必须学会委婉地表达自己的意思，这一点起着至关重要的作用。在一般的场合中，当你发表自己反对意见的时候，你完全可以采取转折的方式，比如先说“你这样做的效果的确不错，但是……”人们都不傻，他们都能知道“但是”后面才是你真正想要说的话。你这样一说，对方比较能够接受你的意见。

一个女人，要想在自己的交际圈子游刃有余地发展，这一点是绝对不能够被忽视的。这也是很多人不轻易公开批评别人的原因。

常言道：“良言一句三冬暖，恶语伤人六月寒。”所以，你一定要看好自己的嘴巴，凡事多想想再说出口，说话之前先站在对方的角度想想，考虑下要说的话会不会伤害对方的自尊。切勿不管不顾，随己愿，想什么说什么，毫不顾忌对方的感受，那样，你在伤人的同时，也是在伤害自己！

不好说的话，就说得含糊其辞一些

> 说得含糊可不是让你在说话的时候语无伦次，毫无重心，而是让你采用不确定的方式表达自己的意思。在社交中，适当地运用含糊的表达方式，也是一门必不可少的艺术。

有时不便把事情说得太明白，此时，你大可以说得含糊一点。当然，说得含糊可不是让你在说话的时候语无伦次，毫无重心，而是让你采用不确定的方式表达自己的意思。在社交中，适当地运用含糊的表达方式，也是一门必不可少的艺术。

当你去一个办公室找一个你不太熟悉的人时，你只需要大概讲出他的样子即可，没有必要说出那天你们见面时他穿了什么衣服，说出他精确的年龄或者身高，那样反而不好找。所以，生活中，MM 们一定要学会在办事儿时适时地用含糊的方式表达自己的意思。

下面就为姐妹们介绍一些含糊表达方式的种类：

◎选择式含糊

根据办事的不同目的，用具有选择性的语言来表达自己的想法。比如，当你的下属完成了你交给他的任务，但其中却出现了很多纰漏时，你千万不要说："你怎么搞的，肯定是没有用心去做。"此时，你应该含糊地说："看来，你好像没有很认真地在去做哦。"

◎回避式含糊

回避大家都不难懂，而回避式的含糊也如此，只要你根据场合的需求，巧妙地避开对方所指的内容即可。

小芝刚下班回来，在小区门口遇上了出了名八卦的李大妈。李大妈一见小芝回来，就赶忙迎上去，问这问那，从吃饭没到下班车挤不挤，小芝虽然不耐烦但还是一一回答了，正当小芝准备上楼，李大妈却突然问到："小芝啊，听说你和老公最近吵架了，是咋回事啊？"

小芝想了一下，转身对李大妈说："我们现在工作都忙得要死，连吃饭睡觉的时间都没有，哪还有时间吵架呢？"小芝说完看了一眼李大妈又接着说："对了，我婆婆过两天可能过来呢，你不是一直说她做的小咸菜好吃吗？想要学学，我跟婆婆说了，这次她过来有时间就教您。"

李大妈立即点头称好，不再问小芝与老公之间的事情，而是问小芝的婆婆什么时候来。

显然，李大妈是想打听小芝的感情问题，然后成为大家没事儿闲谈的谈资。不过，小芝的回答则含糊地回避了李大妈的问题，反而很聪明地在最后转开话题，既不驳人面子，也保留住了自己的隐私。

◎宽泛式的含糊

所谓宽泛就是让你的语言富有空间性和弹性，简言之，就是说得大一点。事实上，这种宽泛式的含糊方式，你在生活中经常能够用得到。很多时候，你在对一个朋友说话时，为了显得随和亲切，你常常在分手前说："周末我在家，没事你就过去，我们吃个便饭。"这其实就是宽泛的表达方式。你说了周末在家，但对方可以去也可以不去，给人很大的空间。不过值得一提的是，这样的话最好只对比较熟悉的朋友说，要是对长辈或者上司便显得有些失礼。

事实上，用含糊的方式说一些生活中不方便明讲的话是一种非常艺术的社交手段。以上所介绍的几种方法，你在使用时要针对不同的情况与对象有选择地应用，以此让你要办的事情更加顺利。

开玩笑不过火，讲究分寸最重要

恰当的玩笑可以拉近人与人之间的距离，缓和人际关系，是你与他人交往的润滑剂。而适时、得体的玩笑也能够增加人们对你的好感，提升你的亲和力，给周围的人带来欢乐，让人们愿意与你交往。

玩笑其实是幽默的一种表现形式。那么，在生活中，你觉得自己是一个善于开玩笑的女人，还是常常被不恰当玩笑羁绊人际关系的人呢？

其实，与人相处，尤其是和关系不错的朋友们相处，大家不免开开玩笑，互相逗乐，这样可以融洽关系、活跃气氛、增进友谊。这样看来，开玩笑的确是一件能够带给大家快乐的事情。但是，即便如此，你在开玩笑的时候也要注意很多问题。因为在社交活动中，也常常会有女人因为开了不恰当玩笑而陷入僵局、尴尬不已。有的时候，玩笑开过了头，开得不恰当、场合不适宜等，不仅不能给双方带来快乐，还会影响彼此之间的关系。由此看来，不是所有的玩笑都能够开，若分寸把握不好，玩笑就会伤害别人。

张欣和赵彦是大学室友。一次，她们宿舍开聚会，姐妹们一边开心地聊着天一边喝着事先准备好的水。这时坐在最外边的张欣开口，让靠里面的赵彦递给自己一个苹果，没想到赵彦却递给了张欣一颗小草莓，还笑着问在场的姐妹为什么自己要给她一颗草莓。大家都摇着头说不知道，这时赵彦却哈哈大笑，然后说：“因为草莓和张欣最像啊，都是满脸的痘痘…”原来，张欣脸上最近长出了很多青春痘。

姐妹们一听也附和地笑了几声，从那之后，草莓就成了张欣的外号，而且每当别人询问为什么要叫张欣草莓的时候，只要赵彦在，都会把那事儿说一遍，但张欣却觉得尴尬，并且开始对赵彦心存芥蒂。

做一个善于开玩笑的女人固然很好，但在开玩笑的时候，也一定要注意，千万不要掉进那些误区，最后让别人难堪，让自己难受。

一般来说，玩笑一定不能乱开，尤其对于女人来说，玩笑开多了很容易给人一种轻浮的感觉。而你的人际关系，也常常会因为一个不得体的玩笑遭遇危机。换言之，你会在无形中得罪一个人，无异于断了自己的一条路。

张丽是一家公司的外勤人员，是个聪明伶俐的女孩。她脑子灵活、言辞犀利，还有丰富的幽默细胞，无论到哪儿都是颗“开心果”。但如此可爱的张丽，却令他的男友非常苦恼。

有一天，男友来公司找张丽，因为刚从公司开完会出来，没来得及换西装。张丽从公司中和几个女同事一起走出来，见到男友，就对着自己的女同事说：“你看我男友多精神，虽然穿得有点土，不过还是西装革履的呢！”女同事们听着张丽的话都笑了，但男友却觉得很难堪。

还有一次，张丽的男友请张丽和公司的一个女同事吃饭。饭后，男友结账，在签账单的时候，女同事看到了张丽男友写的名字，觉得很漂亮，就说：“你男友的签名真好看，感觉特气派。”但张丽邪笑着说：“那当然了，这可是他窝在家里练了三个多月的成果呢。不瞒你说，他写得最多的就是这几个字啦！”此言一出，女同事和男友都陷入了尴尬。

恰当的玩笑可以拉近人与人之间的距离，缓和人际关系，是你与他人交往的润滑剂。而适时、得体的玩笑也能够增加人们对你的好感，提升你的亲和力，给周围的人带来欢乐，让人们愿意与你交往。可见，开玩笑的尺度，所面对的场合、对象，对你的交际都起着至关重要的作用。

再回头看上面的故事，故事中的女孩的确很可爱，但她最大的弊端就是不懂得玩笑的尺度，常常把玩笑开过火，并且在开玩笑时完全不顾及对方的感受。假如你正是这类女孩，一定要在开玩笑之前三思，以免出口成刀，伤害他人。

总之，凡是涉及人身的、有讥讽意味以及涉及对方隐私问题的玩笑都尽量少开，与其冒着风险开个玩笑让对方不高兴，还不如不说，毕竟玩笑的根本目的就是辅助你的人际关系。不过即便如此，也不要对开玩笑心生恐惧，就决定做一个一本正经、不苟言笑的女人，这样一来，你虽然避开了很多因不当玩笑引起的不愉快，但也会给人一种你不可爱的感觉。所以，生活中能开玩笑的时候还是要开的，只要你在开玩笑前注意以下几点，成为一个可爱的幽默女人就绝不再是梦想哦！

◎不说有讥讽性的玩笑

带有讥讽性质的玩笑是非常伤害人的，它很容易让对方陷入焦虑和难堪之中。因此，含有讥讽、攻击、责怪性质的玩笑，即便再好笑，也不要轻易说出口，以免使本应欢乐的场面变得十分尴尬。

◎千万不要拿别人的隐私开玩笑

很多时候，一些玩笑常常会不经意地涉及到对方或其他人的隐私，这时，你一定要注意了，玩笑中尽量避免这些成分，尤其是和这些隐私有关的人在场时，以避免因为你的无心之言，影响到对方的生活。

◎玩笑不能以对方的短处为笑料

这也是最重要的一件事儿，玩笑不能以对方的短处为笑料，尤其是揭露对方生理上缺陷等，这样会严重伤害对方的自尊心，让对方嫉恨你。

◎开玩笑的时候还要分清对象

因为，并不是所有人都愿意别人跟自己开玩笑。因为性格有差异，所以，很多时候你可能觉得好笑的事情，对别人来说却淡如白水。因此，开玩笑时，也要分析一下对方的性格，一般来说，最好不要和自己的长辈或上司开玩笑，以免说话不当引起不必要的麻烦。

切勿“得理不让人，无理搅三分”

聪明的女人绝不会抓着理不放，甚至当众奚落，而是选择给对方台阶，这样还能为你赢得对方的真心尊重。

生活中你可能时常会遇见这样一群人，她们往往无视自己的错误，反而大声地去批评他人；或者明明收到了对方的道歉，却依然不依不饶，说个没完。事实上，这类人就是典型的“得理不让人，无理搅三分”。

在日常生活中，谁不想自己占个理儿呢？但事实上呢？这世界上的理，怎么可能全让你一个人占尽呢？俗话说得好：“得饶人处且饶人”。

看到这里，很多MM便有话要说了，很多时候，生活中并不是自己抓着理不放，而是有些人偏偏对着自己无理辩三分，自己又怎么能让对方轻易得逞。但事实上呢？你与对方争执就能显得你很有理吗？当然不会，甚至还会让你的优雅气质减分，此时，与其你与对方争得面红耳赤，还不如适时为对方留点余地，让她自己去发现自己的错，理自然就会回到你这边。而此时，聪明的女人也绝不会抓着理不放，甚至当众奚落，而是选择给对方台阶，这样还能为你赢得对方的真心尊重。

小梦是一家咖啡店的主管，一天一位顾客过来喝下午茶，他点了一杯红茶，但是服务员刚刚把红茶送上去，他就在一边大声地喊：“小姐！你过来！你过来！”

小梦看到了，见其他的服务员都在忙，就走了过去说：“先生您好，有什么可以帮您吗？”“你看看你们这牛奶，明明就是坏的，糟蹋了我一杯红茶，你说怎么办吧？”

小梦看了看红茶杯子，微笑着说：“非常抱歉，先生，这样吧，我给您换一杯新的吧！”顾客依旧不依不饶地说：“真是不知道你们这么大的咖啡店是怎么开的，真是的，快点吧！”

小梦拿着顾客说坏的红茶走到后厨，这个时候，刚才的服务员也刚好进来，她也听到了顾客的高声说话，她对小梦说：“主管，这个不怨咱们啊！那个人把柠檬和牛奶一起放进红茶，他难道不知道牛奶不能和柠檬一起放吗？现在还赖咱们的牛奶坏了，真是的！”“呵呵，我也知道啊，但是如果我刚才当着他的面这样说，他一定会很没面子，为了挽回面子，他一定会和我争吵，这样对我们的咖啡店也没有好处啊。反之，我现在给他留面子，这其中的道理他一看就知道，所以我们也没有必要像他那样子大喊大叫啊！”

说完，小梦就端着新的红茶走到那位顾客身边，然后温柔地对他说：“先生您慢用，另外，我可不可以建议您，如果您打算在红茶内加牛奶，最好就不要再加柠檬了，因为，有些时候，柠檬与牛奶会发生反应，会造成牛奶结块。”

顾客一听，满脸通红，匆匆喝完茶，走出去了。

故事中的小梦，有理让三分，不仅赢得了顾客，更提升了她的公众形象。

人们常说“有理走遍天下”，意思并不是说有了理就不依不饶。在得势的情况下饶人，矛盾会立刻缓解。事实上，越是有理，就越应该表现得谦虚一些，这样才能够显示出一个人宽广的胸襟和高尚的修养。

刘禅是一家服装设计公司的总裁，一次她去公司视察，在走廊中不小心与公司内一位设计师撞到了一起，那个设计师一边捡东西一边对着刘禅说：“真是的，你没长眼睛吗？真不知道最近公司怎么无端冒出这么多人。”

刘禅则一边帮这个无礼的设计师捡东西一边说：“很抱歉，我只是到我的公司随便看看，不知道给你添了麻烦。”

设计师听到刘禅这么说，抬起头，仔细一看，才知道竟然是总裁，连忙道歉说：“抱歉总裁，是我的错，我这几天太忙了，脾气不好，对不起……”

从这个故事中，我们不难看出刘禅的胸怀和气度。在人际交往中，得理也要饶人，只有这样，才会受到别人的尊敬。

生活中，很多MM一旦陷身于某种争执之中，便会莫名地焦躁起来，这个时候，为了维护自己的利益和面子，往往会强词夺理，一争高下。因此，很多MM常常为了自己“争”之不易的“理”不愿轻易“放过”对方，不逼得对方鸣金收兵或自认倒霉不罢休。然而，这次“得理不饶人”虽然让你吹着胜利的号角，但也成了下次争斗的前奏。因为这对“战败”的对方也是一种面子和利益之争，他当然要伺机“讨”还。

所以，聪明的女人，应该懂得将心比心，凡事儿宽以待人，推己及人。在自己有理的时候，也要设身处地地为对方着想，给对方留余地，理解对方的感受，只有懂得并做到了这点，并大度地对待身边的人，你才能够在社交场中打拼出自己的圈子，建立更广泛的人脉关系网，并且让人们都喜欢与你交往。

中篇

会办事

聪明女人交际懂手腕

为什么有些人办事总失败？听着成功的女人们讲述自己成功的经历，怎么听上去永远那么轻松，那么游刃有余？而现实中我们却为什么常常被困在一些小事儿上？这样的问题我们可能在心里询问过无数次。在久久没有答案后，我们告诉自己，可能是自己的资质不够吧！

其实，我们之所以尚未成功，与缺乏办事的手腕有着直接的关系。办事不是简简单单地求个人，送个礼那么简单，其中很有学问，而且稍不留神就有可能断送我们好不容易建立起来的人际关系。所以，想要成功的我们马上让自己掌握这些办事的技巧吧！

第9章 知礼晓仪，办事前要先让别人欣赏你

优雅的举止是女人最美的衣裳

> 优雅不是矫揉造作，它比温柔少一点，比魅力多一点。对于一个职场中的女子而言，优雅是决定你成功的不二助力。它能够让你变得赏心悦目，让你的一颦一笑、一举一动都成为一道无与伦比的风景。

作为女人，你知道男人最欣赏怎样的女人吗？美丽的？可爱的？都不是，男人最爱慕温柔的女人，而最欣赏优雅的女人。

的确，与美丽、可爱相比，优雅才是每个女人应该作为终身目标去追求的。优雅不是矫揉造作，它比温柔少一点，比魅力多一点。对于一个职场中的女子而言，优雅是决定你成功的不二助力。它能够让你变得赏心悦目，让你的一颦一笑、一举一动都成为一道无与伦比的风景。

然而，现实生活中，培养优雅的举止和言辞却并非一件简单的事情。很多MM常常忽视一些小细节最后导致自己所要办的事以失败告终！

其实，优雅的举止体现在女人生活的方方面面，是女人的个人涵养，

也是影响其人际关系、办事效果的重要因素。优雅的举止可以增加你的魅力值，给人一种有修养且美好的第一印象，自然能够起到事半功倍的效果。反之，如果你的动作过于“粗枝大叶”，就很难给人留下良好的印象，对即将要办的事儿也是有害无益的！

以上所述的一切对于已经入职成为职业女性的你来说尤为重要。很多时候，你总是准备得很充分却依然没有办法将一件事儿办好，比如去见客户的时候，明明已经准备得万无一失，却仍然无法在谈判中胜出。于是你开始感到沮丧，甚至开始怀疑自己的工作能力。

但是，事实上呢？真的是你的工作能力不足吗？当然不是啦，而是由于你给人的印象不够完美，那些透露你个性的小动作不够优雅。很多经验告诉我们，很多时候，一个女人在谈判中或人际交往中的成功与否与你的谈吐举止息息相关。

最近王敏非常的苦恼，作为一名广告业务员的她已经将近三个月没开单了，看着身边那些准备没有自己多、付出没有自己多的姐妹一个接一个地开单，王敏的心里别提有多难过，她甚至想干脆辞职吧，可能自己不适合做广告业务。

王敏的一个朋友许珊也是做广告业务的，不同的是，她现在已经是一家不错的广告公司的业务主管了。她知道王敏的苦恼后，特地请假到王敏家里来安慰她，说找到一份工作不容易，更何况你已经做了将近两年了，怎么能说辞职就辞职。这些事儿王敏也知道，但就是苦恼自己怎么就谈不下来单子呢？她每次去见客户之前都会很认真地准备资料，可为什么总是失败呢？

许珊听着王敏的话，也觉得奇怪。于是，为了帮助王敏找出问题，她就告诉王敏把自己当成客户，然后和自己谈一次，王敏也觉得这办法可行，于是两个人就开始了。

刚开始，王敏的表现都非常好。但时间不久，许珊慢慢发现了端倪，只要自己问一下比较难缠点的问题，王敏就会显得有点紧张，随后她就会不自然地一边思考一边抖腿，天啊，要知道这对一个女人来说可是致命的小动作啊！

许珊告诉王敏，她必须要克服这个动作，因为女人抖腿会给人一种不稳定的感觉，引起对方的反感，自然就没有什么心情和你谈下去了。这样一来，你准备再多也不可能成功的！

王敏也觉得是这个理儿，平时自己一紧张的时候就会不自然地抖腿，一直都没怎么注意，没想到，这竟然是导致她工作失利的主要原因。

从那以后，王敏努力克制自己的坏习惯，并在许珊的推荐下报了一个优雅女人培训班，去那里学习一些优雅的小动作，力求做到面见客户时举止优雅，给人一个完美的印象。

故事到了这里，很多MM都想知道，那么王敏的工作怎么样了？那还用说吗？谁能拒绝一个充满魅力且拥有优雅举止的女人呢？不出一年，王敏凭借着自己的认真、努力及出色的业绩也坐上了业务主管的位置。

举手投足决定女人的一生，这话其实一点都不夸张。面对不同的场合，如能用得体优雅的举止以对，不仅可以反应出你个人高超的修养，也非常容易被人接受，博取对方的好感。

那么，生活中，你知道哪些举止不可以在交谈办事时出现吗？除了上文说的抖腿之外，你还必须注意以下几点：

◎前仰后合地大笑

虽然说笑是女人最美的语言，但是不恰当的大笑，包括声音过大的笑声，都会引起他人的反感，影响对方对你素质及涵养的评价。

◎一紧张就扣衣角

很多MM都有在紧张的情况扣或拉自己衣角的毛病，这要在偶像剧里应该是可爱的表现，但在职场交谈办事中，则就是不成熟、幼稚甚至能力不足的表现。因此，千万不要给人留下一副没能力“楚楚可怜”的坏印象，要知道，职场中的男人们可是不会怜香惜玉的。

◎思考的时候咬嘴唇

另外，很多女生还有一个容易给人产生错误臆想的动作，那就是在思考的时候不自然地咬嘴唇。天啊，难道你不知道，咬嘴唇是很性感的动作吗？你当着对方的面做这样的动作，很难不让对方想入非非哦，接下来就会改变对你的看法，甚至将你归为轻浮女子一类，但事实上呢？你不过是在思考问题。虽然你可以理直气壮地说，他有这样的想法是他的问题，但拜托，你现在是找人家办事谈事情，既然不能改变对方的想法，那就自己先做好，让对方把你当成那种很有能力且不可轻视的职业女性不是更好吗？

“桃李不言，下自成蹊。”举手投足间尽显迷人风采的女人，必然会以其优雅的举止和得体的言谈赢得身边人的赏识和喜爱，从而也必然能够拥有丰富的人脉资源，当然能在办事时顺利畅通、事半功倍啦！

微笑——塑造亲和力的一把钥匙

> 女人的微笑胜过这个世界上任何一种绚烂的色彩，微笑的你就是世界上最具魅力的女人。不要在意你的衣着不够时尚，不要苦恼你的容貌不够精致，因为这些都不足以掩盖住你美丽的笑容。

什么女人最受人欢迎呢？什么样的女人能够在社会中游刃有余呢？如果你说美丽的，那你一定还没看透办公室的人情世故。美丽的女子在受人欢迎的同时，常常也会招来嫉妒和不必要的办公室性骚扰，试问又怎么能算游刃有余呢？

那么，究竟是哪种女人呢？当然是有亲和力的女人啦！

亲和力是这个世界最能打动人的武器，而一个拥有亲和力的女人即便她长得并不天生丽质，但她在人们心中也是美丽的、温柔的，甚至很多人会把有亲和力的女人与天使划等号。怎么样，看到亲和力的魔力了吗？

那么，怎样才能让自己富有亲和力呢？不少 MM 都错误地以为亲和力是年龄累积出来的，换言之，也就是年龄越大亲和力就越多。其实不然，年轻活泼的你一样可以拥有吸引人的亲和力，只要你时刻保持清新的微笑，对人们多微笑，让他们感受到你内心的温暖，那么，你很快就能够拥有亲和力，成为公司里最受欢迎的女人啦！

女人的微笑胜过这个世界上任何一种绚烂的色彩，微笑的你就是世界上最具魅力的女人。不要在意你的衣着不够时尚，不要苦恼你的容貌不够精致，因为这些都不足以掩盖住你美丽的笑容，微笑吧，你就是最迷人的“亲和女王”。

微笑时，人们能从你身上看到你的温柔、你的性感、你的妩媚……当你微笑的时候，我们看到的也绝不再是那个平凡得没有焦点的女生，而是一个充满自信、幸福的小女人，这样的你怎能不吸引人，而人们又怎么能不愿意和你做朋友呢？

微笑会掩盖住你身上的不足，让人们无暇去注意你的缺点。因此，想要在职场中、在人际交往中独占鳌头，你就必须告诉自己时刻保持迷人的微笑。

小蔡是一家公司的行政主管，在成为行政主管之前，她是前一任主管的助理。事实上，前一任主管李杰无论是从学识、经验都比小蔡强，虽然他在任期间工作做了不少，却鲜有收益。原来，大家都觉得李杰这个人过于傲慢，因此都不愿意配合他的工作，最后，李杰被迫离职。小蔡总结了李杰的教训，得出了一个结论，想要做出好成绩，就必须要依靠大家，让大家都喜欢自己，而想让别人喜欢你，首先你要做的就是时刻保持一张给人亲切感的笑脸。

现在的生活压力这么大，竞争这么强，很多员工都不能够积极地配合行政管理，但一个人若总是面带笑容，就会给人一种心里的安慰与温暖，让人们感受到一种鼓舞。这样一来，即便再累，大家也都愿意积极配合小蔡的工作。

现在，无论工作多繁重，小蔡也都不会表现在脸上，她总是将最迷人的微笑挂在脸上，展现给身边的人，她让身边的同事觉得亲切，大家当然也会支持她了，所以，她每次制定的行政计划都能顺利执行，工作业绩越来越好。

“你的微笑价值千万”，这样的话对于小蔡来说，一点也不过分。面对不同的人，在不同的场合，无论自己的心情是否很烦躁，都能用微笑来对待他人，不但可以反映出个人较高的修养，也能赢得他人的喜爱。

那么，生活中美丽的你该怎样将迷人的微笑展示给别人，将自己的亲和力发挥到极致呢？

当你开心的时候，你应该大方自然地微笑，请记住是微笑，千万不要太过开心而前仰后合地哈哈大笑，这样很容易吓到你身边的“帅哥”哦，让他觉得你是个典型的“野蛮”女生，害怕与你接近。

当你不开心的时候，你依然应该保持微笑。试想一下，笑着过，哭着也过，但结果却会截然不同。伤心难过时的微笑会让人觉得你是一个坚强的女人，能够为你赢得更多的掌声和赞许。在这种情况下，你能更快地赶走坏心情，也不至于成为影响他人心情的“杀手”！

当你和人发生争执的时候，不要过早地横眉冷对，而是应先报以包容的微笑，只要是正常人看到了你的微笑，都不会再和你针锋相对，敌对的气氛也在瞬间就被化解了。

当你受到流言蜚语的时候，不要一副母老虎的样子，冲过去找人理论，而是尝试着微笑着一带而过，既然是流言，总会不攻自破的，何必劳您大驾呢？

总免不了去见客户、谈生意，这时不要忘记带上你的微笑，定会让你的客户对你的好感倍增，你会发现就连原来那些极其难缠的客户，现在谈起来也变得轻松多了。你对人家微笑，即使人家表面上依旧冷冰冰，但是心里却早就被你“融化”了，那生意谈起来还会那么难吗？

生活中，你千万不要低估了微笑的力量，它比任何一句赞美的话更能打动人心，有了“微笑”这个强有力的武器，你要记住，有亲和力的女人是这个世界上最美丽的！

穿衣打扮要得体，外在形象很重要

得体的装扮不仅能够给自己带来自信，还能够给别人带来审美的愉悦，既符合自己的心意，又能左右他人的感觉，使你办起事儿来信心十足，一路绿灯！

女人都很在意自己的外在形象，一般鲜有女人蓬头垢面，邋遢地出门。但即便如此，你也要在出门办事儿之前多站在穿衣镜前待一会儿，仔细地审视一下自己所穿的服装、所化的妆是否符合今天的场合及准备要见的人。如果你的穿着不适合，那么，即便你穿得再漂亮，对你所要办的事儿也毫无益处。

女人，天生的细腻，人们常常会通过一个女人的穿着与妆容来对这个女人进行第一印象的判断。太过朴素会掩盖自己的魅力，太过张扬，又会给人一种不稳定的感觉，总之，牢记得体二字。此外，得体的程度要和你所去的场合及所面见的人相匹配，不能你要去一家五星级酒店，却穿着一身运动装；又不可明明与人约在高尔夫球场，你却穿上了运动不便的紧身裙子。虽然这些衣服在你日常中的搭配都属于得体的一类，但放在了这些场合，面对不同性格的人，它们就显得不搭。

美国的一位行为心理学家，曾经做过这样一个关于着装打扮与办事儿成功关联性的实验。实验中，心理学家在火车站的候车厅其中一个座位下放了一个很小的礼品盒子，然后让同一个男人分别以两种不同的状态去到那个座位旁边寻找。首先，这个男人穿着干净得体的衣服，面带微笑走到座位旁边。他对座位上的人说："很抱歉，我把一份给我太太准备的礼物丢在这附近了，您能帮我找下吗？"座位上的人看了看男人，很高兴地开始帮他寻找。

第二次，同样一个男人，穿得非常寒酸破旧，当他走到座位前，刚开口，就被人打断了，也鲜有人帮他寻找。

心理学家在这个火车站待了一个月，分别让男人以两种不同的着装各做了100次实验，实验结果表明，男人穿戴整齐、干净得体地去寻找失物，找回并得到他人帮助的几率是87%，而穿着寒酸的成功几率却只有32%。从这两个数据中相信聪明的你不难看出服装包装的重要性。

的确，“人靠衣裳马靠鞍”，在与人办事儿的过程中，衣装起着至关重要的作用。所有的经验告诉我们，得体的衣着和装扮往往决定着你能否给对方留下很好的第一印象，对于接下来要办的事情有着十分重要的作用。试想，一个衣装不整、面容憔悴的女人和一个装束典雅、整洁、总是面带微笑的女人，哪一个更能得到人们的青睐呢？不用多想，肯定就是后者啦，这一点对于准备去找一个陌生人办事儿的你来说尤为重要。

李梦今年25岁，是一家公关公司的广告创意设计师，长得非常漂亮，漂亮的她也很时尚，穿衣方面也很大胆，是公司里公认的时尚大美女。不过因为这样，她也招致了不少女同事的嫉妒。因为公司实行改制，创意设计要与广告销售一起面见客户，以便于客户更好了解设计方面的内容。每一次，李梦都竭尽全力地把自己打扮得漂漂亮亮，她觉得这样子去面见男客户绝对能事半功倍的。刚开始事情进行得还算顺利，但越往后李梦越觉得事情发生得诡异，因为几乎所有的男客户在见面的时候都会把地点约在酒店等，而且那眼神也让人不舒服。有一次，一个客户更是以一个大单子为条件邀请李梦去家里过夜，李梦虽然是个穿着比较开放的女孩，但思想还是很保守的，哪见过这场面，于是吓得落荒而逃。

回到家后，李梦将这几天的遭遇都讲给了自己在国企上班的姐姐，姐姐听了以后，告诉李梦，这一系列的麻烦都是她自己招惹来的。李梦很不解地看着姐姐说：“我又没勾引他们，我只是谈我的创意，怎么了？”

“你是没有明着，但是你看看你的穿着。”姐姐一边浇花一边说道。

"穿着？怎么了？很好啊，我又没有穿露背装。"李梦反问着姐姐。

"你要是穿成那样，你今个肯定就回不来了。你去谈生意，应该给人一种优雅且自重的感觉，如果你打扮得太过漂亮，像你这样，穿得太过招摇，难免会给那些无良的男客户可乘之机，让他们以为你是那种很随便的女生，自然就会发生你这几天经历的事情啦！"

"不是吧，打扮得漂亮也有错？"李梦一阵唏嘘。

"漂亮当然没错了，但是得分场合，我早就和你说过，你打扮成这样上班不得体，现在吃亏了吧，你给人美丽的感觉没错，但你必须得提升美丽的素养，你得拥有姐姐这种漂亮且让人不敢轻薄的美丽才成，哈哈。"说完姐姐径自回房间了。

李梦笑着看着姐姐的背影，虽然姐姐最后一句有笑谈的成分，但的确很有道理。姐姐平时穿得都很正式，原先自己还笑话过她穿得土，但就是这样被自己认为土的衣着，却让她给人一种大方、优雅的感觉，自己恰恰缺少的就是这种感觉。

从那天以后，李梦上班或谈生意的时候再也不会打扮得花枝招展了，而只是尽量穿着得随意、大方。这样公司同事们反而都喜欢她了，与客户见面也轻松了许多。

良好的仪表，是决定办事成功与否的重要因素之一，得体的装扮不仅能够给自己带来自信，还能够给别人带来审美的愉悦，既符合自己的心意，又能左右他人的感觉，使你办起事儿来信心十足，一路绿灯！

那么，渴望办事儿事半功倍的你在搭配得体衣着的时候，应该注意哪些问题呢？

◎选择适合自己的衣着

每个生活在社会中的女人，都有着属于自己的社会角色，这种社会角色又会演变出特定的言行、举止、服装等。比如，担任公职的女人，大都穿着比较大方、端庄；而从事娱乐事业的女人，则大都比较时尚，穿的衣服的跳跃性也很强……

◎**根据环境选择适合自己的服装**

人们常说要适应环境，其实，穿着打扮也应该如此，要符合当时的环境，并因环境的改变及时调整。比如，你要参加朋友的休闲派对，此时你就应该穿得休闲、舒服；而如果你晚上要参加公司的年会派对，此时，你应该穿得相对高雅一些，绝不能随便套上一身运动装就去赴宴。这时，衣着的搭配及选择就应该是迎合环境的，同时为了能够给人良好的印象，拓宽自己的交际圈子，偶尔牺牲下自己的个人着衣风格也是有必要的！

◎**着装要得体也要能展现出个人魅力**

在做到以上两点以后，你可以适当地选择能够展现自己个性的衣着。根据自己的爱好，选择自己钟爱的颜色；根据自己的气质、修养进行搭配，就能展现出自己与众不同的魅力啦。

综上所述，在出门前在镜子里多看看自己，是不是符合要去的场所、要见的人，相信你办起事儿来一定会很顺利的！

酒桌上，永远只说该说的话

无论男女，宴会总会难免喝点小酒，但作为一个誓将优雅进行到底的魅力女人来说，在宴会中说话办事儿，怎样说好就怎样说，只说该说的是非常重要的。

提到办事就不得不提到宴会，因为宴会是拉进彼此之间关系的最佳方式，也是办事儿成功几率最高的方法之一。一般来说，无论男女，宴会总会难免喝点小酒，但作为一个誓将优雅进行到底的魅力女人来说，在宴会中说话办事儿，怎样说好就怎样说，只说该说的是非常重要的。

孟丽最近在为申请贷款的事情忙碌着，因为打算和丈夫开一家属于自己的门店，所以打算向银行申请贷款。于是，就拜托了关系还好的朋友，找到了银行审批的负责人，打算请人家吃顿饭，顺便透透口风。

于是，在熟人的帮助下，孟丽约到了银行的审批部门的负责人李峰。席上，孟丽不知道怎么开口打探，就东问问西问问，把李峰的家底都问了遍，这让李峰觉得很不舒服。随后，她又和熟人在饭桌上窃窃私语，弄得李峰很是尴尬。最后，孟丽因为多喝了几杯，更是有的没的说了一大堆，连自家有多少存款都说了，还说自己的钱其实够，但就怕周转不好，既然能够贷款，肯定是先贷款，再还贷了。还说什么其实要是做房产抵押根本没这么多这事儿，很容易就能办下来，现在自己就是不想把房子作抵押，才比较麻烦，让李峰很是反感。但酒桌上李峰也不好表示，只得嗯嗯地附和。这件事儿的结果可想而知，李峰一口拒绝了，说银行现在不考虑这类的贷款，孟丽最后只能去别家银行重新找关系了！

从上面的这个故事，我们不难看出，酒桌上说的话太重要了，常常是成事的关键呢！那么，聪明的你在酒桌上说话时，应该注意哪些问题呢？

◎**切忌天南海北，要紧扣主题**

一般来说，除了很熟悉的朋友聚会之外，一般的酒宴都是有目的性的，因为目的性常常都是有一个中心话题的。一旦开始说话，就不要离题，这一点很多女人都注意不到，常常顾左右而言其他，觉得这样做不会让人觉得不舒服，也算是做到委婉。但事实上，人家既然来赴宴了，你想做什么人家不知道嘛？你这样对主要问题避而不说，很容易让人一头雾水，产生反感。

因此，一旦你开始说，就要沿着一个中心，保持一个完整的结构。当然，这不是要你特别的功利一上来就不停地围着要办的事儿说个没完，你可以先围着对方的修养、学识，包括这件事儿重要意义等说起。无论怎么说，都要符合当时的情况，符合对方的心情。比如，在酒宴开始的时候，你应该说"感谢对方百忙之中的光临，很高兴能够结识这样一位朋友……"这样的话常常能拉近彼此之间的距离，为接下来的酒宴营造温馨的气氛。

◎**最忌酒宴上窃窃私语**

大多数女人都有这样的毛病，那就是习惯在酒宴上和别人窃窃私语地小声聊天，这样的行为对于特别熟悉的朋友们可能没什么，但是对于初次见面的人来说，却是十分没礼貌的事情，会给人一种被拒之门外的感觉，甚至一些敏感的人还会猜忌你们所聊的内容是不是与她（他）有关。这样一来，对于接下来要谈或要办的事情是非常不利的。因此，当宾客很多的时候，你应该尽量找一些大家都能参与进来的话题，这样能够让聚会更加热闹，也能拉近人们彼此之间的距离。

所以，你在选择话题的时候应该尽量宽泛一点，避免出现唯我独尊、两三个人神侃、一群人被晾在一边的现象。

◎**酒宴说话尽量做到大方、幽默**

其实，酒桌上是最能展现一个女人聪明才智的地方。因为，你既不能太死板，又要让人们看到你的修养和优雅。那么，怎么样才能做到既给人亲切感又能向人展示自己的独特魅力呢？其实，很简单，你不用花心思去化妆，也不用为了挑选一件吸引人的衣服花去一个晚上的时间，有的时候，一句诙谐幽默又不失礼的话语就具有这样的魔力。

恰当得体的幽默，能够使人在无形中对你产生好感，但作为女人的你，在偶尔幽默一下时也应该注意自己所说的内容是否符合当时的情境。如果是很高雅的宴会，那么，你的幽默就应该是体现在一些比较文艺性的事物；若是比较亲近的朋友的聚会，那么，你大可不必卖弄自己的词藻，几句随心的玩笑话就足够带动气氛。虽然，诙谐的语言能够起到调节宴会气氛的效果，但一定要分场合，分人群，如果正在参加一个格调很高的宴会，且你的语言组织能力又非常有限，那么，避免弄巧成拙最好的办法还是别说了。

另外，想要在酒桌上得到称赞，就必须学会在交流中察言观色。因为，想要很好地与对方沟通，首先应该要了解对方的心思，只有这样才能在酒宴上扮演好自己的角色。总之，对于女人而言，酒桌上的话，还是谨记只说该说的！

做有品位的酒宴女郎，各种礼仪须知道

红酒可以滋养女人的美，可以提升女人的品味，因此，爱美的你一定要掌握有关红酒的基本知识，以避免宴会的时候贻笑大方。

中国自古就有酒桌上谈事情的习惯，因此，无论男女，想要办事大多选择请客吃饭。大家在一起吃个饭，不仅能够拉近彼此的距离，事情办起来也容易很多。那么，对于想在社交中打出独立一片天的你来说，怎么在酒桌上让一件事儿板上钉钉呢？如果你也在为这样的事情烦恼，那么，仔细看看下面的内容吧！

时代不同了，当下酒宴的场所已经不再是在某个饭店大吃大喝了，常常是在那些有情调的西餐厅，两个人或几个人边吃边聊，顺便点了红酒，边品边说。没错！当代的酒宴中最常出现的已经不再是燕京或二锅头，而是那些出身名贵的红酒们。试想一下，对方面对着你，服务生走过来让你品酒时，而你却对此一无所知，甚至可以说是笑话百出，在那样的环境中，你的行为是不是会让对方给你的印象打负分呢？反之，如果你能够非常优雅地完成品酒、选酒，甚至还能报出名酒的产地，话语间谈谈你对红酒的认识，是不是会让对方顿时觉得你是一个很懂得享受生活的品味女人，愿意与你深谈呢？

于是，聪明的你慢慢明白了，优雅的女人离不开红酒。红酒可以滋养女人的美，可以提升女人的品味，因此，爱美的你一定要掌握有关红酒的基本知识，以避免宴会的时候贻笑大方。

红酒不同于其他的酒类，千万不要吸着喝，应该将杯子倾斜，让它自然留到嘴里，在喝之前也可以轻轻摇晃杯中的红酒，让它与空气充分接触，

增加红酒的香醇口感，但是切记要力度均衡，不要一下重一下轻，将红酒溅到酒杯外。

喝红酒的时候，你要注意——切忌一口气将杯中的酒全部喝掉，也不要一边端着酒杯一边说话或者吃东西。请记住，在你饮酒时，无论你涂的是口红还是唇彩，都应用身边的餐巾轻轻地擦掉，以免将唇印留在酒杯上。

此外，想要成为品味女人的你，一定要懂得一些红酒知识，最基本的就是品酒。品酒是最能体现女人优雅的动作。受西方文化的影响，最初上酒时都会让点酒者品酒，而当餐桌上有女士的时候，一定会选择让女士先品酒，试想一下，倘若选中了让你品酒，而你对品酒的知识却一无所知，更甚者再弄出点笑话，岂不要贻笑大方。

你会品酒吗？如果你的答案含含糊糊，那么，赶快过来充电吧，让自己成为一个优雅的红酒女人。品酒一共分为三个步骤：观、闻、品。

◎观

你要掌握的第一个步骤就是观，观的意思呢，就是看。

当服务生将红酒倒好后，你应拿起杯脚，让红酒对着光源，并将酒杯倾斜45度角进行观察，酒和杯子相交的位置会有一层水状体，水状体越宽表示红酒的酒精度越高，不同颜色表明红酒不同的酒龄。10年以上的红酒，会呈现出棕啡色，透明度越高说明红酒越好，当红酒的颜色呈橘红色时，则表明该红酒已经过期了。轻轻地摇动杯子，观察酒从杯壁流下来的速度，酒越黏稠，向下流的速度越慢，说明酒的质量越好。

◎闻

你要掌握的第二个步骤就是闻。同样把杯子倾斜45度角，让杯口贴近鼻子，仔细闻杯中红酒的香气。一般你能够在好的红酒中闻到非常多的味道，如：果香、香草味、黑加仑味以及橡木塞子的味道，但假如你只闻到一种酸腐的味道，则说明红酒已经过期坏掉了。

◎品

最后一个环节，也是最重要的一个环节就是品，红酒要慢慢地喝，不能像啤酒一般牛饮。红酒送入嘴中后，应该在舌尖上打两个转，如果口中有苦涩的感觉，那就证明杯中的红酒单宁含量太少，不能算得上好酒；但假如入口圆润、回味悠长，则说明杯中的红酒各个因素均以达到均衡，是很不错的红酒！

此时，你就可以淡雅地一笑，轻轻地举一下杯子示意非常不错，当所有人都品尝到你试过的酒后，他们定会对你刮目相看，因为一个懂得品红酒的女人，必定会是一个懂得享受生活的品味女人！

纤长的手指间是一个漂亮的水晶酒杯，里面盛载着清香扑鼻的红酒，此时的你只需要淡淡地品，轻轻地啄，甘甜的红酒气质与你的优雅相互呼应、恰到好处。

音乐缓缓响起，属于你的宴会如期而至，今夜，你想做哪一种高贵的公主？

第10章 观人识人，瞬间读懂你周围的人

办事找时机，进门先看人举止

> 懂得一点心理学的女人，通常比较善于去研究、揣摩对方的行为与心理，以此来达到自己办事的目的。

姐妹们在平时办事儿时，会在说话前注意对方的举止嘛？而你又是否知道这举止对于办事儿成功与否的重要性呢？

事实上，一个人的举止行为常常反映着她内心的活动。求人办事儿时，通过观察对方无意间流露出来的姿态、态度常常能帮助你捕捉对方真实的内心活动。比如，如果对方正抱着胳膊则表示他正在思考某件事情；对方若抱着头则表示他正因为某件事儿而一筹莫展，甚至非常烦恼；如果对方昂首挺胸，则说明他正处在自信膨胀的阶段；而低着头，则表明对方情绪很低落；一个能够在你说话的时候侧身倾听的，说明他是一个真正自信而有实力的人；而一言不发，但却一直搓手的人，则说明他心中有话，只是不知道从何说起……

一般来说，懂得一点心理学的女人，通常比较善于去研究、揣摩对方

的行为与心理，以此来达到自己办事的目的。那么，该怎么通过对方的举止去揣摩对方的心思呢？

◎想办法了解对方的想法

李小姐是一位资深的人力资源师。她就这样说："在工作中，如果一个人很爱说话的话，那么，我就有99%的机会说服他，不是因为我能说，而是因为他几乎已经说了80%的话，那么，我只需要说20%就能达到目的！"

事实上也的确如此，如果你是一个滔滔不绝的女人，甚至有点唠叨，那么，在你讲大道理、摆事实的时候，你已经说了80%的话，只留下20%给对方，还怎么指望能圆满地说服对方，让对方顺着你的意思走呢？估计只剩下厌烦了！

◎尽量站在对方的角度去思考问题

当你感到对方仍然对他之前的想法持保留态度时，此时你想对方按照你的想法去做的最好办法就是先接受他的想法，或者先站在他的立场上发言，设身处地地为对方着想，这样一来，他转变已见，反而倾向于你的意见的可能性就会增大很多。

筱熙是一家空调公司的推销员。一次，她来到一户人家做推销，进门时，正好看见家里的女主人在清洗空调，便走上前说："太太，您家的空调时间太久了，你就是清洗干净也会影响使用的，而且不但费电对身体还不好！"

结果筱熙还没说完，这个太太就非常不高兴地打断了她的话说："你在说什么啊？我家的空调已经用了5年了，从来没有修过，而且无论制冷还是制热都非常好用，我们才不打算换新的呢！"听了那位太太的话，筱熙只能无奈地走了。一连几周下来，筱熙一台空调也没推销出去，她觉得很苦恼。于是，她去找比她有经验、业绩很好的同事帮忙，结果发现他们在推销空调的时候，常常不会一个人说个不停，反而会先去观察对方，并根据对方的举止来判断对方的心思，之后再进行推销就容易多了。

吸取经验的筱熙，又来到了一户人家做推销，但是此时她没有急着说出自己的意思，而是仔细观察对方的一举一动，发现对方家中的空调经常出现空挡，而从外观上来看也用很久了，但对方却时不时走上前擦擦。于是筱熙对那家的主人说："看来您对这台空调很有感情，一定是有什么令您怀念的事情吧！"

对方一听，立即说道："你怎么知道的？这台空调啊，是6年前我丈夫在我生日那天送给我的，我这人一到夏天特怕热，但是那个时候空调多贵啊，他可是攒了很久的钱给我买的呢！"

"您真幸福，您的丈夫对您真好！看来这空调的意义真是不小哦。"

"是啊！不过毕竟也用了好多年了，我们也在想要不要换一台新的。"

这时，筱熙马上从口袋里拿出了自己公司的空调介绍，递给那家主人，说："如果您真的打算换一台的话我可以帮您推荐一下。"

结果可想而知，当天晚上，筱熙就成功地推销出去了一台空调。

筱熙前后两次的表现引出了不同的结果，主要是因为第二次的筱熙开始学着去揣摩对方的心思，分析对方的行为举止，因此，很容易就达到了自己的目的。

姐妹们，相信由此大家不难看出，洞察对方的心理、分析对方的举止对于成功办成一件事儿来说是至关重要的。因此，聪明的你若能掌握洞悉他人心理、分析他人举止的能力，那么，你的成功率就会大大增加！

巧妙地借助称呼拉近彼此的关系

对于女人而言，无论在工作中还是生活中，无论自己处事还是求人办事，都不要忘了适时地与他人套近乎，这可不是虚伪的表现，而是一种良好地维护个人人际关系的手段。

事实证明，关系越近就越容易办成事，因为亲密的关系有助于拉近彼此的距离，有利于对方向你敞开心房。所以，当你有求于别人的时候，切记不要忘记适时地套近乎。

大多数时候，女人在求人办事的时候都会和对方同时感到一种距离感，甚至是陌生感，这会让谈话难以融洽地进行。

小羊是一家公司的策划专员，常常要面见客户，一般的时候，她去面见客户常常都会为对方找一个合适的称呼，比自己大一点的女士，她通常会在称呼后面加上“姐”，而男士则加“哥”，甚至在与对方见过一两次面后，便会以相互的昵称与对方交谈。很多同事都觉得她这样的行为可能会让客户反感，但事实上呢？她的工作要比其他的同事顺利得多。一般情况，大家在见面谈事情时，都喜欢在人称呼后面加上先生、女士、老师等等，这其实都是些很有距离感的称呼，但如果你能适时地用些昵称或者拉近关系的称呼，则可以起到事半功倍的作用。

从心理学的角度上来说，两个人的心也就是彼此的关系被拉得很近时，她们的称呼也必定从从前的全名带着一些生疏的后缀到简单的姓、名，乃至一些亲昵的称呼，这样一来，接下来的事情也通常会顺利、轻松地进行。当然，这种方式也并非仅仅适用于非常熟络的人之间，其实，即便你们刚认识不久，彼此并不是很熟悉，你可以通过一些方法拉近彼此的距离，而最直接的方式依然是改变现有的称呼。

佳诗被解雇了，她一度认为公司就是想找个借口开除她，她的工作能力没的说，也为公司创下了不少业绩神话，但怎么就因为没有亲和力、与下属无法合作被开除了呢?

原来因为佳诗天生话比较少，再加上常常忙着工作，所以基本上不会和下属有什么沟通，再加上大家都一口一个主管地叫着，相处的时间越长，大家反而觉得越生疏了。吸取了这次的教训后，佳诗在入职时决定一改以前的形象。很快，她就被一家很大的公司聘请了，职位依然是行销主管。但是这次在周例会上，当她的下属叫她主管的时候，她却这样说："我叫佳诗，大家工作都是一家人，所以，以后无论工作中还是生活中，大家都叫我佳诗就好了！"这样简单的一句话，马上就拉近了她与员工们之间的距离。

所以说，对于女人而言，无论在工作中还是生活中，无论自己处事还是求人办事，都不要忘了适时地与他人套近乎，这可不是虚伪的表现，而是一种良好地维护个人人际关系的手段。如果你觉得一时难以接近，不妨就从现在起改变一下你们之间的称呼，通过称呼来拉近彼此的关系，不过值得一提的是，称呼一定要做到得体、自然，不要给对方一种装腔作势的感觉，要让对方感受到你的真诚。彼此之间的距离拉近了，生疏感没有了，你办起事儿来也会容易很多哦!

听话听音，通过言谈看人心

结识不同的人，这其实是女性社交中非常重要的环节之一，也是最难掌握的事情。故此，自古至今便有“知音难寻”的说法。

这个社会纷繁复杂，面对不同的人，聪明的你应该如何去把握呢？结识不同的人，这其实是女性社交中非常重要的环节之一，也是最难掌握的事情。故此，自古至今便有“知音难寻”的说法。

不过话虽如此，你不必太过烦恼，与你结交的毕竟是人，只要是人就有情感，通过对方的情感变化，你便可找到熟悉的切入点。所以，只要你细心地观察身边人，对他人洞察入微，耐心地去观察他的言谈举止，就一定能够识别出形形色色的人心。那么，MM们都应该从哪些地方着手呢？

首先你要分清说不同话的人内心真实的想法。

生活中，你常常能够遇到那些喜欢说大话的人。这种人总是在人前夸赞自己的能力，如果你愿意花时间听他在你面前吹捧自己，那么，他很可能会把自己说成是一个万能的“超人”。事实上，这种人的能力并非如他所说那般，换言之，他非常的心虚，他知道自己的能力有限，但又怕被人发现，所以只能靠吹捧自己来达到效果。这其实就相当于走夜路时，越胆小的人越喜欢大声说话来缓解自己内心的恐惧。所以，面对这类人，你对他所说的话最好打个半折。

生活中还有一种人，她们见谁都特亲切，一口一个“姐”一个“哥”，但很多时候，你们并不熟悉，甚至只有一面之缘。除此之外，她们还会一有机会就会恭维你一番，把你哄得舒舒服服的。从理论上来讲，虽然这些人并不是你时时刻刻需要提防的对象，但因为这些人嘴巴甜，很容易打开你的心理防线，一旦她们心怀不轨，你就很容易上当。

除此以外，有一种人你是应该提防的，那就是八卦类型的人。这类人特别喜欢打探别人的消息，还总是装出一副神秘的样子对你说："我跟你说啊，这可是秘密……"虽然这些秘密很能引起你的好奇心，但你听之则罢，千万不要上心，更不要把你的秘密告诉对方，不然的话，很快，你的秘密也会天下尽知了。

还有些人说起话来总是支支吾吾的，这样的人多半是没有自我表现力，不能够巧妙地表达自己的意思，有时也可能是因为正在思考一些事情，甚至是度量狭隘的表现，因此，和这样的人交谈时，你要有所保留，因为他有可能对你隐瞒很多令你出乎意料的事情。

此外，与支支吾吾的人相比，还有一些人是自顾自地滔滔不绝，完全不理会身边人的感受，也根本不给身边人说话的机会。这样的人，只要你在他说话的时候适时地"嗯，是的"几声，就能轻而易举地得到他的好感，不过这种人的最大弱点就是自尊心强大，经常喜欢抢话。

通过一个人的说话方式，来辨别这个人属于哪一类型之后，你还要知道他是怎么说的，也就是通过他的语气、语调来辨别他当时的心情和态度。

通常情况下，如果对某人怀有不满或存在敌意的态度，说话时一般会刻意减缓语速。相反，如果对方觉得对你有愧，或是做了亏心事儿，他的语速又会不自然地加快，这其实都是人之常情。

如果一个不太爱说话的人，突然善辩起来，那么，大都说明他内心隐藏着某种不为人知的秘密；而故意放大音量则说明想要在气势上压倒对方，但事实上，高昂的声调大都象征着精神上的不成熟，很容易使人情绪激动并引发口舌之争。

另外，说话的速度也是辨别对方心境的方式，如果一个平日能言善辩的人突然变得吞吞吐吐起来，若是一个经常说话不着边际的人突然说起话来头头是道，那么，这就要引起你的注意了，一定是发生了什么事情。

很多时候，狡诈的人内心想的和所说的常常是两回事儿，他们大都会给自己不好的行为加上一些冠冕堂皇的理由，以此来获得他人的支持甚至是同情，以便于他们达到不可告人的目的。但是，只要你细心地观察其行为，并加以耐心地分析，你就很容易发现他们的漏洞。当然，想要看清对方，就必须要掌握有关他的一些情况，这也是通过言行来辨别对方的基本条件，如果仅依据他的一言一行而对他作出结论，必然会存在一些偏差。

姐妹们在这里要注意，通过言谈看人心虽然是一条很直观的方法，但也存在着一些必然的偏差和不全面性。因此，单纯地通过对方的言语来判断对方，很容易上当或判断错误，就像有些人虽然说话很放肆，但工作起来却很认真；有的人虽然说一些极富正义感的话，但事实上却是个十足的混蛋。所以，MM们看人还要将言辞与行动结合起来，全方位地去衡量一个人的人心和品德。

细心点，观察对方的肢体语言

当人在紧张的时候，脸上的肌肉则会抽筋或紧绷绷的，此时，他的动作也会很不协调，甚至手脚还会不自然地打冷战。要观察内心的感触和情感，那么，身体语言就成了你不二的补充手段。

姐妹们知道如何在人际交往中最直接地了解对方的内心吗？在你们交往不深、交谈不熟的情况下，怎样才能了解到对方呢？对方的喜怒哀乐都隐藏在心底，你要怎么才能知道呢？其实，只要你够细心，你就可以从对方的身形体态中了解到对方的内心。

MM们大都觉得眼睛是心灵的窗口，所以交谈的时候，常常把重心放在观察对方的眼睛上。但事实上，利用身体距离，细心地观察对方的体态语言，更有助于你缩小彼此之间的距离。下面就为各位姐妹们简单介绍一下如何通过身体距离来辨别人心。

当对方站在离你稍远的位置时，但彼此的视线都是相对的。这说明对方对你有敬意，也有亲近感，认为应该和你保持目前的关系。

而当对方站在你稍远的位置，但目光却比你的目光低，则说明对方对你有恐惧感，没有亲近感，而且想与你保持疏远的距离。

此外，一个人的心理活动，会在身体的动作上表现出来。

当你身边的人很高兴的时候，处于兴奋的阶段，她一般不仅会大笑、欢呼，而且还会手舞足蹈。而当人在紧张的时候，脸上的肌肉则会抽筋或紧绷绷的，此时，他的动作也会很不协调，甚至手脚还会不自然地打冷战。要观察内心的感触和情感，那么，身体语言就成了你不二的补充手段。

在身体的部位中，手是最能表现出人内心活动的。人的手势繁多、含义丰富，在与人交往的过程中，灵活、多变且反应内心活动的手势可谓是不二的主角。所以，手势的好坏，常常影响着你的办事儿程度，而你也能通过对方的手势，观察到对方的内心，以便于你及时调整自己的策略。

手势语言除了可以表示再见、过来、回去吧等意思外，也能够表现出对方不耐烦、不满等内心活动。比如，当一个人手指不断地来回打转，则表明这个人已经很不耐烦了；而用手托着脑袋，则说明这个人比较老练或机智；双手合并在一起，成塔尖形，则说明对方很自信；双手交缠在一起，则说明对方正处于精神紧张的状态；摊开双手，则说明他正在向你坦白，表示其很真诚；而当他在说话的时候不停地摸自己的鼻子或者脸则说明他正在说谎；此外，在一些会议上，我们常常能够看到一些人边说手也边动，很多时候，手动说明他们正在思考，而手动的频率越大，说明他们思考的程度也越强。

此外，在一些武打片中，我们常常能够看到一些身体很强壮的男人对着身边的人用拳头击打手掌或是将手指关节掰响，这样的人大都对自己的体力非常自信，希望通过形体语言恐吓对方，但当时他内心的活动却很少，其实，并没有想出手的意思。

而当你与对方说话的时候，对方抱着双肩，则说明对方对你很提防，甚至准备对你进行反击了；而只是将双手交叉在胸前，则说明很看不起你。事实上，这种抱着双臂的姿势在生活中非常普遍，这种方式，常常显示出人内心深处的一种自我保护。日常生活中，身体语言不一而足，只要 MM 细心观察，就会发现其中的含义，从而找出合适的“对策”。

按照此类方法，你们可以从不同的角度去发现一个人内心深处的真实想法。这样一来，许多不同的面目都会呈现你的眼前，你可以通过这些真实面去判断哪些人是真心要帮助你的，是值得深交、可靠的，而哪些人并不值得你花费精力去建立一份深刻的感情。这一点对于女人来说尤为重要，通过分辨找出忠实、可靠的朋友，建立一种清晰而有利的关系，从而对自己的生活做出有益的推动。

通过服装款式看人的性格

> 服装已经不单单是一种形式，而是代表了一个人的思想和文化底蕴，是一种无声的交际语言。因此，穿衣已经形成了一种学问，一种解读对方心灵的方式。

现代生活中，服装已经不单单是一种形式，而是代表了一个人的思想和文化底蕴，是一种无声的交际语言。因此，穿衣已经形成了一种学问，一种解读对方心灵的方式。

每个人都有自己钟爱的款式，选购衣服时，都有自己想要的颜色、质地，事实上，这些都是人们内心思想的一种反映，了解这些，你就能通过衣着对初次见面人的内心活动了如指掌啦。

◎满足着装华丽的表现欲望

无论在何种场合，我们都不乏见到一些着装华丽的人，这种人其实是有着强烈的表现欲望的，而且这类人对待金钱也有着非同一般的欲望。所以，当你与这类人接触的时候，你一定要注意到对方这种心理活动，要多夸对方的服饰好，满足其膨胀的表现欲望。这样一来，一定能引起他们的好感，你所提出的事情他们也都会欣然帮你完成的。

◎要为穿着朴素的人找理由

生活中也有一些人不喜欢华丽的衣着，反而穿得比较朴素，实际上，这类人大都缺乏主题性格，自信不足。他们渴望别人对自己施与尊重，想要弥补自己的自卑心理。因此，假如你想和这类人谈话，千万注意不要和他们发生争执，因为越是自信不足的人越想要掩饰自己的自卑，越会因为被别人发现自己的不足而和别人喋喋不休地争吵。要知道，争吵是最影响双方关系的方式。因此，这时候，你不妨大大方方承认对方的观点，在对方心平气和的时候你就可能收获意想不到的结果。

◎与着装时尚的人谈论流行的话题

现在到处都是时尚潮人，虽然很多时候这些人都不知道自己真正喜欢的是什么，但是他们就是喜欢追逐一切时尚的东西。而实际上，他们的内心却时常会有一种孤独感，情绪也不太稳定。所以，和这类人交谈的时候，你不妨也时尚一回，和他们从当下最流行的事情谈起，引起对方的兴趣之后，再切入正题，这样沟通起来就容易很多。

◎小心对待着装古板的人

这个世界就是这样，有人为了时尚而疯狂，也有人对时尚一点都不感冒，他们总是穿着很老土、很古板的衣服。有时，是因为他们个性强硬，而有时是因为他们害怕面对变化不断的世界，渴望将自己关在小屋子里，想保护自己。另外，这样的人还常常会以为，要是都追求时尚，还有什么时尚好言？要活出自己的个性来！事实上，这样的人大都比较自我，时常会弄得大家都索然无味。因此，聪明的你和这样的人交谈，一定要采取顺从的方式，顺着他高兴的话说，这样一来大家都高兴，事儿也就成了。

◎对方改变着装，要给予赞美

你的身边是否也有这样的情况发生，明明一个不太热衷时尚的人，几日不见突然改变了穿衣风格，穿得很大胆很时尚。此时，你千万不要惊慌，对于这种突然改变自己着装风格的人，你若想与她保持良好的关系，你最好不要对她说“我觉得这样子不适合你”，而是尽量不要把这当成一回事儿，并且适时地赞美对方穿什么都很好看的话语。这样一来，她的心灵大门就会为你敞开，你肯定了对方，也会得到对方的回报。

细心聪明的 MM 们只要耐心地学习以上几种方法，认真对身边的人进行观察，力求仔细地了解对方各方面的情况，这也就相当于你在为自己日后求人办事做了铺垫。

第11章 能交善往，轻松应对各种人际关系

聚拢人气，尊重你周围的每一个人

聚拢人气让自己成为最受人喜爱的女人，眼光只向上看是无法做到的。很多时候，你要把眼光放低去看，要尊重身边的每一个人，换言之，要拉拢你身边的每一个人。

提到聚拢人气，很多MM想到的可能都是如何拉拢身边那些有钱、有地位，总之要比自己地位高、学识高、收入高的人，错误地认为只有这样的人才能够有朝一日帮助自己，成为自己生命中“重要”的人。

事实上，聚拢人气让自己成为最受人喜爱的女人，眼光只向上看是无法做到的。很多时候，你要把眼光放低去看，要尊重身边的每一个人，换言之，要拉拢你身边的每一个人。

许冯和马蓝是一家公司的同事，现在她们两个人成为了竞选新一届经理的候选人。许冯人长得漂亮，平日里也很傲气，和身边同事的关系不好不坏，但她和上一届经理的关系却非常好，这次就是上一届经理被调到总公司后，主动推荐的她。但是她却很看不起公司的底层员工，对于公司的

清洁工和业务员，她却时不时地冷言冷语，觉得他们似乎都是比自己低一等的人；而马蓝却不一样，马蓝平日里是公司里的开心果，每个人都喜欢她。刚进公司的那会儿，她不忙的时候还会帮助一个大妈收拾办公区，让那个大妈很感动，现在马蓝越做越好，大妈也为她高兴，知道没什么能帮她，但每次都把马蓝所在的办公区收拾得干干净净。

总公司的总经理下来视察，顺便准备挑选出一位合适人选成为新任的经理，在看了简历和进行一次面试后，总经理很是犯难，因为这两个女孩能力相当。这个时候，总经理想起了一句话，要想领导好一个公司就必须让公司内每一个员工都信服这个人。于是，他就找来公司内一些员工，询问他们对这两个女孩的看法，结果发现，几乎所有公司上层的员工对许冯和马兰都是赞赏有佳，但公司内部的基础员工却只支持马蓝一个人，原因很简单，他们都觉得许冯平日里太傲气，不会像马蓝那样和他们亲近，甚至在工作上给予他们帮助。最后，经过一系列的综合评比，马蓝成为了新一届的经理。

姐妹们，从这个故事中，你们一定不难看出这样一个问题，就是拉拢人气，光向上看是绝对不行的，一定要尊重身边的每一个人，要知道，小人物也有大力量，有的时候，他们能带给你意想不到的帮助。

李小姐是一家公司的经理助理，她平日人缘非常好。很多人都很嫌弃公司的保洁员，尤其当她们背着大大的垃圾袋从对面走过来的时候，不是躲得远远的，就是怨气地看着人家，好像这垃圾都是人家制造的似的。但是，李小姐从来不这样，每次都会对保洁的大婶点头微笑。有一次，一位大婶在提垃圾的时候，袋子突然破了，垃圾洒在电梯口，人们看了不是绕着走就是咒骂一两句，这时，李小姐正好从电梯走过来，她二话没说，就帮大婶找来扫帚一起收拾。大婶说：“谢谢你，孩子，这脏，你别弄了。”李小姐却笑着说：“没事儿，不脏，谁家没有垃圾呀！”大婶感激地看着李小姐，连忙点头。

一次，李小姐把一份下午开会急等着用的材料弄丢了，那是非常重要的材料，她急得四处寻找。保洁的大婶看见了询问是怎么回事儿，李小姐就告诉大婶她丢了一个蓝色的文件夹，里面是很重要的文件，大婶点点头就赶忙去帮着寻找。

李小姐找了两个小时，却依旧不见文件的踪影，绝望的她准备去向经理说这件事儿，甚至做好了被扫地出门的打算。这时，那个大婶手上拿着一个蓝色的文件夹走了过来，问是不是这个，李小姐激动得差点没哭出来，问大婶是怎么找到的，她说她也没去什么地方找，就在洗手间和堆放垃圾点的地方找，结果就真找到了。李小姐激动地说要谢谢大婶，那位大婶却笑着说："孩子，你平时对我那么好，这点小事儿不算啥，那你工作去吧，我得回去收拾垃圾去呢，呵呵。"说完就笑着离开了。

试想一下，若是李小姐之前没有尊重这位大婶，也像别人一样嫌弃甚至是讨厌，那么，这位大婶会帮李小姐去垃圾堆一点点地找寻文件吗？她现在又是否会因为文件丢失而被开除呢？其实，很多事情都是非常巧合的，只要你做了，就一定能够收获到回报。所以，想要成为一个成功女人的你，从现在开始尊重你身边的每一个人吧，无论他的身份如何，地位如何，即便他是个不起眼的保安，你的尊重也会为你在下雨天赢来一把伞。

借助贵人，小女人才能平步青云

作为女人，一定要在日常生活中善于发现自己的贵人，并积极地博得他们的信任和赏识，成为你成功路上的基石。

女人想要办成事儿，除了自身的能力之外，还要懂得借助身边“贵人”的力量。人们常说，成功源自个人的努力。但事实上，那种“爱拼才会赢”的事情，并非百分百正确。因为，很多时候，你发现自己没少拼搏却未能得到自己想要的，这并不能说你不够努力，只能说你欠缺了一点点的机遇，而很多时候，这些机遇就来自你身边的那些“贵人”们！

人们常说的天时地利人和，而所谓人和就当下的现实意义而言其实就是“贵人相助”。有贵人相助，成功就会变得简单得多。所以，作为女人，一定要在日常生活中善于发现自己的贵人，并积极地博得他们的信任和赏识，成为你成功路上的基石。

那么，什么样的人才算得上是贵人呢？估计可爱的你也有此疑问。事实上，贵人虽有个“贵”字，但却并非局限在金钱与地位之上，并不是只有那些位高权重、知识丰富的人才能成为你的贵人。事实上，生活中，只要对你有正面帮助，在工作中能够帮助你、提携你，你能在他身上有所收获的人都算得上是你的贵人。

《红楼梦》中有句诗说得好：“好风频借力，送我上青云”，这句诗出自薛宝钗之笔，意思就是说，应该借助贵人的帮助，去完成自己想完成的事情，而这一个过程的感受就如同乘坐春风一般。

对于当代的女生来说，借助贵人来达到自己的目的是非常重要的，尤其在中国，很多行业，包括在生活中方方面面大都还是以男人为主导的。在这样的情况下，女人如果能够发挥聪明才智，得到身边贵人的扶持，那么，平步青云是迟早的事儿。所以说，如果你想及早走上成功，就必须要善于在交际圈子里发现自己的贵人，并善于巧妙地借助他们的力量。

实际上，太多的经验告诉我们，很多已经小有成就的姐妹们，在向前奋进的不同阶段都有不同的贵人相助。

薇薇今年31岁，现在已经是一家创意公司的负责人，而且还拥有一家独立的艺术馆。薇薇回想自己这8年来的创业经历，她由一个刚从美院毕业的小丫头奋斗成为现在的小有成就的女强人，她说："我真的不得不相信，我的一路上是有贵人的！"

毕业初期，她和一个好朋友一起开了一家小型的创意工作室，专门为人制作一些小广告图和挂图，这期间，因为没有名气，她们鲜有生意。后来，她结识了一个高她两届的师兄，这位师兄认识很多广告公司的人，所以，通过这位师兄，薇薇的工作室得到很多的生意，工作室的经营状况也得以维持。随后，薇薇又通过几位之前艺术学院的老师，认识了一些艺术馆的负责人，承接了不少布置会馆的工作。

因为创意不错，薇薇受到不少人的称赞，而小小的工作室也越做越大，在业内的名气越来越响，渐渐地很多企业都来找她们做设计。但薇薇并未因此而满足，因为她发现和她们合作的大都是小型企业，她希望自己的公司可以打入大企业内部。于是，薇薇一方面扩大自己公司，提升自己的品牌影响力，一方面积极参加各种社交活动，争取结识一些业界人士，结果真的被她遇到了，对方是一家大型公关公司的经理，通过这位经理，薇薇的公司成功地与很多大企业挂钩合作。

正因为薇薇在自己的人生路上遇到了这几位贵人，帮助她扫除了创业路上的种种困难，而她又不失时机地抓住了改变自己命运的机会，才有了今天的成就。

姐妹们走向成功，一定少不了贵人的扶持。但值得一提的是，一般能够帮助你的贵人大都可能已经功成名就，他又不欠你的，又不是你的亲戚，他为什么要帮助呢？此时，就要看各位姐妹们的人格魅力，看你是否具有拉拢人心的谋略啦！

谋略，虽然这话听上去有点大，但事实上，对于女人而言，无论是感情还是事业，都是非常重要的。如果说贵人能够助你平步青云，谋略就是你寻找阶梯的道路。那么，究竟有什么谋略呢？

◎拓宽自己的交际面

不要让你的交际圈子仅仅围绕着好姐妹、同事和男友打转，要积极拓宽你的人脉，尽量结交一些上层人士，这些都是你日后可能用得上的资源。当然，最初你可以通过熟人介绍，或者在工作上的了解，随后，你要记住对方的名字，并在过节的时候主动给对方发送短信联络感情，没有人不喜欢听好话，总之多说好话是没错的。

◎有机会多参加一些聚会

这里所说的聚会，可不是三五个好友的聚会，而是指比较高端一点的聚会，也可以理解成为各公司的大型聚会或年会。如果你有这样的机会，千万不要错过，把自己收拾得得体大方，准备一个名片夹，你就可以出发了，那里面很有可能就隐藏着你的贵人哦。好好保留对方给你的名片，这些可都是珍贵的人脉资源！

总之，聪明的 MM 一定记住一点，你的成功路上少不了贵人的扶持，与其自己辛辛苦苦的努力，成果甚少，为什么不聪明点，借点别人的力量呢？

不要光看上不看下，忽视了“小人物”

让小人物帮你办事儿，一定要注意把握尺度，切不可伤及他们的自尊，要施恩得当，要知道，求小人物办事儿可不是钱越多越管用。

生活中，姐妹们求人办事儿，常常会出现一个误区，就是大都在有意无意忽略掉身边的小人物。但事实上，你最不能小视的就是身边的小人物，反而，还要和他们搞好关系。虽然这些人平日可能会给你一种错觉，认为他们能力有限，但经验告诉我们，就是这些不显山露水的人们，却往往能在关键的时刻成为左右大局的关键人物，甚至成为决定你成败的“关键一招”。

因此，作为一个聪明的女人，你千万不要和这类人结怨，不要觉得无所谓继而得罪了他们，相反，你应该也必须好好利用他们，让他们来为你办事儿。

对于在机关上班的小青来说，单位里最难对付的人往往不是上司或一同竞争的同事，而是公司里看车子的刘师傅。小青每天都是骑电动自行车上班的，这电动自行车最怕下雨让雨水淋了，但公司的车棚却很小，经常放车子的时候里面已经满满的了，所以，很多时候都得指望刘师傅能在下雨天帮忙找个角落。可问题就来了，人家就是一个看车子的，没有责任要冒着雨帮你推车子，所以，人家帮与不帮你这个忙，可就完全看你的表现了。你要是总是一副不可一世的样子，那么除非你别在下雨天骑车子，也别在下雨天想去车棚借伞，否则你只能自讨没趣。再说，有的时候办公室内桌椅有个小问题，你不还得去找刘师傅借个家伙，或者让人家帮你修一下。所以，刘师傅得罪不得，相反你还得好好对待。因此，小青有时会为刘师傅买上一盒烟，拎过来一瓶酒……

不过，日常生活中，你想求这些小人物办事儿，却并非一件容易的事儿。作为一个地位、收入都比你略低一筹的人来说，他们通常有一定的自卑感，如果你处理不当就会伤及他们的自尊，甚至与他们结仇，引起对方的反感与抗拒，这样一来，只能为你制造麻烦，更何谈帮你办事儿了。

小蒙是一家外贸进出口公司的客户经理，她最近为了一个大项目忙得焦头烂额。一个老客户打算与她们公司合作一个上千万的项目，但是项目报表已经送过去很久了，却迟迟没有回信。无奈之下，小蒙把注意力放在了那个大客户的司机身上。因为小蒙打听到了，这个客户经常会问司机一些自己觉得不好办的事情，以此来分担自己的苦恼。

就这样，小蒙托人找到了这个司机，知道这个司机家里有一个上了年纪的老母亲，腰腿一直不好，就送过去了一台价值不菲的按摩椅。那司机很是感激小蒙，因为这个按摩椅他也看了好久，一直为了2万多的价格烦恼，没想到这次竟然有人主动送上门来。他热情地告诉小蒙，以后有事儿尽管找他。而小蒙也从司机那边了解到这个客户一直觉得海关成本太高，不利于长期合作。知道这一点之后，小蒙找来了策划部的人员，连夜重新赶出了一份报表与策划，交给了客户。客户一看非常满意，又询问了一下司机的意见，最终高兴地和小蒙签署了合作协议。自那之后，她们之间多达十几笔的大单子也都非常顺利地完成了，而这一切都离不开司机的帮忙。

让小人物帮你办事儿，一定要注意把握尺度，切不可伤及他们的自尊，要施恩得当，要知道，求小人物办事儿可不是钱越多越管用。

那么，聪明的姐妹们，究竟应该怎么样和身边的小人物打交道呢？

◎从暗示开始

如果你身边的小人物办事儿的方法不符合你的要求，你最好不要当面指责，以免引起对方的反抗，把事情搞砸。最好的方法就是通过巧妙的暗示让对方知道自己的错误，这样一来，事情就可轻松地办好。这样的办事方法，有助于他们发现自身的错误，既保护了他们的自尊，还能够增进你与他们之间的亲密度。

◎多联系“冷门”

冷门才有大惊喜，这可是众所周知的道理。然而，生活中，很多女人都对身边那些大人物趋之若鹜，而对身边的小人物却爱理不理，这其实是非常错误的，想让大人物帮你办事儿那是何等难的事情，而让小人物帮你办事就简单的多了！

这就好比你给大户人家送鱼肉，殊不知人家根本不缺，你的诚意也就显示不出来。但你给小户人家送鱼肉，人家不但很需要，有时还会感恩戴德。你说，哪边帮你办起事儿来效果更好呢？当然是后者了。所以，你没事儿要多多联系“冷门”的人，这世界天天都变，谁知到哪天冷门变热门，到时候，你能得到的可绝非你能想象的哦！

某些小人物也许就是现在门庭有些冷落的小户人家，可是风水轮流转，你现在的一视同仁和恩惠，很可能就是哪天他帮你办事儿的资本。也许你现在送礼，他尚没有能力偿还或还不知道怎么还，但哪天当你去求他办事儿的时候，他一定会尽自己所能帮你去办的，而作用常常并不比大人物要差哦！

不断盘点、修补自己的关系网

作为女人的你求人办事的实力全部都显示在你的关系网中。有能力的女人，常常会不断提升自己的关系网，在这张高质量关系网的帮助下，她常常“无所不能”。

聪明的你知道什么样的女人才能算是社交达人吗？从狭义的一面来说，就是喜欢与别人交往又能让人喜欢自己的女人，这样的女人才能算得上会做人的聪明女人，也才能算是社交达人。无数经验告诉姐妹们，但凡有所成就的女人都很善于交际，最后都会形成一个属于自己的关系网。

这份“关系网”由各种不同的“人”组成，这其中可能有你的老朋友，也可能有新知己；这些人可能是男人、女人；年轻的、年长的；可能来自生活中，也可能来自工作中；他们来自不同的行业，也大都有着各自的交际圈……这样的一个群体便组成了你的“关系网”。换言之，你的关系网中应该有各种各样的朋友，他们能够为你提供不同的帮助与支持。

杨洋是一个非常细心的女孩子，她天生就喜欢交朋友。在大学的时候，她就结识了非常多的朋友。这些朋友中不乏身份显赫的富家子弟，也正是因为朋友们的帮助，杨洋毕业之后并未像其他同届的女孩那般辛苦地求职，而是轻松地获得了一份星级宾馆的经理助理的职位。在做助理期间，杨洋经常能接触一些名人和商界名流，每次只要一有机会杨洋就会找机会拜访并留好对方的名片，还谦逊地让对方给自己签名留言，这样一来也加深了对方对杨洋的印象。

后来，杨洋辞掉了酒店的工作，到一家公关公司工作，做起与专业相符合的营销与公关。虽然没有什么经验，但人事部经理却对杨洋谈论与名人和各商界名流合影、留言的事情很感兴趣，它们简直就成了一张张通行证、介绍信，令人事经理对杨洋另眼相看，觉得这个姑娘与其他应聘者相比不同寻常。再经其他考核，杨洋最终胜出，在这家公司她凭着自己扎实的基础知识和勤奋认真大显身手，创造了优秀业绩，不出一年她就晋升为主管。

实际上，对于每一个想要成功或正在追求成功的女人而言，建立一个属于自己的人际关系网都是非常重要的，这些人际关系其实就是你的资源，与最初的经济原始积累一样重要。在现实生活中，无论求职还是办事儿，你难免会遇到一些意想不到、无可避免的阻碍，这个时候，你就会发现“朋友多了路好走”这句话的意义啦！

那么，MM不免要问了，我们应该怎样盘点和修补自己的关系网呢？

◎筛选

首先，你要对你的关系网中的人员进行筛选，把和你生活有直接关系或间接关系的人挑选出来，记在一个本子上，接下来，把与自己没有多大关系的人记在另一个本子上。在没事儿时候对与你有直接关系的人进行盘点，看看哪些最近疏于联系，然后马上“修补”，就是多联系一下。此外，在办事儿之前，就把本子打开，看看上面的人，你需要找哪些人，这些人有什么关系，处于什么阶层，你与他们之间的交情如何，如何借助交情深的人找交情不深的人帮忙。清楚了这些，你在办事儿的时候就有一个比较清楚的“体系”，不会出现不知从哪边入手的状况，成功率也会大大 提高的。

◎排序

接下来要做的就是排序，没错，给你的人际关系网进行一次系统的排序，将对你很重要的人排在第一位。依次类推，有了这样的排序，你能够清楚地知道，哪些关系现在急需维护与保护，哪些需要一般的照顾……以便于自己制定出具有可行性的交际策略，合理安排自己的时间和精力，发挥最好的成效。

人生在世，会有很多朋友，有些人可能成为你的姐妹淘或闺蜜，但有的人或许只和你有很短暂的缘分，交朋友是你情我愿的，勉强不来。我们应采取弹性的做法，不投缘也没有必要“老死不相往来”，完全都可以列入你的关系网，时不时地“烧个香”，久而久之，这些人都是你成功路上的助推力。

◎**记录**

另外，建议手上有很多名片的MM应该买一个笔记本，每页贴一个名片，并在名片下面写上一段关于这个人的资料，这里所说的资料可不是电话和联系方式，而是你对这个人的基本了解，或你们之间有过的社交事情，以便于有事情找对方帮忙的时候，及时地说出你们之间的关系，方便唤起对方对你的认识，有利于你们见面时寻找谈资，也有利于你对这个人的把握，更有利于事情的成功。

综上所述，作为女人的你求人办事的实力全部都显示在你的关系网中。有能力的女人，常常会不断提升自己的关系网，在这张高质量关系网的帮助下，她常常“无所不能”。不过，关系网虽然有助于你办成事儿，但是聪明的你也要经常调整里面的人际关系，因为事事都在变，你自己也在变，自然关系网也需要随时调整喽！

一般来讲，每两个月调整一下你的关系网即可，并且在整理关系网时多问问自己为什么要这样安排，这样是否有助于你找出对方对你的帮助或支持。成功的女人大都懂得如何盘点和修补自己的关系网，让它“永葆青春”，所以，你也应该不断和关系网中的人联系，加深彼此之间的友谊，保持良好的关系，并积极地发展新的关系，让自己的关系网越来越丰富多彩！

平日多“交”，关键时候才见“情”

现代女人都为了自己的感情和工作忙碌不已，没有太多时间去应酬，日子一长，发现原本关系很好的朋友也已经开始疏远了，这其实是非常可惜的事情。

朋友的交情，很多时候能够帮助我们很多事儿，所以，如果你想拥有一群靠得住且用得着的朋友。那么，就一定要注重平日里的“交”——保持密切的关系，相互关心，这样在关键的时候，他们才能给你帮助。

生活中，不少MM们都会自豪地说“我有很多朋友”，但当别人问你最近联系的都有几个的时候，她们却常常鸦雀无声了，再细问她们原因时，又不外乎“工作忙”、“关系好，没有必要经常联系”，但当她们闲下来或觉得有必要联系的时候，才发现原来亲密的朋友却早已疏远。

事实上，和你的朋友们保持亲密的联系，让他们知道你依然在关心他们，并不需要你每天花上几个小时与他们长篇大论，而是诸如一条短信之类的问候。

小怡是一个忙碌的咖啡店老板，她经营着一家虽然不大但却每天生意不错的小咖啡店，但是她的朋友们对她评价都很高，认为她是一个非常重情义的人。小怡虽然工作忙碌，但是她从不会超过一个月不去联系她的朋友，每个月的月初，她都会翻看自己的电话本，看看哪些朋友已经一个月没联系了，马上就给她们发短信或者打个电话。很多时候，她会约个三五好友来她的咖啡店喝喝咖啡，忙的时候也顺便当服务员使用，但朋友们对此却都非常高兴。

其实，和你的朋友保持联络，让她感受到你的关心，并不一定非要体现在和朋友共度难关。虽然能够和朋友一起共度难关是非常重要的，但很多时候，我们还是希望朋友们少点难关为好，而在大家都享受平静生活的时候，那些平常的小问候就显得格外重要了。

很多时候，女人们总是纠结于上次的电话是谁打给谁的，上一封邮件是谁写给谁的……事实上，如果你总是等着别人来主动找你，那你就离没有朋友不远了。要知道朋友是要走动的，你这次打给他，让他知道你心里有他，那么，下次他必然会打给你啦！

莉娜是一家网站的运营商，她平日里最喜欢的事情就是四处旅行，因此她在旅行的过程中结识了全世界不同国家的朋友超过几十个。她和每一个都保持比较亲密的联系。当她的朋友失业了，她就鼓励他们，并且介绍他们来自己的公司上班；当她的朋友失恋了，她则会安慰他们，并帮他们拉红线，找到合适的另一半……她给别人的恩惠从不会记在心上，但别人给予她的恩惠，她却时时刻刻挂在嘴边。

生活中，当你遇到麻烦的时候，你明明知道你身边有一个人可以帮助你，但是当你打算找她帮忙的时候，才想起来，在过去的那段时间里，你本有很多时间应该和她联系，但你却都没有。现在，过去这么久，你们没怎么联系，你想自己现在去会不会遭到拒绝呢？

事实上，与你的朋友们保持亲密的联系，偶尔间的小礼物不失为不错的方式。比如你刚刚和男友度假回来，在度假的过程中，你不妨挑选一些纪念品，回来之后每人一个。很多时候，你都可以借机送个小礼物联络感情，比如对方结婚、生子、升职、生日等等，这些时候都是你名正言顺送点小礼物联络感情的绝好时机哦！

所以说，聪明的 MM 为了防止朋友们对你有闲时不联系、一遇到事情才登门的现实感觉，不妨现在开始就和他们保持亲密的联系吧！

现代女人都为了自己的感情和工作忙碌不已，没有太多时间去应酬，日子一长，发现原本关系很好的朋友也已经开始疏远了，这其实是非常可惜的事情。所以，姐妹们一定要珍惜与朋友们之间宝贵的情谊，没事儿多联系，可以一起聚会、春游，其实都很不错呢！

第12章 左右逢源，让别人都顺着你行事

成功女人，善于诱导对方多说“是”

> 在社交中，诱导的确不失为一种非常有效的手法，使用这个方法的开始，你就要让对方回答“是”，或是肯定的话题，千万不要让对方说出“不”。

你知道聪明的女人能够一开口就让接下来要办的事情顺风顺水，是怎么做到的吗？其实，说简单也很简单，只要你用心去诱导对方肯定你所说的就可以了。

柳芳只是一家保险公司的普通销售员，但是她已经连续三年被评为年度最佳销售员工，且两次受到奖励去法国游玩，那么，她究竟是怎么样做到的呢？

下面看一段她与客户的谈话你便会恍然大悟！

柳芳：您好，请问您需要哪一种保险？

客户：我就是简单地咨询一下车险。

柳芳：您的车是什么样的呢？是中型轿车还是越野呢？

客户：中型轿车。

柳芳：是家用的，对吗？

客户：是的。

柳芳：您带了你汽车的照片吗？这样方便我给你定位推荐保险的品种。

客户递给柳芳一张照片，柳芳看到车的颜色是亮红色，便问：“这款汽车保险是给您太太办的吗？”

客户：没错，是的，她是个新手。

柳芳：那么，顺便问一下，您有孩子吗？

客户：一个女儿，现在上幼儿园，这个……

柳芳：是这样的，您知道现在车险的品种非常多，但是与购买单一的车险相比，购买组合保险更为划算，你的太太和女儿也经常会乘坐这辆汽车出行，因此，同时购买人险和车险的组合，会更划算，而且我看得出来您一定非常爱您的太太和女儿。

客户：呵呵，这个倒是，那么，你现在的组合险都是什么？

柳芳：是这样的，我们这里现在有一款车险，您购买这款车险，就附赠一份大人和一份小孩的意外保险，不仅很划算，最重要的是安心，您说对吧！

客户表示非常赞同……

这段谈话虽然看上去平淡无奇，但是柳芳却完全让客户跟着她的思想走，最后成功地将自己的保险产品推销给客户。

事实上，这种方法是非常值得大家学习的，姐妹们在寻求他人，特别是陌生人帮忙的时候，对方能否答应你的要求，是否愿意全心全意地帮助你办成事情，关键看什么？就是要看你是否能够“牵着对方的鼻子走”，让对方跟着你的话题走，成功地“诱导”对方帮你办事儿。

在社交中诱导的确不失为一种非常有效的手法，使用这个方法的开始，你就要让对方回答“是”，或是肯定的话题，千万不要让对方说出“不”。

心理学家研究显示，当一个人回答“是”的时候，他的身体和心理都比较放松；而当一个人说“不”的时候，无论他的身体还是心理都处于一定的紧张状态之中，而他下一步要做的很有可能就是拒绝你。所以，MM们在日常与人交谈的时候，最好能够多诱导对方说“是”，这样是非常有利于成功的。

此外，值得一提的是，当一个人在最开始对一件事情说了“不”以后，无论是处于紧张还是处于维护自己的自尊，他都很难再改口说“是”，即便后来他在心理上已经倾向于你的话题，他通常也会执拗地坚持己见。

由此可见，女人们一定要学会循序渐进，一点点地引导对方接受你的意见，让对方一步一步“上钩”，这既是求人办事的小技巧，也是你准备寻求大成功的基本原则。

以情相待，让对方无法拒绝

> 你在求人办事儿的时候，在说话之前一定要仔细考虑清楚，一般多从感情上出发，当你说的话与对方的情感产生共鸣后，那么，对方便没有了拒绝你的理由。

姐妹们都有被拒绝的经历，而很多时候，只要仔细一想，你就不难发现——对方拒绝你的理由常常并没有经过深思熟虑，而是因为一些小细节就做出了决定。

因此，你在求人办事儿的时候，在说话之前一定要仔细考虑清楚，一般多从感情上出发，当你说的话与对方的情感产生共鸣后，那么，对方便没有了拒绝你的理由。因此，如果你能够为对方分析现状，并用真情打动对方，就能办成自己想要办的事儿啦！

的确，人与人之间本来就有很多相似之处，这就导致你在与对方交谈的时候很可能会产生共鸣，不过想要这样的共鸣随你所愿地出现，你就得要掌握一定的技巧了。那么，当你为了某件事儿求人时，如何才能让对方像你一样着急呢？在你无法追着对方死缠乱打时，又如何才能让对方感受到你的真诚呢？……这些都是值得你去深思与学习的，为了姐妹们能够更好、更快速地办成自己的事情，下面就为MM简单介绍几种以情相待的方法。

◎从对方立场入手

秀梅听说老公的表哥门路很多，于是就打算借助表哥的门路赚点钱。但是刚把自己存了几年的10万块钱交给表哥没多久，表哥就因为一次交通事故重伤变成了植物人。眼看着表哥没有醒过来的意思，那10万块钱秀梅和老公也不知道要如何开口要回来，眼看着快两个月了，耐不住气的秀梅便去表哥家看望表哥，之后她和嫂子一起坐在客厅说话。

秀梅说："嫂子，真是想不到表哥现在变成这样了，不过医生说表哥康复的希望很大，我们都相信表哥一定能好起来。只可惜我们的合作才刚开始，要不这样吧，嫂子，表哥那些关系我也不认识，你就出面继续做这门生意吧，有什么需要我和我家那口子跑腿的事儿，你就尽管说。"

其实，秀梅在说这话之前，早就对这位嫂子有所了解，她一直对生意没有兴趣也从未经营过。果然，嫂子对秀梅说："你表哥现在这样，我哪还有什么心思做生意，再说我也不会做什么生意啊，这样吧，你还是把钱拿回去吧，也快两个月了，耽误你们赚钱真是过意不去！"

秀梅一个钱字没说，最后还是对方说了这事儿，把钱给了秀梅。试想，如果她直接说了要钱的事儿，会不会让人觉得她有点无情，只认钱不认人呢？所以，秀梅将心比心，巧妙地站在对方的立场上说话，那么，对方自然也会站在秀梅的立场上考虑了。就这样，秀梅不知不觉地就要回了自己的钱。

的确，很多时候，你要是当着对方的面把话说明白，双方都不好受，这个时候，就需要你借助一些语言上的技巧，多站在对方的立场上着想，诱导对方先开口。

◎站在多数人的立场上说话

于静的公司年庆，公司决定给每个员工发500块钱的物品，其中包括水果、肉、油之类的，作为财会的于静就负责统计公司的人数，并计算费用。于静觉得很麻烦，发东西不利于大家携带，不如发购物卡方便快捷，可以买自己想买的东西。于是，于静就向总经理提出了自己的意见："公司的员工们都反映是不是可以将物品换成购物卡，这样子很方便，对公司来说也省去了采购的时间和费用。"

总经理听着于静的话，说："大家都是这样想的吗？"

"是的，总经理！"

"那好吧，就按照你说的去办吧，这样的确省事儿不少。"

事实上，是于静首先觉得麻烦，一来是统计每种食物的价格和数量麻烦，二来是携带麻烦，但是如果她这样对总经理说，是绝对不行的。而她若是说，所有的员工都觉得可以换成购物卡，总经理就会仔细思考事实，此外，于静提到为公司节省时间和金钱，与总经理心理上产生共鸣，于是这件事情就按照于静的意思办成了。

由此不难看出，在求人办事儿时候，如果能够跳出自己的小圈子，就一定要跳出来，应该从多个角度去引起对方的共鸣，从而达到自己的目的。

◎站在双方的角度去想

小修被上司分配了一项非常艰巨的任务，就是去一家工厂找到那个厂长，向他要一些资料。但是这家厂长却和经理有过一些小冲突，因此，这资料绝对是不好要的。小修刚到工厂就被工厂的保安拦了下来，保安一听小修是来自XX公司的根本不让她进去，小修就站在门口等，一个多小时过去了，保安看不过去就过来对小修说："你回去吧，我们厂长说了，不让你们进去。"

"你是新到北京的吗？"小修突然问道。

"嗯，上个月才来的。"保安回答着。

"哦，我也是，现在在北京找份工作真不容易。"

"是啊，我也是找了好久才找到这份工作的，唉……"

"但是，如果我今天见不到厂长，明天就要失业了，我找这份工作找了快三个月，你就让我进去吧！"小修可怜地说道。

"可……是……厂长说过……"保安犯难地说着。

"你放心，我不说我是这个公司的，我就让厂长给份文件我马上就走，成吗？"

"那好吧，不过你千万别说是我让你进去的，不然我也会失业的。"

"放心吧！"小修说道。

顺利进入工厂的小修很快就找到了厂长办公室，厂长一听小修来的目的，很快就拒绝了，但是小修却没有走。这个时候，小修的手机响起来了，是小修5岁女儿打来的，意思是自己看中了一个洋娃娃很想买，但是小修在电话这边说："宝贝，妈妈在谈事情，再说你看的那个洋娃娃太贵了，而且妈妈今天要是谈不成这件事儿，就要被开除了，那就什么都买不了，所以你乖不要闹，乖乖地在家等妈妈好吗？"小修虽然说得很小声，但是厂长也能清楚地听见。小修抱歉地挂掉电话后，厂长的表情似乎有些缓和，他问小修："你女儿多大了？"小修说："5岁了，我听说您也有一个女儿。"就这样，两个人便聊了起来，最后，厂长决定将资料给小修，也看了小修公司提出的合作条件，觉得还是可行的。

小修成功的关键就在于她站在双方的共同点上说话，与保安说话时，抓住了"同是天涯沦落人"的共同点，而与厂长说话时，则找出了"都有一个可爱女儿"的共同点，从这两点出发，引起双方的共鸣，最终说服对方，达成自己的目的。

巧妙地说服，让“理解”为你搭桥

大多数人的心中都有一份正义感和同情心，因此，你在寻求他人帮助的时候，一定要充分利用这一点，通过你所处的局面博取对方的理解，激发他帮你办事儿的责任感。

很多时候，姐妹们都有过这样的经历，你托人去办事儿，对方虽然没说不办却常常拖着没办。此时你去找吧，对方又的确有着实际的困难；你若仅仅去说服对方抓紧时间帮你办事儿，很有可能将对方惹火，到那个时候，别说等了，你连等的机会都没有了。

如果你恰好也遇到这样的状况，那么，就应该巧妙地说服，寻求对方的理解，当然，这就要求你嘴巴上的功夫了得。

孟女士是一家服装加工厂的主管。工厂最近正忙着加工一些出口服装，但却因为缺少制造服装中用的丝线而停工，眼看着还有不到一周就要交货，但自己原定的丝线要在4天后才能运到。到那时候，就算连夜赶也赶不出来啊！全厂上下心急如焚，因为这个单子若是不能如期交货，就要赔付对方三倍的费用，那样的话，厂子就要面临解体，而解体后，那些靠着厂子吃饭的员工怎么办？本来厂子能够接到这样的单子就不容易，现在该如何是好呢？

孟女士赶紧联系人，找能提供这种丝线最近的加工厂。结果只有一家有这类丝线，但那边却说厂内的丝线已经被人预定了，一周后就要出场，孟女士决定去那家厂子谈谈。

到了厂子，无论孟女士怎么说，那家的厂长都说：“抱歉，这笔货已经订出去了，你要的话，只能等到下个月了。”

无论孟女士怎么说，说自己的丝线4天后就到，不会耽误他们的生意，还会原价付款，但厂长就是说不行。

没办法，孟女士坐在厂长办公室，突然看到厂长办公室内挂着的一些奖状，什么优秀员工、杰出员工，就问道：“您也是从基层做起来的？”

厂长听到孟女士的话，说：“嗯，干了快40年了，一步一步混上来的。”

“我也是，那么，您一定知道做服装工业的员工都很辛苦啊，有的时候忙起来就是没日没夜的。”

“是啊，很累啊！”

“就是说啊，现在有份养家糊口的工作不容易。可是，现在我们这边找不到可用的丝线，一周后交不上货，估计厂子垮了，又是很多人失业呢！对了，厂长，您这边要是需要人，到时候，我也可以推荐她们过来啊，不然，都是有家有口的，我觉得对不住大伙儿！”

听着孟女士的话，丝线厂的厂长深深吸了一口烟，说：“厂子的人应该不少吧，你那工厂的实力应该不错啊！”

“但是这次的活是外国人接的，不能按期交货就是3倍的赔偿款啊！厂子若是赔偿了，就得面临解体啊，我就是觉得对不住那些在厂子干了十几年甚至几十年的老员工啊！”

听着这话，厂长又抽了口烟，说：“你们那边的丝线确定4天后到吗？”

“是的，您放心，我们会给您签订协议，有任何意外我们厂子一力承担。”

“那好吧，我让人跟你去办手续，这里的丝线你们先用吧！”

事实上，大多数人的心中都有一份正义感和同情心，因此，你在寻求他人帮助的时候，一定要充分利用这一点，通过你所处的局面博取对方的理解，激发他帮你办事儿的责任感，这样一来，很多事情都能够迎刃而解。

不过，你在激发对方责任感和理解的时候，一定要确定你所说事情的程度，不要说一些对方毫不感兴趣的事情。此外，也应对对方有一定的了解。

投桃报李，建立良好的互动

一个崇尚经济物欲的社会，谁帮谁都不会白帮的，而感谢对方帮助与支持的最好办法莫过于“投桃报李”。

中国自古就有一种说法叫做“礼尚往来”，这不仅是一种礼貌的行为，更是求人办事的一个准则。同样，在现代生活中，作为聪明的女人，你也要懂得“礼尚往来”，否则很可能做出失礼的事情来，给人不好的印象，以至于以后办起事儿来难上加难。

诚然，这是一个崇尚经济物欲的社会，谁帮谁都不会白帮的，而感谢对方帮助与支持的最好办法莫过于“投桃报李”，至于你打算先投桃还是先报李，那就依事情而定啦！

佳华是一家销售公司的销售专员，一次，她为了一个合作项目去向一家贸易公司的经理要一些材料。佳华找了个时间来到了那家贸易公司，经理的秘书领着佳华来到了经理办公室，那个秘书在出门前，对经理说：“对了，经理，很抱歉，刚才那家礼品店打来电话说他们没有那款你要的限量版娃娃！”经理闷着“哦”了一声，佳华则纳闷地看着经理，心里想着与娃娃有关的事情。那个经理看到佳华疑惑的样子，便说：“我的女儿，今年9岁，下周是她的生日，她想要一款限量版的娃娃。但是，我没有买到。”说完便将一个图片递给佳华。佳华一看，这不是正是自己去年去上海出差时买的那款吗？不过当时佳华只是点点头，并未出声。随后的半个小时，佳华向经理说明了来意和需要寻找的资料，但是经理只是偶尔点点头，并没有太多的意见，最后，他告诉佳华等电话吧。

佳华悻悻地回到家中，觉得经理根本就是敷衍她，等电话只是一个客气话儿。想到这里，佳华又想到了今天经理说的话，赶忙找出自己家中的那款娃娃，心里想到了一个点子。

两天后，佳华再次来到那家贸易公司，见到经理后，她将那款娃娃交给经理，经理一看高兴坏了，说："没错，就是这个，我正发愁怎么跟我那个调皮的女儿说没买到呢，真想不到，你从哪里买到的，我让秘书给你钱！"

佳华笑着说："我一个朋友也喜欢收藏限量版的娃娃，没关系，就当送您女儿的礼物吧！那没什么事儿，我就先回去了，资料的事儿，我等您电话。"正当佳华准备转身离开时，经理喊住了她，说："正好今天我不是很忙。"

接下来的一个小时，这位经理都在帮着佳华找资料，临走的时候还不忘对佳华说，如果有什么地方欠缺尽管打电话过来找。

佳华拿着所需的资料满载而归，完成了一个大项目，所得到的收获又岂止是一个限量版娃娃的价值呢？更重要的是，因为一个娃娃，她结识了一位贸易公司的经理，这可是非常重要的人脉资源哦！

的确，在现在社会中，没有人会心甘情愿帮你办事儿，当然除了你的家人之外，他在帮助你的同时，也希望你能够帮助他。如果你了解对方的这种心理，便可以主动满足他的愿望，这样一来，他就肯痛痛快快地帮助你了。

作为女人，在求人办事儿的时候，对帮你办事儿的人予以一点物质上的回报，是一种不失礼的做法。物质回报虽然不是人与人维系感情的主要方式，但它也是现实生活中不可缺少的一个基础。虽然人们一再提倡淡化物质交往，但这并不等于物质交往就不存在了，而是关键看你用的时候怎么用得恰到好处，让真情多一点，物质气息少一点罢了。

很多时候，物质回报是培养良好人际关系、维持家人关系的基础。比如，一个人曾经帮助过你很多次，某天他生病在家休息，这个时候，你买了一些营养品和水果去看望他。对他来说，便是一种莫大的慰藉，也会增加他以后要继续帮助你的决心，而你所送出的礼物也会以另一种形式回到你这里，这就是所谓的“礼尚往来”！

所以，姐妹们对于那些有想要帮助你或者曾经帮助过你的人，不仅要说谢谢，更要懂得适时地报以桃李，感谢对方，让他们感受到你的真诚，无论是帮助你完成了多么小的一件事儿，因为，感恩回报不论大小，是一种为人的品质！

学会巧妙暗示，把“坏”话说“好”

与对方进行沟通，最好的办法就是暗示他，从侧面打开沟通的缺口，或许就可以轻松地达到你的目的，这也就是人们常说的“东方不亮西方亮”。

生活中，如果你想成为一个左右逢源的女人，你首先就要把话说好，让人们愿意听你说话。换言之，就是让你说的话起到作用。但事实上，很多时候，你可能会遇到这样的情况，你的一些话不仅起不到作用，反而会引起对方的不满。此时，如果你不懂得运用点技巧，还是一味地劝说，那么，很可能适得其反。此时，你应该变换一下策略，另辟蹊径，换一种方式来与对方进行沟通，最好的办法就是暗示他，从侧面打开沟通的缺口，或许就可以轻松地达到你的目的，这也就是人们常说的“东方不亮西方亮”。

李萌最近为了工作的事情很烦恼，但是与她一起搭档的男同事却总是不紧不慢地，她想当面告诉对方，项目计划必须要跟进了，可是又觉得那样做不是很恰当。于是，就在下午茶的时候找了个机会，找到了那个男同事。通过闲聊，李萌把自己最近和男友吵架吵得很厉害的情况透露给了男同事。男同事便很关心地询问李萌是为了什么事情。李萌就对男同事说：“我想找他陪我，可是他总是有做不完的工作。然后我就对他说，你就非常疼爱你的女友，时常陪她出去，而他为什么不能，每当这个时候，他总是以工作很忙来搪塞我。你说说看，大家都很忙，为什么你就可以有那么多时间陪女友，而他就没有。”男同事笑着说：“唉，男友忙事业很好啊，那你去陪他好了。”

“我也想啊，可是新的项目还要跟进，我也是有忙不完的工作，每天晚上都熬夜到很晚，可是手头上的工作还是有很多，所以，我才希望他能抽出时间来陪我啊。”

男同事听了李萌的话，不好意思地笑笑说：“抱歉啊，是我太松懈了，所以才让你做了这么多的工作，你抽时间去找你的男友吧，剩下的工作交给我跟进。”

“不要了，他有他的事业，我也有我的，我们一起跟进吧，可以快点完成，到时候就能彻彻底底地休息了。”

李萌成功地劝说了男同事要和自己一起去完成工作，告诉了对方自己做了太多的工作，提醒对方也要花些心思放在工作上。但事实上，和自己同事说这样的话是非常容易引起彼此之间矛盾的，常常会让对方觉得你多管闲事儿，甚至是故意找茬，想要挤兑自己，但李萌巧妙地从侧面告诉了男同事自己目前的处境与自己内心深处的不满，让对方自己意识到问题并改正。

事实上，人们总是喜欢也惯于用最大的热情去表现自己，所以，想要对方高兴地接受你的建议和意见，最佳的方式就是让对方相信这是他自己的创作，而不是受你的指使。

莉香是一家服装设计公司的主管，一次她邀请一位国际上很知名的设计师为自己画一幅设计图，但满心欢喜的她却在收到设计图后感到很失望。怎么才能让对方重新画一张新的设计图呢？考虑到对方的地位，告诉对方自己不满意，重新让对方画一张是不大可能的，还很可能得罪对方，那么，应当怎么办呢？

莉香想了很久，最后决定请这位知名的设计师吃饭。在席间，莉香不失时机地赞扬了设计师为她设计的样图，并对设计师说：“昨天我在逛商场的时候，看到一个很雷人的画面：一个女孩上身穿着质感很强的牛仔面料的服装，下身却选择了质地轻薄的丝质面料，颜色上也是相差很多，你觉得是不是怪……”事实上，这些话都是莉香按照自己初步构想的设计说给设计师听的，结果不出莉香意料，设计师果然陷入了思考。没一会儿，她对莉香说："不，这绝对是新一季的潮流，我想我给你的设计要进行一些改动，你不介意吧！"

"当然不，我想您一定是得到了什么灵感。"

"没错，我会给你一份绝对惊人的设计图的。"

就这样，一周后，莉香得到一张令人惊艳的设计图，公司的高层对此也非常满意。

莉香巧妙地运用暗示的方法，让设计师按照自己的意愿修改了设计图，这其实也是生活中的你可以借鉴使用的方法。莉香把自己的想法变成一个故事来引导设计师，让她重新设计一幅，而设计师则以为新的设计图是自己一时间的灵感而发，这真是一个皆大欢喜的结果。

设想一下，如果莉香没有采用这样的暗示方法，而是直接告诉设计师自己不大满意，要求对方重画一张，必定会引起对方的反感，甚至会遭到对方的拒绝，毕竟谁也不愿意承认自己的水平有限，尤其是对于那些有一定社会地位的人。

现在姐妹们一定不难看出"暗示"之法的巧妙了吧，用委婉的暗示，将你的意愿从侧面传达给对方，这样一来，对方也比较容易接受。用这个方法对待自己身边的同事、上司或者长辈，不仅能够维护他们的自尊心，使他们感觉到自己的重要性，也能够更好地帮助你达到自己的目标，何乐不为呢？

第13章 掌握尺度，把事办得尽善尽美恰到好处

能忍则忍，小不忍则乱大谋

> 很多时候，我们求人办事儿都会遭遇对方的冷淡，尤其是去求那些自己不是很熟悉的人办事时，千万不要顾着自己的面子，而要懂得先屈尊，只有这样才有机会办成事儿。

现代这个社会，是人际关系的时代。换言之，就是想要在这个社会有所发展，你就难免得求人办点事儿，万事不求人是不可能的。既然要求人，脸皮薄了不行，遇事冲动不懂隐忍更不行。

在求人办事儿的时候，MM一定要放下暂时的尊卑差别，“求人矮三分”，说的就是这个道理。也正是因为这一点，人们不到万不得已也不会选择求人办事儿。

在求人办事的过程中，你首先要搞清楚尊卑的关系，并根据这种尊卑差别确定自己所应采取的具体的方法、手段。尤其当你求对方办事儿的时候，更应该摆正自己的位置，清楚地认识到你的一言一行、一举一动，都

要与自己所处的位置相吻合。如果“脸皮薄”，放不下“清高”的架子，凡事儿冲动，话不过三句就先忍不住了，那么，你就很难办成事。其实，求人办事一定要能忍。换言之，就是应该脸皮厚点，千万不要在求人办事儿的时候抓着自己的“面子”不放！

很多时候，我们求人办事儿都会遭遇对方的冷淡，尤其是去求那些自己不是很熟悉的人办事时，千万不要顾着自己的面子，而要懂得先屈尊，只有这样才有机会办成事儿。想想看，只要事儿能办成，受点小委屈、小气其实都是值得的呀！

小玲最近一直为工作的事情发愁，无意间得知自己大学期间一个同学认识很多人，于是决定上门去拜访，希望对方能够帮自己找一个合适的工作。小玲带了些礼物来到同学家里，但没想到对方却没有像小玲所想的那样接待她，表现得非常冷淡。这让小玲觉得很没面子，话没说几句便气愤地离开了。

后来才知道，原来这个同学近日来天天忙着帮自己的朋友们办事儿，倍感疲惫，并非有意冷落小玲，小玲才改变了自己的想法。她采取主动姿态与之交往，进一步加深了了解，促进了友谊，自然也得到了同学的帮助。

的确，姐妹们在求人办事儿的时候，常常会遇到对方有意无意的冷落。此时与其钻牛角尖，不如大度一点，多给对方一点理解。忍一时的冷落就能办成自己要办的事情。在交际场上，有时人多，对方难免会忽略掉你的感受。有照顾不周的地方，作为求人办事儿一方，此时，你应该宽恕对方的疏忽，不要往心上去，更不要责怪对方，拂袖而去，多设身处地地为对方想一想，给以充分的理解和体谅。

即使对方是有意冷落你，你也要学会隐忍，适时地装聋作哑、半痴半傻、听而不闻、闻而不言、言而不动，最后才能达到自己想要的目的。要记住，“小不忍则乱大谋”，焦躁会让你偏离正确的判断，冲动会让你身边的朋友越来越少。到时候，一个朋友都没了，你还能找谁帮你办事儿呢？

以情动人，让对方的天平向你倾斜

在求人办事时，一定要借助情来打开对方的心门，动之以情、晓之以理，先说服对方，才能让对方心甘情愿地帮你办事儿。

我们常说的求人办事儿，与其说依靠“礼”，不如说要依靠“情”。因为，礼物对方好拒，而感情对方却常常无从拒绝。所以，聪明的女人想要更好地办事儿，就一定要学会以情动人，先打动对方，接下来的事儿也就好办了！

姐妹们在求人办事时，一定要借助情来打开对方的心门，动之以情、晓之以理，先说服对方，才能让对方心甘情愿地帮你办事儿。

晓旭是一家律师事务所的律师，一天她接到一个案子，一个货车司机在一次车祸中不幸身亡，然而他的家属却没能得到一分钱的补偿，货车司机所在公司将责任推给保险公司，保险公司却又推给货车公司。就这样，推来推去，半年过去了，那家可怜的人一分钱也没能得到，无奈之下，他们决定找晓旭帮他们打官司。

事实上，这样的官司是非常难打的。晓旭也知道，一般这类官司不仅时间长而且胜诉的几率也很小，而且保险公司还咬定车祸是货车司机个人失误造成的，而晓旭又拿不出其他有利的证据。

法庭开庭了，作为第一被告和第二被告的货车公司和保险公司纷纷出示自己的证据相互推脱责任。这个时候，晓旭站起来说：“我知道法律不断地完善劳动保护法，为什么今天依旧会有这样的事情发生？保险公司不停地鼓励大众购买保险，可到了最后，究竟谁来保护我当事人的权益？他们的家庭本身并不富裕，80 多岁的老母亲因为儿子的离世病倒在床上奄奄一息，而妻子呢？为了久久不能得到的赔偿金四处奔波，他们即将要上初中的儿子也因为没有了父亲的收入不得不辍学在家，难道这些还不足成为证据吗？试问，被告们还能熟视无睹吗？难道非得要老人家在绝望中离去，可怜的小男孩一边忍受生命中最爱的父亲的离去，一边面对必须辍学的现实，你们便会心安吗？”

法庭里充满哭泣声，法官的眼圈也发红了，被告的良心也被唤醒。最后，法官宣判赔偿遇难货车司机20万元，由保险公司与货车公司均摊。这是一场很难打且很费时间的官司，但晓旭却在最短的时间帮助委托人赢得了权益，这与她那段感动人心的陈词息息相关。

的确，通过恻隐之心赢得他人的帮助，不愧是办事的一种好方法，但生活中要引起他人的恻隐之心，却并非一件容易的事情。对于女人而言，当你付出努力却无济于事，甚至有些绝望的时候，为什么不试试你的眼泪呢？这个世界上还有什么比女人的眼泪更能打动别人的武器吗？

俗话说：“会哭的孩子有奶吃。”同样，这个道理也可用于女人，会哭的女人有“饭”吃。眼泪是最动情的“武器”，这一点女人更是占尽优势。试想一下，为了一件事情，你梨花带雨、娓娓道来，谁能不为之动情呢？纵使他是铁石心肠，也会被你的眼泪打动，心甘情愿地帮你办事儿。

在女人的眼泪面前，大多数人都无法抵御，常常都会先给你道歉，主动询问你有什么事情是他们可以帮助你的。这样一来，你要办的事情便成功了一半。成功的女人知道如何善用自己的眼泪，用情感打动别人，让别人心甘情愿地为自己办事儿，且毫无怨言。因此，眼泪是聪明女人的武器，但又不是唯一的武器，她总是能把它用得恰到好处，从不吝啬，也绝对不会挥霍。

求人办事以“礼”服人效率最高

> “礼”是沟通办事儿双方感情的载体，聪明的女人要学会根据不同的人、不同的事和不同的地方来进行施礼，这也是社交礼仪中的一个必须掌握的行为。

说到求人办事儿，就不得不提到“礼”。这个“礼”不仅是办事儿求人中一种礼貌的表现，也是提高办事儿成功率的不二之法。如果你不懂礼数，人家即使有想帮你的心和能帮你的力，也会因为你的自以为是而干脆回绝。

求人以礼为先，你首先要摆正自己的位置。虽然在现实生活中，也许你所求的对象社会地位不如你，但此时，你既然有求于对方，那么，你所处的位置就理当比对方略低一点，你要摆出谦卑的姿态，所谓“人在屋檐下，不得不低头”说的就是这个道理。想要办成事儿，就一定要在求人办事前摆正自己的位置，切不可一副不可一世的态度。

齐萌萌是一个大学刚毕业的女生。一次她接到一家外企公司的面试通知，在兴奋之余，她也非常的紧张。面试那天，尽管做了充分的准备，她还是没能表现出自己应有的水准——她实在太紧张了，不仅对主考官提出的问题回答得结结巴巴，而且就连自己之前准备好的英文PPT也说得语无伦次。几个考官皱起了眉头，随后又随便询问了几个问题，便告诉齐萌萌回家等消息。就在齐萌萌转身要走的时候，一个中年男人走进办公室和其中一个主考官耳语几句，在临走的时候，齐萌萌听到那个主考官小声地说“总裁慢走”。那位男士走过萌萌身边的时候，向她投来了一个鼓励的眼神，这让萌萌非常感激，随后，萌萌也走出了办公室。

萌萌站在电梯口等电梯，看电梯许久也没过来，再加上心情不好，就决定走两层楼梯再说吧，萌萌从16层走到12层，因为有些累，所以决定就在12层的电梯口等电梯。没一会电梯来了，刚一打开，她就看到电梯里是刚才那位男士，男士也看着萌萌，萌萌立即走进电梯很礼貌地对男士说：“总裁您好！”。那位男士先是惊奇地看着萌萌，随后微笑地点点头，说：“你是来面试的？”萌萌也点点头礼貌地回答说：“是的，我叫齐萌萌，刚毕业来这么大的公司面试，所以很紧张。”总裁也笑笑说：“没关系，这里的人都很随和，要是有机会来上班，你就会知道了。”萌萌感激地看着总裁微笑着，电梯到了一层，总裁点点头往外走，萌萌则站在后面对总裁说：“总裁再见，您慢走。”总裁听着萌萌的话转过身笑了下，朝大门口走去。

一个星期后，她竟然得到了这份宝贵的工作。就是因为她对总裁见面时礼貌的称呼，让总裁对这个有礼貌的女孩印象很深，着重看了她的简历，觉得与公司的要求也很符合，于是就通知人事部录用了萌萌。

萌萌凭借着对人尊敬有礼的态度，为自己赢得了一份不错的工作。事实上，生活中当你求人办事的时候，也应该注意自己的礼貌，无论对方的地位、身份如何，你都应该客气地对待、礼貌地尊敬。

人们常说：“以礼待人。”就是说MM们在生活中，一定要时刻注意自己的礼貌，尤其是求人办事的时候，千万不能失礼。中国人讲究情面，你在办事的时候，对人家说了好话，甚至给对方送了一点小礼物，而对方一旦接受了，就很难再拒绝你的请求，这样一来，你要办事儿也就水到渠成了。聪明的女人办事时就经常采用此方法，而且屡试不爽。

民间不是常有这样的俗语吗，什么“吃人嘴短，拿人手软”、“收人钱财，与人消灾”。虽然这样的话放在求人办事儿上多少有些夸张，但意思却如出一辙。礼数、送礼，自古代便有，无论贫民还是达官贵人，但凡求人办事儿，都讲究送点礼。多有多送，少有少送，贵在意思到。的确，不管人们承认不承认，喜欢不喜欢，送礼和办事儿是密不可分的。

“礼”是沟通办事儿双方感情的载体，聪明的女人要学会根据不同的人、不同的事和不同的地方来进行施礼，这也是社交礼仪中的一个必须掌握的行为。不管是什么样的“礼”，都表示送礼人特有的心意，或表示酬谢，或表示求人，或联络感情等。所以，你在送礼的时候，还要根据自己想要表达的情感有所选择，一定要让自己的礼物符合自己要表达的心意，让对方感觉到你的礼品是不同寻常的。

那么，聪明的MM们一般应如何挑选不同的礼物馈赠不同的人呢？

通常情况下，如果你要送礼给经济条件较差的人，那么，最重要的就是实惠。最好选择一些当下对方急需的东西，切不可对方连电饭煲都没有，你却送人家一个按摩浴缸，让人家没地方放也没有心思使用，反倒给人一种你仗势的感觉。

给比较富裕的人送礼，主要应该以精巧为主，让对方感受到你的心意为最佳；

给恋人、另一半等送礼，应该以有纪念意义为主，让对方怀念；

给朋友送礼，则可以考虑以趣味性为主，让对方在收到礼物的时候开怀一笑也不错哦；

给老人送礼，则应以实用为主，可以参考一些保健、养生类的礼物……

送礼是一种人际手段，给目前用不着的朋友送礼，可以更好地拉拢对方，要知道，只有拥有好的人际关系，才能在办事儿中游刃有余。任何关系都是需要维护的，即便是好友之间也应该多走动，没事儿的时候带份薄礼会让朋友们感受到他们在你心中的位置，更加珍惜你们彼此之间的友谊，也定会在你有事儿相求的时候竭力而为的。

千万不要让小摩擦上升为仇恨

当你对他人宽容时，你会发现，其实没有什么事儿是过不去的，而之前的烦恼也一扫而光，你的心中充满了自信与安宁。

生活中，无论你是个多么谨小慎微的女人，也难免和别人在某些小事儿上发生冲突。每当这个时候，你选择何种方式面对，常常体现了你的心胸与修养。心胸狭窄、修养不高的女人常常会选择斤斤计较，因小失大，最后让自己的人际关系变得很差；而聪明的女人，则会选择包容过去，睁一只眼闭一只眼。这样一来，人们都会因为她的大度和修养愿意和她交往，她的人际关系自然也会越来越好。

生活中，当你遇到一些小事儿的时候，与其斤斤计较，没完没了地争执，不如潇洒地挥手，让不愉快随风而去。要知道，宽容就如缕缕和煦的春风，它会吹开你心中的愁结，让快乐永驻心间。

看电影或电视剧，我们常常无法理解故事中人物之间的那些仇恨，很难想象曾经的好姐妹最后怎么就成了仇人。其实在现实生活中，这种情况也很常见。很多女性都是因为一些工作或生活中的小摩擦，与对方反目成仇。当然，这样敌对的情况不是一次性形成的，而是一点点累积的。同样的道理，也可以一点点削弱。俗话说得好：冤家宜解不宜结。人与人之间，低头不见抬头见，还是少结冤家为好。

李欣汝与孟楠曾经为了一个职位而争得很激烈，甚至因为那件事儿，两个人在公司遇到了也不怎么说话。现在，李欣汝和孟楠都已经是公司两个不同部门的主管，但李欣汝觉得，虽然现在彼此可以井水不犯河水，可未来的事儿谁知道呢？冤家宜解不宜结，与其让自己在公司里树立一个敌人，不如积极去化解，让自己多一个朋友。

就这样，李欣汝决定想个办法化解她与孟楠之间的矛盾。但是一直都不怎么联系的两个人，如果此时她突然请对方吃饭或者送礼物，不免会让对方觉得自己动机不纯，甚至会降低自己的身份。最后，李欣汝决定趁着自己公休的时候出去旅游，并且借着旅游的机会，给公司的员工每人带一份小礼物，借此机会为孟楠准备一份礼物。三天后，李欣汝把精心准备的礼物交给了孟楠。她知道孟楠有一个小女儿，非常喜欢 Hello Kitty，所以，李欣汝就专程托朋友在香港买了一个限量版的 Kitty 猫送给了孟楠。

孟楠也是明白人，一看这限量版的Kitty猫就知道是李欣汝精心准备的，再加上女儿非常喜欢，也就借机找李欣汝吃饭，说想替女儿谢谢李欣汝的礼物。就这样，两个本来在内心都堆放有抵触心理的人瞬间缓解了当年的矛盾，也为彼此在公司消除了一个可能成为敌人的人。俗话说多一个朋友好办事儿，能成朋友，何必要敌人呢？

如果你在生活中也遇到了类似的问题，那么，你也可以借助对方生日或者晋升的机会给对方一点真诚的祝福，缓解与对方之间的矛盾。要知道，没有人能够拒绝好意。另外，这样的事情，一定要提前去做，不要等到麻烦临门才想到去弥补，那样就太迟了。

也许，生活中有些女人会觉得宽容会让自己显得有些软弱，对方既然不肯先走出一步，自己也大可僵着。但那样固执有什么好处呢？宽容不是讨价还价，你不要觉得凭什么自己要宽容，为什么不是对方先做，又担心万一自己做了，对方不领情怎么办。当你有这样的想法的时候，你离宽容已经越来越远了。换言之，你根本没有理解何为宽容，甚至给宽容冠以了错误的解释，要知道，宽容应该是无私的，因为无私，才彰显你的大度与修养。

小张和小李是大学同学，一次，小张向小李借照相机想去郊外拍照，但是小李却以各种理由拒绝小张，小张有点生气。又一次，小李向小张借她的笔记本电脑用一天要去别的学校作报告，小张尽管答应了，却在给小李电脑的时候，很明确地告诉小李："上次你没有借我相机，但是这次我依然借给你电脑。"听到这话后，小李有点不好意思，最后也没有借电脑，这其实并不是宽容，而是一种"报复"。

如果小张很高兴地把电脑借给小李，并告诉她这电脑的一些小问题，还热情地把充电器之类的东西都交给小李，并且绝口不提照相机的事儿，这才是宽容，也是最能打动他人的方式。

日常生活中，也许我们身边很多是有报复心理的人，但也正是如此，你才应该做一个宽容的人，因为你的大度会在这样的社会中卓尔不群。当然，作为一个生活在现代社会的女人，你的宽容也应该从利己的一面出发，这样你做起事情来会更加有动力。当你对他人宽容时，你会发现，其实没有什么事儿是过不去的，而之前的烦恼也一扫而光，你的心中充满了自信与安宁。

成功的女人都懂得积极化解生活中那些微不足道的小摩擦。千万不要让它们成长为阻碍你前进的"仇恨"。所以，从现在起忽视并忘记小摩擦吧，当你无视它时，它就会渐渐地消失，更不会上升成"仇恨"，而你的人生之路也会少一些坎坷，多一些平坦。

软磨硬泡，把事儿办巧

女人们在求人办事儿的时候，既要有自尊，但又不要过分自尊，为了达到交际目的，脸皮不妨适时厚一点，碰个钉子又有什么大不了的？

姐妹们在求人办事儿的时候不可能总是一帆风顺，总有些不尽如人意的时候，这个时候，假如你还想办成事儿，就不能不发挥点“泡”的功夫。就女人而言，当对方不答应或答应了久久没开始办的时候，不妨试试“软磨硬泡”，充分发挥女人的个人优势。要知道，人在社会，脸面薄心软可不成，一定要迎难直上。

不过，这“泡”也要讲究技巧，可不能随心所欲，最后反倒把对方惹烦了，干脆不管你的事儿了。姐妹们要分清楚，这件事儿是不是对方能做的，且对方不帮你办是不是因为感情上的原因。若是，此时你再拿出诚意“软磨硬泡”。当然，你在磨对方帮你办事儿的时候，还要掌握手段。首先，不管对方什么态度，你都不能着急或恼怒，要始终保持微笑的态度，这时你一定要对自己说，你要的是结果，不是过程。有了这样的想法之后，你就可以找准对方的时间和地点赖着对方了，并且你一定要有打持久战的准备，别对方还没被磨成功，你自己就沉不住气了。

生活中，不少女人的脸皮太薄，自尊心太强，经不住人家首次拒绝的打击。只要前进一受阻，她们就感到羞辱气恼，要么与人争吵，要么拂袖而去，再也不回头。看上去，这样的女人好像很有“骨气”，但事实上，却是脆弱的表现。她顾忌自己的面子却忘记了自己的目的，对自己要办的事儿压根没有什么好处。女人们在求人办事儿的时候，既要有自尊，但又不要过分自尊，为了达到交际目的，脸皮不妨适时厚一点，碰个钉子又有什么大不了的？你不必脸红觉得不好意思，谁办事儿都是这样的，所以一定要沉住气，不气不恼，照样微笑着与人周旋，只要还有一丝希望就要全力争取，不达目的决不罢休。

姐妹们求人办事，不仅要能磨还要会磨。磨可不是单纯地消磨对方和自己的时间，也不是像个女无赖般嚷着要对方帮你办事儿，而是要善于采取积极的行动影响对方、感化对方，促进事态向好的方向转化。

薛欢是一家建筑材料公司的业务员。一次她去一家房地产公司做业务，想让对方用自己公司的建筑材料，但对方经理一听薛欢是做建筑材料的，就很明确地告诉她，他们现在已经有很稳定的合作商，不打算考虑。无论薛欢怎么推荐自己公司的产品，那位经理就是不为所动，最后，以自己很忙为由打发薛欢走了。

薛欢并没有因此而气馁，第二天，她依旧去了那家公司。这次，经理的秘书告诉她经理在开会，需要几个小时，叫她不要再等了，但是薛欢却一直坐在等候室等待。一连几个星期，她都一直等，最后，经理也算是服了薛欢了，再次接待了她。

经理看着薛欢，说："我真是服了你了，以前也有人来谈这方面的业务，但是没有几个人能像你这样坚持。"

"抱歉，给您添麻烦了，我等了这么久，其实就是想占用您几分钟，让您了解一下我们公司的建筑材料。虽然您已经有稳定的合作商，但是我公司的建筑材料无论价格还是质量都是非常值得您仔细考虑一下的。"薛欢微笑着说。

可能是被薛欢的执着所感动，这一次，经理没有匆忙地打发掉薛欢，而是认真地看了薛欢带来的资料，并且仔细听薛欢介绍了他们公司的材料。

听完薛欢的一番话之后，再加上研究了资料，这位经理竟然也觉得和薛欢公司合作应该是个不错的选择，就告诉薛欢回去等消息，他们要开会研究一下。薛欢说："好的，非常感谢您，我下周来找您吧，我想您工作一定很忙，所以，还是我主动来找您吧，您看成吧！”经理则笑着点点头。

一周后，薛欢来到公司找这位经理，但是秘书却告诉薛欢经理出差去了，这次这位经理是真的出差去了，因为工作忙就忘了告诉薛欢。于是，薛欢就每天过来等。第三天，终于见到了这位经理，经理对这件事儿表示了歉意，并告诉薛欢，经过他们开会研究，决定合作试一下。就这样，薛欢一举拿下了这个大单子。在日后的合作中，薛欢通过这位经理的介绍又拿到了很多业务，不出一年，薛欢就以优异的业绩被提升为客户主管。

很多时候，你带着热情去找对方帮你办事儿，你知道对方明明能办，但对方却找各种各样的理由拒绝你。这个时候，你可能会觉得无计可施，甚至感到无能为力，觉得这事儿可能只能这样了，于是悻悻地回到家。但事实上，只要你意志坚强，抱着不达目的誓不罢休的决心，对拒绝你的人采用软缠硬磨的方法，不答应绝不撤退，不把事情办成绝不回头，让对方对你无计可施，最后只能答应下来。

人心都是肉长的，无论你们目前的距离有多远，只要你拿出自己的诚意，且使用一些小技巧让对方看到你的诚意，那么，对方就一定会改变对你原有的看法，了解到你的用心，这样一来，你要办的事儿就有了眉目和希望。

所以说，女人在找人办事儿时，就要适时地发挥愚公移山的精神。只要你有心去做，专心做，锲而不舍，坚持不懈，就一定能够把事情办成。

第14章 有舍有得，做事不钻牛角尖更幸福

懂得放弃，是女人的大智慧

作为女人你一定要明白这样一个道理：有时一味地努力，想要得到，常常会让自己失去更多；而有时放下那些自己不能为之的事，却是一种获得！

现在女性太要强了，为了证明自己的能力，一批又一批的青春少女，甘愿褪去亮丽的花纱，将自己隐藏在厚重的职业装下，为了自己的理想不惜一切奋斗，完全不考虑自己能否承受得住。不过，作为女人你一定要明白这样一个道理：有时一味地努力，想要得到，常常会让自己失去更多；而有时放下那些自己不能为之的事，却是一种获得！

如果你目前努力的目标已经成为你的负累，如果现实与理想太过遥远，如果劣势大于优势，那么，放弃也许是最好的解决办法。当你放弃了那些你原本不能为之的事情，放弃了那些被自己强加在身上的压力，你就会发现，其实你已经获得了更重要的东西！

当代社会，很多女人都会有这样一种错觉，她们认为自己的前途一片

大好，任何困难，任何高峰，她们都能够征服。这种错觉有时是女人们前进拼搏的动力，但更多的时候，反而会成为羁绊女人的石头。因为，它们让女人变得更加冲动，甚至是意乱情迷。于是，在众多海市蜃楼般的诱惑前，越来越多的女人丧失了原本的判断力和理性的分析能力。为了可能无法实现的愿望苦苦挣扎，殊不知，放弃才是真正的明智之举。

女人，本是感性的，这就导致她们在看待问题时，缺乏男人的冷静。因此，作为女人的你想要得到更多，首先需要的绝不是拼搏的毅力，而是冷静看待问题、耐心思考问题的理性，少一些浮躁。太多的经验告诉女人：成功绝非一次就能够达成的，而是在无数次的舍与得之间历练出来的，只有认清楚自己能为之事，放弃自己不能为之事，你才能获得真正、长久的成功。毕竟，在这个世界，你无法拥有一切，你必须学会选择，学会放弃。

学会放弃不能为的事情，在流泪之前转身离去，为自己保留一份美好的回忆和一份坚强。生活中，每个女人都应该知道，用眼泪换取的东西是不牢靠的，学会放弃，将昨天的事情埋在心底，让彼此可以有个更好的开始。既然你已经尽力，如果依旧改变不了什么，那么，就放手吧！抓着不放，让自己一味地活在痛苦之中，为了不可能的结果苦苦挣扎、萎靡不振是不值得的。

愚笨的女人，会天真地想要得到一切，总是不辞辛苦地想要将一切都背负在身上，那么，纵使她有金钟罩、铁布衫，也会被打垮、被压垮的。只有放开手，你才能在心里收获一片天空，你才能重新收获生命的芬芳与温馨。

生活中需要放弃，生活在现实中的女人更要学会放弃，放弃不可能有结果的爱情；放弃自己无法完成的计划；放弃对金钱无休止的渴望；放弃名与利的争夺……凡是次要的，对你有害的，你倾尽一生也无法完成、没有结果的事情都应该放弃。百态人生，聪明的你应该试着用一颗平和、安宁的心去体会人生，只有这样，你才能够获得幸福。

条件不成熟时，要默默忍耐等待时机

人与人之间的关系是渐进发展的，是需要时间长期累积的，你必须要耐心地等待时机，不可轻易贸然行动。

女人在完善自己社交关系网、拓展自己的人脉时千万不能够着急，如果时机尚未成熟，一定要耐住性子耐心地等待时机，千万不要操之过急，最后造成不可弥补的失误。

安妮参加了一次比较高端的聚会。在聚会中，她几乎向每个人都要了张名片，与对方握了手，但是却分不清谁是谁，记不清对方的名字。

两天后，安妮接到了一个酒会中"朋友"打来的电话，但是安妮对这个人却一点印象都没有，直到对方三番五次地提醒，她才想起是谁。此时，安妮觉得这个人对自己的工作和生活没有什么大帮助，而这个人也只是闲着没事儿与安妮东聊聊西聊聊，安妮很快就感到厌烦了，因为她完全不知道该同这个人说些什么，她甚至都记不清对方长什么样子。

在现代社会中，这种情形非常常见。对于酒会过后主动给安妮打电话的这个人来说，他或许对安妮的印象很深，有心想和安妮交个朋友，所以主动打来电话，也有可能是为了业务上的利益铺路。但无论他处于什么样的动机，不得不说的就是，他犯了人际交往中的大忌——操之过急。

拓展自己的人际关系，是完善自我人际关系网的必要行为，但在社会中，有一些法则你也是必须要知道并且注意的。只有这样，你的拓展行动才能达到预期的效果，不然只能弄巧成拙。

那么，究竟是什么样的法则呢？其实很简单——"一回生二回熟"，人与人之间的关系是渐进发展的，是需要时间长期累积的，你必须要耐心地等待时机，不可轻易贸然行动。

每个人在最初的见面时，都是有戒心的，这是非常自然的反应，第一回就想要对方对你打开心门那是绝对不可能的，弄不好，还有可能让对方直接给你关上门，甚至会认为你居心不良、有什么不好的打算，因而干脆拒绝你进一步的行动，这一点对于比较富裕的人、名人更是如此。

每个人都是自我的，如果你太急于求成，想要快速地和对方混熟，那么，你肯定要采取积极的方式，以求能够尽快地接近对方，了解对方，也许有人会感受到你的热情，并且也回给你同样的热情，但是生活中大部分人都会因此而感受到莫名的压力和压迫感。因为，她们常常没有做好与你相互了解的准备。这样，她们很可能没有办法在同一时间回答你提出的那些想要了解她们的问题，甚至选择敷衍了事，过了这次绝对不给你下次见面的机会。

所以，日常生活中，想要拓展自己的人脉，一定要记住“一回生二回熟”。不过，你还要知道，所谓“二回”也并非指第二次见面，而是指多次的见面。

你在拓展人脉关系的时候，如果过于急于求成，无法耐心地等待时机，那么，很容易在不了解对方的情况下，以自己的喜好为话题。但事实上，通过你所感兴趣、所熟知的话题维持彼此感情上的热度是非常不明智的选择，因为你不能肯定对方是否喜欢，若对方不喜欢甚至厌恶，你不就等于“自掘坟墓”吗？

当代社会中，想要事业得到发展，没有人脉关系是不行的，但你在积累人脉的时候也一定要注意好时间，不能太过心急，那样只能让对方厌恶你。所以，一定要循序渐进，一步一步耐心地发展，只有这样的人脉才是最稳定的，也是对你最有益的！

好东西要舍得与别人分享

分享不仅是一种很艺术的社交手段，更是一种美德。要知道，当你能够把自己认为很好的东西与人分享时，这就说明你正向着成功的聪明女人一步步迈进。

生活中，你是一个乐于与人分享的人吗？如果是，那么很好，一直做下去，因为这将会是你社交道路中最大的助力。为什么这么说呢？试问一下，当你身边的朋友或同事，将好东西与你分享的时候，你是什么感受呢？肯定会感觉自己很受重视，觉得对方很看重你，心里很高兴，甚至也会下定决心有好东西也和她分享，当她有困难的时候，你也一定要会鼎力相助的。

同样的道理，你有这样的感受，当你拿好东西与对方分享的时候，对方也是这样的感受，这样一来，通过分享，你们增进了彼此之间的感情与联系，当你有难的时候，对方自然也会鼎力相助。

事实上，分享不仅是一种很艺术的社交手段，更是一种美德。要知道，当你能够把自己认为很好的东西与人分享时，这就说明你正向着成功的聪明女人一步步迈进。

爱华是一家广告公司的业务员，平日里她工作认真，深受老板的喜欢。在这个靠业绩吃饭的公司，很多同事都把自己手头上的客户看得紧紧的，但只有爱华不这样，当她觉得自己的工作已经饱和时，就会主动将自己手头上其他的客户分给身边的同事。有一次，一个同事兼好友问她："你把自己的客户资源老这样给别人，你自己就会少挣钱，你知道吗？"

爱华笑着说："可是我目前没有能力照顾那些客户，与其这样不如介绍给其他同事，而且我在每次介绍给同事之前都会给客户们打一声招呼，告诉他们现在由自己的同事接手，这样既不失礼，也能维护客户关系，还可以拉进大家的关系，难道不好吗？”

好友听着，先是点点头，然后又说：“可是你总是把好东西和别人分享，他们可不见得会和你分享。”

“在心里知道就够了，我也没有在等他们给我回报啊！”

半年后，爱华的一个同事因为个人原因辞职了。临走的时候，他私自找到了爱华，将自己积累下来的客户资源全部都交给了爱华，说：“之前在这上班，你对我特好，现在我要走了，没啥给你的，这些客户资源你肯定用得着。”

爱华看盛情难却就收下了，而在随后的半年里，这些客户资源帮助爱华拿下了很多大单子，年底她便晋升为主管。

的确，与人分享，会让人感到温暖。换言之，你把自己的好东西与人分享，表面上看似乎有点啥，好像是你吃了亏，但事实上呢？对方收了你的好处，与你一同分享，也就无异于欠了你人情，欠了人情是肯定要还的。这样一来，当你有事儿相求时，对方就算不愿意也不会拒绝你，因为她知道她欠了你人情，这样一来，无论是工作中还是生活中的很多事情，你办起来都会很顺利的。

所以，聪明的女人一定要学会与人分享，并且乐于与人分享，因为分享所带给你的远比你想像的多，它会成为你社交道路上最好的助力，帮助你顺利地迈向成功。

用吃亏来赢得朋友、赢得信誉

从某种角度上来说，吃亏会让你在朋友眼中变得豁达、宽厚，让你获得更多、更深的友谊，当你遇到事情时，这些朋友也定会竭尽全力帮助你的。

现实生活中，人们常说“吃亏是福”。事实上，这道理应用于社交之中也是如此。当你在对方面前吃亏的时候，无形中，就等于你在施恩与对方，看上去你好像是赔了，但事实上，你却是赚了。因为你吃了亏，对方得到了好处，他就欠了你人情，要知道，这个世界最难还清的就是人情，所以，你吃点小亏能算什么呢？对方欠你的人情是迟早要还的。

所以从某种角度上来说，吃亏会让你在朋友眼中变得豁达、宽厚，让你获得更多、更深的友谊，当你遇到事情时，这些朋友也定会竭尽全力帮助你的。

梦溪最近承包了一个服装加工的生意，订单很大。当她们做到一半的时候，原本协议供给给他们的原料布却突然出了问题，这就意味着，她们要重新开始加工。很多人都劝梦溪，干脆明白地告诉对方，原料布出了问题让对方延期吧，哪怕赔点钱也比重新加工要划算啊。但是梦溪却坚决不同意，毅然从头开始，多请了工人加班加点，最后终于在最终日期的前一天全部完成了。

对方非常满意，梦溪的公司也濒临破产，但也因为这件事儿赢得了业界客户们的信任，订单一个接着一个地来。不久，她的公司就转亏为盈了，而且越做越大，越做名气越响。

用吃亏来赢得朋友，用吃亏来赢得信誉，这其实是一种非常有远见的办事技巧。不过，吃亏的方式也分很多种，有的亏你可以吃，但有的亏你却不能随便吃。很多人为了息事宁人，自愿去吃亏，结果只能落得个“吃哑巴亏”的下场，没人挂念你的好。所以，聪明的女人一定要有选择地吃亏，要吃得值当才成。

对自己值得或者需要维护的人际关系，你应该采取建立和保持积极的态度；而那些对你无益的关系，你则应该采取疏远的态度。人际关系的本质就是一种交换，人与人之间情感的交换，也是利益的交换。因此，只有有益的、值得的，你才能去做，而想要让对方与你交换，你常常要先付出点，比对方先迈出一步。

所以，姐妹们大可不必为了生活中自己吃的点小亏而愁眉不展，事实上，这怎么能算是坏事儿呢？应该说是大好事儿啊，首先，你没有占别人的便宜，你心安理得，对吧？其次，这也算是找机会结交人缘了。世俗一点说，对方若是一个爱占便宜的人，你吃了亏，他占了便宜，那他自然会感到很高兴。这样一来自会愿意与你接触，当你遇到困难的时候，一来他不好意思拒绝你，二来从他个人角度来看，帮你他得的好处也非常大，自然尽心尽力地帮你喽，这样，你要办的事情岂不是会变得更加顺利。

所有的事情都是有两面性的，你一方面好像是失去了，但是你肯定能够从另一方面获得，所以，在生活中，对于女人而言，说吃亏是亏了，不如把吃亏当成是一种理性的投资，一定能有所收益的。

有容乃大，凡事儿不用太计较

有容乃大，这是一种非凡的气度、宽广的胸怀，是对人对事的包容和接纳，是每个女人都应该懂得的真理。生活中，对别人的释怀，也是对自己的善待。

成功的女人从不会为了小事儿而斤斤计较。她们都知道，想要拥有好的人缘就必须要让自己有大度的胸襟和非凡的气量，只有这样才能在社交的王国中叱咤风云；反之，如果你度量狭小，嫉贤妒能，总是自以为是觉得世上无人能敌，而对身边的人百般挑剔，眼里容不了别人，心中装不下任何事儿，最后聪明反被聪明误，人际关系便无法得以很好的发展，那么，你必将失去人心、失去事业。

女人都是敏感的，但这敏感常常是针对外人而不是自己，她们常常能把别人的缺点看得一清二楚。但即便如此，这也不代表你就有资格对别人进行严厉的批评教育。如果你真的想要帮助对方改正错误的话，你也应该采用温和的方式，在不伤害对方自尊心的前提下，适宜地提出来。

成功的女人想要避免遭受人为的困扰，关键在于宽容对方。为人处世不应用苛刻的标准去要求别人，要尊重他人的自由权利，只有做一个肯理解、容纳他人的优点和缺点的女人，你才能真正地受到他人的欢迎。而一味地对人吹毛求疵，那么，只有叫你身边的人渐渐地疏远你——老朋友与你越来越远，新朋友对你敬而远之，最后，你的人际关系就会一落千丈，更别说完成事业了！

在中国提到潘石屹的名字，几乎没人不知晓，尤其是在北京，没有人不知道SOHO这个名字。但就是这样的一个潘石屹，在新的一年即将来临之时，他却做了三件让人意想不到的事情，也因为这三件事儿，他让自己告别了过去一年中备受折磨的心情。

第一件事：他把这么多年来借了自己钱却没有能力还上的同学、朋友的名字都写在一张纸上，然后用打火机将那张纸烧掉，让所有的旧账随着这张纸化为灰烬，并主动问清了他们的地址，给他们一一拜年，重新捡回当年的友谊。

第二件事：把曾经伤害过他、欺骗过他并在心里一直记恨的人列了个名单，也在火上烧掉了！对他来说，每天烦恼他的就是这些，现在他先将这些都烧掉了，就再也没有折腾他的事儿了，没有了仇恨，心里反而安宁了。

第三件事：他把自己这么多年来伤害过，亏欠过的人的名字都写下来，并通过各种方式找到了他们的联系方式，一个一个地打电话过去道歉，征求对方的原谅，让自己成为一个没有情感亏欠的人，他说这样子他的生活才能更加的轻松。

潘石屹说：“当我做完这些事情后，我走出房间，站在阳台上，下午的阳光十分明媚，我觉得自己从未笑得如此轻松，我甚至有种如同大病初愈的感觉，是那么放松、愉悦。”

有容乃大，这是一种非凡的气度、宽广的胸怀，是对人对事的包容和接纳，是每个女人都应该懂得的真理。生活中，对别人的释怀，也是对自己的善待。宽容的心态，不仅是一种生存的智能、生活的艺术，更是一种看透了社会人生以后的从容、自信和超然。

女人要学会宽容，因为，宽容不仅是一种成熟的标志，也是一种修养、成熟的体现，更是一种人生境界，姐妹们应该不惜一切去追求。人生在世，谁都难免与人在某些事情上发生口角或争执。此时，善于处理人际关系的女人，往往能够以忍让的态度缓解彼此之间的矛盾，防止矛盾激化，表现出宽容的态度。

的确，纵观有所成就的女人，她们在生活中常常不会与人进行无谓的争吵，也不会以压倒对方为乐趣，即便是在自己有理的时候，也很少会穷追不舍，逼人家认错，而是大都克制自己的好胜心，成全对方的自尊心。自己退一步，找台阶给对方下。在物质利益面前，她们也能克制自己的欲望，尽可能地把方便、利益让给他人。

大千世界，无奇不有，也许你身边的朋友做出了很多与你见解不相同的事情，可能让你无法理解，甚至让你有些气愤，此时，你该怎么做，与她争吵吗？成功的女人从来不会这样做，每个人都着自己的想法，她们会平静下来问问自己，别人这样做对自己有损失吗？既然没有，那么自己又何必钻牛角尖呢？每个人有着自己的生活方式，成功的女人能够包容，允许不同生活理念的存在，懂得尊重别人的选择，也认同别人的生活方式，并予以真诚的赞美。

因此，姐妹们都应该把自己培养成浩瀚的海洋，让自己具有容纳百川的胸怀。有容乃大，只有这样，你的人际关系才会越来越广；反之，如果你总是斤斤计较，不愿接纳别人一点点的小过失，更没有办法吸取别人的教训，那么，你就只能成为一只井底之蛙，纵使你有再大的理想抱负，也无法成就一番事业。

综上所述，聪明的你想要拥有良好的人际关系，很好的生活，成就一番事业，就必须让自己的心绪变得平和，善于理解别人，因为人人都渴望得到理解，得到宽容。

生活中，面对那些你想不通的事情，与其让自己钻牛角尖，不如换个位置，站在对方的角度去思考，去判断，也许就能够找到宽容对方的依据。总是想要睁大双眼，眼里容不得沙子的女人不会看得很远，因为她不懂得原谅身边的人，身边的人也就无法成为她前进的助力。反之，那些懂得适时睁一只眼闭一只眼的女人，不会为了小事儿而斤斤计较；懂得宽恕的女人，别人才能悦纳她，她也才能走得更远，无论是在社交的路上，还是在追求成功的路上。

第15章 泼洒魅力，善用女性优势方能所向披靡

让“温柔”成为你的“武器”

温柔不是发嗲，更不是做作，而是一种发自女人内心深处的魅力，它不是声色，不是语言，却包含着女人所有的气场和力量。

人们常说女人是水做的，而男人最难抵御的便是温柔的女人，因为温柔的女人可以柔情似水，让人抓不住却又放不下。生活中，如果你有温婉儒雅的气质，有含情脉脉的眼神，那么，纵使是钢铁般的男人到了你面前也都会变成绕指柔，心甘情愿地为你办事儿。

这样的话虽然看上去有些夸张，但却是事实。女人温柔到了一定程度，便会成为一种力量，而这温柔便是你在社交中最有利的武器，它可以捕获任何一个男人的心。当然，温柔不是发嗲，更不是做作，而是一种发自女人内心深处的魅力，它不是声色，不是语言，却包含着女人所有的气场和力量。

温柔是来自女人内心深处的情感表达，它常常有着深刻的含义，它是

女人对待男人、身边的事物所照见的最好的东西。所以，男人们才会在择偶的时候这样说，“可以不漂亮，但不能不贤惠。可以不贤惠，但是绝对不能不温柔。”这一观点，也再一次印证了温柔对男人的“杀伤力”。

温柔的女人会让与她在一起相处的人逐渐沉迷，最后完全成为她的“俘虏”。也许，你会觉得温柔常常与软弱相等，不屑于温柔女人的那份娇羞与纤弱。但事实上，温柔却隐藏着巨大的力量，这力量无法被人忽视，常常如洪水般，来势汹涌，无人可敌。

的确，温柔的女人是最有女人味的女人，也是最富魅力的女人，她们总是能够那么轻松地以柔克刚、以静制动，不动声色却能轻松地取得神奇的效果。在现实生活中，多少女性将自己的温柔运用到职场之中，让自己的工作在“无路可寻”时“豁然开朗”。

柯达全球副总裁叶莺，熟悉她的人都知道她是一个美丽、性感、知性的智慧女人，她能够成为全球500强企业的女总裁，依靠的除了过人的才能、智慧之外，还不得不提到女人天生的温柔、柔情。

事业的成功对叶莺来说，最先应谈到的不是才能和智商，而是特属于女人的柔情。叶莺说，这个世界上柔情似水绝对是用来形容女人的，而一个聪明的女人绝对是一个能够善于运用自己温柔的女人。所以，当她才到柯达的第三天，她便以大中华区副总裁的身份从香港飞往汕头，加入了柯达公司认为很难解决且已陷入僵局的谈判中，令整个局面柳暗花明，成功地达成了“98 协议”，为自己初到柯达拿下了头彩。

温柔让女人变得善解人意，宽容大度，也让她们看上去更有人情味，更能了解到别人的苦衷与无奈。所以，胜利不属于这样的女人还能属于谁呢？这就是温柔的力量，不需要声势，没有咄咄逼人，甚至无声无息，但却强大无比，无人可挡。

对女人来说，温柔是一种智慧，是一种个人修养，也是一种高尚的生活境界。女人凭借着温柔的力量，可以成为一个贤惠的妻子，一位柔情四溢的母亲，也可以成一位商场中驰骋的女强人。似乎温柔的女人无所不能，甚至智勇双全，她们总能攻克挡在人生路上的障碍。

所以，从今天起让自己做一个温柔的女人吧，至少让自己温柔些，让你身边的人感受你柔情的力量，让你的社交之路、事业之路都越走越顺。

充分发挥女“色”魅力，与男人和谐相处

男人与女人都有着本质的不同，如果你能够在与男人沟通的时候，充分发挥女性优势，发挥自己特有的口才魅力，那么，一定能够征服他们，让男人们成为你成功道路上的“保护神”。

作为女人，你不妨问问自己与男人之间的关系如何？这虽然不是决定你社交和工作能否良好发展的重要因素，却也的确对其有着一定的影响。无论是生理还是心理上，男人与女人都有着本质的不同，如果你能够在与男人沟通的时候，充分发挥女性优势，发挥自己特有的口才魅力，那么，一定能够征服他们，让男人们成为你成功道路上的“保护神”。

生活中，很多女人与身边的男人形同陌路，交流不多，关系不咸不淡，顶多算是认识。这些女人常常觉得只要自己好好做就行了，自己的成功与身边的男性朋友、男同事没有多大的关系。但事实上呢？一个人的成功除了要凭借自己的能力之外，还要依靠和谐的人际关系。此时，若你能够巧妙地利用自己的女色，与身边的男性们和谐相处，那么，即便你不言不语，你也一定能够成为他们中最受欢迎的女人。当你有事儿的时候，他们都会挺身而出，争先恐后地为你办事儿，那样一来，你是不是离成功更进一步了呢？

不过，值得姐妹们注意的是，女色可并非美色，不要脑筋想歪哦！这里可不是让你脑袋空空地当个花瓶，凭借自己的相貌过一辈子，也不是让你靠着自己美丽的脸蛋找个男人依靠，而是让你善于运用自己的女性魅力，发挥自己的口才魅力和性别优势，去吸引身边的异性，并让他们心甘情愿帮你办事儿，达成你的目的。

另外，不要以为只有漂亮的 MM 才有女色，其实，平凡的你一样有着

只属于自己的女色哦，下面就要让我们来看一下，如何发挥自己的女色吧！

◎最不可获取的就是温柔幽默的语言

温柔绝对是女人最特有的一面，在面对冲突的时候，温柔绝对是最好的润滑剂。当你与身边男士们发生不愉快或者意见不统一时，先别着急发火，一定要保持风度，保持漂亮的笑容，甚至可以摆出一副低姿态来帮助化解尴尬的局势。

记住，几乎所有的男人都是吃软不吃硬的，当你摆出弱势的姿态时，他们往往会先被你软化，比你先妥协。

女人一定要有意地培养自己的幽默感，这一点对于你的人际交往是非常重要的。恰当、适时的幽默不但可以化解尴尬的局面，还可以消除双方的紧张和压力。尤其是在职场中，男人不免要当着你的面儿说一些男人惯有的政治、时事等话题，此时你可以借助幽默的语言回应那些你不太了解的话题。

◎坚持赞美路线，攻破对方的心理防线

没有人不喜欢赞美之言，尤其是对于男人来说。很多时候，同性的100句赞美常常也没有女人的一句赞美有效。有人说，男人之所以发奋地努力上进，常常都是因为渴望得到身边他在意女人的欣赏与肯定。所以，当你觉得身边的男性朋友或男同事表现突出或做了什么很棒的事儿时，不妨多说一些赞美的话，这不仅能够给对方极大的鼓励和勇气，也非常容易突破对方的心理防线，赢得对方的信任与友谊。而且你对他们的评价越高，他们就会表现得越好，对你也会心存感激，并且心甘情愿地为你服务、帮助你，使你多一份成功的助力。

◎多问问身边的男人，告诉他，你需要他的帮助

男人都是爱面子的动物，他们希望自己能够成为无所不能的勇士，所以，他们大都非常乐意解答身边女性朋友们的问题，并且非常乐意帮助她们完成一些她们没有办法做到的事情。所以，聪明的你不妨利用男人好强的特点，适时地向对方寻求帮助，当你征询他们意见或帮助的时候，他们会觉得自己被你关注、被你尊敬，于是会非常乐意地帮助你，给你提供意见和建议，而此时，他们说的话也常常对你很受用。

◎找到对方感兴趣的话题

每个人都有自己感兴趣的东西，比如男人们大都比较喜欢篮球、足球，也有些男生喜欢冲浪等等。总之，每个人都有一项或多项兴趣，会说话的女人在说服别人的过程中，也会懂得恰当地迎合对方的兴趣。

每个人都希望自己能够被对方重视，你想要对方重视你、喜欢你，首先就要表现得让对方重视和喜欢。而你想要对方对你感兴趣的办法只有一个，那就是，先引起对方的兴趣。

所以，聪明的女人要善于与身边的男人们交朋友，让他们对自己产生好感，而最棒的方法莫过于找到对方感兴趣的话题。一般来说，男人感兴趣的话题比较固定，不外乎体育或者财经，你可以在日常无事的时候，对这方面多进行一些了解。这样一来，在男人们的场合，你也可以偶尔发表一些真知灼见，让他们对你刮目相看。

◎眼泪，物以稀为贵

人们常说，女人的眼泪珍贵。但作为女人你一定要知道，眼泪珍贵是因为稀少，毕竟没有人总是闲着没事儿哭鼻子吧？所以，想要让你的眼泪也成为别人眼中的稀物，你就一定要控制自己的眼泪。不要有事没事儿，大事小事儿都哭。这样久而久之，人们的同情就会演变成厌烦，甚至觉得你是一个没有能力、情绪化、脆弱的女孩。于是，很多时候，很多机会都会与你擦肩而过。

作为女人，尤其是一个需要在职场中拼搏的现代女人，你一定不要让自己的眼泪随意地流，给人一种软弱的感觉。不要在外人面前放声大哭，更不要总是带着哭腔和你的男性朋友聊天，那会让他们感到很不舒服，总是在思考是不是自己做错了什么，久而久之，他们就会刻意地远离你。

成功并非偶然，要懂得男女搭配

异性之间存在着一种磁场，这种磁场与我们日常所熟知的S级和N级一样，都是同性相斥、异性相吸。

不知道从什么时候起，流行起了这样一句话：“男女搭配，事半功倍！”虽然，这话说得有点笑谈的意思，但却不无道理。心理学家认为，异性之间存在着一种磁场，这种磁场与我们日常所熟知的S级和N级一样，都是同性相斥、异性相吸。这种磁场所发出的吸引力，常常能够让男女双方迸发出力量，而这种现象在心理学的范畴中被称之为“磁极效应”。

“磁极效应”的确对我们日常的工作带来了不少不可忽视的帮助：从生理的角度来说，男人与女人在体力上存在着差异，可以互补；从心理上来看，女人大多细心、耐心，也可以互补；而从情感上来说，任何一方都需要异性的关怀与帮助，渴望在异性面前好好表现自己，这无疑能够激发女性的奋斗力。这么看来，“男女搭配，事半功倍”还真的很有道理。

阿萍是公司的公关经理，而刚入公司的时候，她不过是一个小小的外勤人员，俗称“跑腿的”，可谁能想到，短短的一年时间，她就一下子成了公司的公关部经理呢？不过，阿萍的成功绝非偶然，而是完全凭借着出色的业绩。

阿萍刚到这家公司的时候，负责一些外联业务，但说来也怪，只要是她跟的单子，几乎全都能成。随后的日子，公司一有点什么老大难的问题，需要和客户沟通或者和厂家协商的事情，只要是别人谈不成的事情，阿萍一出马准能拿下。

一次，公司因为资金周转失灵，想向银行申请贷款。但公司的经理都快跑断了腿也没能办下来，结果，阿萍去了三四次就办成了。这让经理大赞她的办事能力，并在年底的时候，破格提拔她为公关部经理，她的工资、奖金也是一路猛增。

很多同事都试着询问阿萍成功的秘诀，才发现除了灵敏的大脑、敏捷的口才、丰富的知识和阅历外，阿萍更善于利用“磁极效应”。

原来，阿萍气质娴熟、落落大方，给人一种亲切的感觉，每每外出联系业务的时候，她都尽量选择与男接待或者男上司交谈，占足了女性优势，自然轻轻松松地办成事儿啦！

阿萍的成功并非偶然，在这个男性依旧占很大优势的社会中，外出办事多数要和男性打交道，而事实证明大多时候由女性出面都会比较顺利。因为人们一般对异性的好感多于对同性的好感，特别是那些外表讨人喜欢，让人觉得舒心的异性更是如此。这一点，无论男女，都是如此。而很多时候，女人和男人一样，会在身边有异性的时候好好表现自己。

韩雪是上海一家印制集团的设计，从她刚来这家公司上班直到现在，她所在公司的设计部一直都只是十几个女生。

韩雪是一个典型的女性工作狂，她待人很随和，总是有很多的奇思妙想。然而，一向对工作满怀热情的她突然感到了有一些厌烦，白天总是瞌睡不断，就连以前思如泉涌的创意灵感现在也如枯井一般了。

直到有一天，韩雪所在设计部来了两个年轻帅气的小伙子，而经理把其中的一个人分给了韩雪做助理。从此，她所负责的项目里，就有一个男生与她一起工作了，不知道为什么，韩雪发现只要有男助理在身边，她工作起来就特起劲，设计灵感也回来了，而且还会莫名地产生一种兴奋和欣喜的感觉。

其实，生活中像韩雪这样的女生并不在少数，她们一在异性的面前就显得干劲十足，千万不要以为这是花痴的行为，虽然，也有少许这样的因素存在，但最主要的原因还是因为“磁极效应”的影响，也是进一步对“男女搭配，事半功倍”的印证。

心理学家发现，女性的表现欲望其实一点也不比男性低，尤其是现代女性，她们常常好胜心理强，总希望得到异性的赞赏和肯定。因此，会在异性面前好好地表现，而这种想要好好表现的欲望则刺激人们体内的一种物质，引起人的兴奋感，让人充满动力，工作起来自然更有效果啦。

当然，除了心理和精神方面的因素外，还与男女之间所散发的一种特殊体味有关系。研究显示，男人和女人的身上分别会散发出一种独特的气味，这种气味会被身边的异性所接收，并对她们的行为产生一定的影响。

这么说来，作为女人的你一定不要忽略了“磁极效应”的好处，而是应该多多利用，通过异性相吸的法则来帮助自己更好地完成工作上的问题，相信很多麻烦事儿都会因此迎刃而解的。

总之，合理的利用“磁极效应”对女人来说有益无害，会让她们在精神上得到慰藉，事业上事半功倍，离幸福更近一步！

不断提升魅力，让自己处处受欢迎

> 散发出人性光芒的人格魅力，是女人办事的法宝。一个女人如果没有人格魅力，自然无法得到别人的喜爱和信任。

在现实的生活中我们时常看到，一些女人似乎特别幸运，她们无论走到哪里都倍受欢迎，而这并不是因为她们更加漂亮或者聪明！只要我们对这些“幸运儿”稍加分析就会发现，她们身上具有某种能吸引人的品质，同时，也正是由于这种真正的人格魅力，她们身上就像有一个奇特的磁场，总是能把别人牢牢地吸引在自己周围。

散发出人性光芒的人格魅力，是女人办事的法宝。一个女人如果没有人格魅力，自然无法得到别人的喜爱和信任。每个女人都渴望获得他人的信任、理解和友谊，渴望自己与周围人的关系是和谐融洽的，渴望自己办事一帆风顺。那么怎样才能讨人喜欢，受人信赖呢？这就涉及人格魅力的问题。

何为人格魅力？要弄清这个问题，首先要弄清什么是人格。人格是指人的性格、气质、能力等特征的总和，也指个人的道德品质和人的能力作为权利、义务主体的资格。而人格魅力则指一个人在性格、气质、能力、道德品质等方面具有的能吸引人的力量。

人际交往中，人格魅力是一种力量，能吸引别人向自己靠拢。所以，一个女人能受到别人的欢迎、容纳，她实际上就具备了一定的人格魅力。有人可能注意到了，那些法国沙龙里的女主人并不都是年轻俏美，但她们的个人魅力却能使头戴金冠的国王相形见绌。在很多场合下，当人们谈话陷入僵局之时，这种聪慧的女子能轻而易举地使整个局面改观。也许她们并不美丽，也并不年轻，但她们能将每个人的目光都吸引过来，成为大家追捧的对象。

拿破仑·希尔指出：“有魅力的女人，人人都爱和她交朋友，和有魅力的人相处总是愉快的。她好像雨天的太阳，能驱逐昏暗。良好的个人魅力是一种神奇的天赋，就连最冷酷、无情的人都能受到她的感染。”

有些女人生来就有与人交往的天性，她们无论对人对己、处事待人，举手投足与言谈行为都很自然得体，毫不费力便能获得他人的注意和喜爱。可有些人便没有这种天赋，他们必须加以努力，才能获得他人的注意和喜爱。但不论是天生的还是后天努力的，他们的结果，无非是博得他人的善意，而获得善意的种种途径和方法，便是“人格”的发展。

当然，人格魅力并不全是天生的，而是可以靠后天修炼得来的。首先，一个直接提升人格魅力的方法就是与那些有魅力的人交往。通常情况下，我们都会发现，有些人即使与我们偶然相识，只有一面之交，也能引起我们的注意，使我们在不知不觉中，便和他们接近，成为朋友。在这个过程中，我们的人格无形中也得到了发展。

1968 年，美国心理学家安德森制作了一张表，列出 550 个描写人性格品质的形容词。他让大学生们指出他们所喜欢的品质。研究结果明显地表现出，大学生们评价最高的性格品质是“真诚”。在 8 个评价最高的形容词中，竟有 6 个（真诚的、诚实的、忠实的、真实的、信得过和可靠的）与真诚有关，而评价最低的品质是说谎、装假和不老实。

人的个性是千差万别的，一方面是受遗传因素的影响，另一方面是生活环境和个人修养使然。可是，这并不意味着一个人对自己个性的塑造就完全顺其自然了。相反，为了提升自己的人格品质，我们应该积极地克服那些对自己不利的性格因素，寻找能为自己的人格魅力加分的良方。

女人的人格魅力同她的智力、受教育程度一样，与她的前途息息相关。所以，努力提升你的人格魅力吧，那样不仅能提升你的人气指数，还能使你拥有无可限量的发展前途。

心思细腻、做事周全的女人更得人心

作为女人的你若想成功，除了让自己的心胸宽广起来之外，还要细心地对待身边的人，让他们感受到你的重视，积极地辅助你完成你的事业。

姐妹们，如果你留心观察，你就不难发现，但凡有些成就的人，他们大都有这样一个共同点，就是善待身边的每一个人，尊敬他们。事实上，一个独立的人是无法取得多大的成就的，人类社会依旧是一个整体，一个人若想在某个方面取得成功，就必须依靠他人的帮助，有时这些人是你的上司，有时这些人是你的下属。聪明的人会耐心对待身边对自己有帮助的人，细心地处理与他们之间的关系，积极地鼓励身边的人，这样一来，便大大增加了这些人对她的贡献。因为她把那些人看得很高，满足了那些人的心理需求，因此，她就能从他们那里获得更大的成绩。

所以，作为女人的你若想成功，除了让自己的心胸宽广起来之外，还要细心地对待身边的人，让他们感受到你的重视，积极地辅助你完成你的事业。要知道，让对方感受到你的重视，并不仅仅是对他做过的大事儿予以肯定，而是对那些别人不容易发现的小事儿也予以肯定，这样一来，别人自然能够感受到你的真诚，乐于与你交往。换言之，善于发现对方的细小之事，是你获得友谊的敲门砖。这样的事情对于女人而言比较容易，因为女人天生就是细腻的，她们更容易发现那些细小的事情，也更容易通过这些细小的事情去拉拢一个人。

女人们千万不要认为小事儿很小，就忽略了它们的价值，事实上，很多时候，起到关键作用的就是这些微不足道的小事儿。

丽莎最近和一个男人结婚了。令丽莎头疼的是，这个男人之前离过婚，还有一个已经15岁的女儿。她知道当后妈很难，尤其是当一个已经快成人女孩的后妈更难，但是，谁让自己就这样爱上了这个男人呢？

结婚后，丽莎第一次见到了这个女孩。在此之前，这个女孩一直都在国外读书。刚见面，女孩就表现出了对自己不满，但丽莎没有气馁，而是将自己准备好的礼物交给了女孩。女孩看都没看就丢在了一边，丽莎温和地问："为什么不打开看看呢？"

女孩看了看丽莎，拿起礼物，拆开了包装纸，但当她看到礼物的时候，吃惊了一下，是自己一直很喜欢的限量版玩偶，很难买到。

丽莎看着女孩的表情，接着说："知道你一直想要，不过这个可不是你那粗心的老爸告诉我的，是我在收拾你房间的时候，看到你的书架上摆着同系列的一些玩偶，中间还留出了一些位置，所以我想，那些空出来的位置，肯定是为它准备的。另外，我猜测你可能很喜欢粉色，虽然你的父亲说你可能会喜欢蓝色，但是我执拗地为你选择了粉色，想去看看你的新房间吗？"

女孩似乎不再像刚才那般，表情缓和了很多，她点点头，抱着礼物，跟在丽莎的后面。当丽莎打开房间的时候，女孩看着房间很惊奇，这事实上就是她想要的样子，她不知道这个陌生的女人是怎样知道的，顿时对她的好感一下子增加了不少。事实上，丽莎也是猜测女孩应该会喜欢这样的布置，因为收拾女孩之前房间的时候，她发现女孩的喜好都很小女生，而且每次给父亲寄来的电子邮件的信纸也都是淡淡的粉色。

就这样，丽莎从细微处打动了这个半大"女儿"的心，让她意识到自己对她的在乎，自己渴望成为这个家庭中的一员，而并非只是做个抢走孩子父亲的继母。

事实上，不论在工作上还是生活上，如果你想消除对方的戒备心，使对方对你产生亲近感，你就应该记住与他有关的一切细微事情，并找机会说给他听。这一点在交友办事的过程中尤为重要。如果你能记住对方的一些细小之事，并且找机会告诉他，那么，他就会消除对你的戒心，甚至开始信任你、依赖你。

爱玲最近在报考出版职业资格证，但是在考试之前，她必须提交一份在出版社的实习证明才成。可是爱玲并没有出版社的关系，抱着试试的心态，她找到了一家出版社，但因为没有熟人，对方直接拒绝了爱玲。有些失落的她走出出版社，在路过门口的时候，她看到一个人，觉得这个人特别的面熟，仔细想一想，这不正是上次在文化交流会中的那位上台演讲的作家吗?

于是，爱玲赶忙走上前对那个人说："您好，您是xx作家吧？"对方一听到爱玲说出了自己的名字，便点点头问道："是的，您是？""我叫爱玲，我在一次文化交流会中听过您的演讲……"爱玲还把当时的情况向那位作家说了一遍，比如，主办者如何向大家介绍，中途有人如何提问，以及这个作家的演讲内容。

这个作家见爱玲连一些细节都记得这么清楚，心里乐滋滋的，信任感油然而生。他笑着对爱玲说："没想到你听得这么用心，有些细节我自己差不多都忘了。"接着，他问爱玲来这里是不是有什么事。

爱玲把要办的事一五一十地说了出来，作家听了后说："这是小事一桩，我帮你打个招呼就行了。我跟他们领导是朋友。"

爱玲只不过因为参加了那次文化交流会，对方虽然并不认识她，但因为她注意了会议上那位作家的一些细小之事，引起了对方的共鸣与信任，就这样轻轻松松地把事情办好了。

生活中的很多事情也是这样的，在特定的场合，融洽气氛、增进友谊最简明易得的方法就是从对方得意的小事说起。每一个人都有自认为得意的事情，也许这些事情在别人看来是不值一提的，但是在他本人看来，却可能是值得纪念一生的。所以，如果你能事前打听清楚这些事情，并在有意无意间自然地说出这些事情，那么对方一定会感到非常高兴的。当然，你在说的时候还要特别注意技巧，你可以表示称赞或者认同，但是不要过分，不然就会给人一种虚伪的示好的感觉。你要把握好事情的关键，见好就收，不能对着一件小事儿没完没了地说，最后让对方觉得你完全是在奚落他，那就不好了。

你在与人交往的时候，不一定非要规定自己付出多少，关键看你能否巧妙地从细微之处入手，充分发挥自己细腻的一面，从小的方面向对方表达你的好感。要知道以无微不至的关怀对待别人，常常要比直接给人一块“大蛋糕”更能收买“人心”！

下篇

会做人

聪明女人做人有心眼

我们说成功的女人都很聪明，这绝不是从智商方面来说的，而是说她们做人有心眼，懂得策略和手段。一个整天傻乎乎的女人，你就是给她个总裁的位置，她也玩不转啊！要是没有点心计，不会使用些策略和手段，怎么可能维持自己的地位，延续自己的成功呢？

所以，想要成功的你一定要多个心眼做人。当然，多个心眼并不是让你为了成功不择手段，而是告诉你要没事多投资，投资什么，投资感情，投资人情；告诉你要先“赠人玫瑰”，而后才会“手有余香”；告诉你不能“手高眼低”，要聚拢人气就必须要“一视同仁”……

第16章 活用人情，懂得投资感情的女人最聪明

成功女人，要学会感情投资

在平时与人交往中一定要注重感情投资，不断地增加彼此之间的感情，积累彼此之间的信任，只有这样，你们之间才能够保持一种亲密互惠的关系。

聪明的女人，不管是钱财还是感情，都能拿去做投资。可是，生活中也有许多尚未开窍的MM，常常抱着“有事有人，无事无人”的态度，把对方看成受伤后的落脚点，一旦身体“痊愈”就会头也不回地走掉。这样的女人看上去很精明，事实上是非常愚笨的，因为最终她们会落得个“众叛亲离”的下场。

人与人之间的感情是需要经营的，没有付出就不可能有回报，即便现在别人给予你帮助，也不可能是长久的。如果对方见你久久没有表示，最后也会渐渐对你失去耐心。所以姐妹们在平时与人交往中一定要注重感情投资，不断地增加彼此之间的感情，积累彼此之间的信任，只有这样，你们之间才能够保持一种亲密互惠的关系。

人是感情的动物，想要赢得对方的信任，你必须要付出自己的感情。只有这样，当你遇到困难或求人办事，需要对方帮助的时候，才可能得到对方的帮助。要知道，任何回报都是以付出为前提的，你想要得到别人对你的回报，那么，你首先应该对他人进行感情投资。

孟女士自己经营了一家非常大的工厂，她回忆自己成功的经历，就自己的付出与回报列了一个表，发现其中有一种投资她完成得非常轻松，收益却非常可观，这项投资便是“感情投资”。

在孟女士的工厂中有一家孟女士自己花钱建的小卫生诊所，一般员工有个感冒发烧都能来这里看病，不但不收钱就连家人病了也可以在这里免费看病。

很多人问孟女士，已经给员工上了医保，这样做是不是等于浪费自己的钱？而且员工的家属看病也不要钱，会不会给她造成收益上的损失？但孟女士却笑着说：“谁愿意生病吗？估计这个世界上没有人愿意自己或者家人生病，生病的滋味也不好受。人家生病了，既要考虑花费还得去医院就诊，很不方便。现在我在厂子里设了这个诊所，小病都能在这里看，省事儿不少，员工们好得也快，耽误工作也少，工作效率也能提升上去，这其实还是我赚了。”

除此之外，孟女士还做了一项让员工们非常感激的事情，就是每个人的生日都是一次公休日，过生日的员工当天可以带薪休假一天。而当家人中有人过生日的时候，员工也可以提出补班，用自己的休假日替补，都是不扣钱的。这让员工们觉得非常人性化，也非常温暖，个个都干劲十足，厂里的任务常常能够超额完成。

人人都有爱的需要，感情投资正是通过满足别人人性的需要、感情的饥渴而进行投资，是迎合人内心的渴盼，因而也就是一种最有效的投资。

那么，感情投资需要注意哪些方面呢？

◎要和朋友一起共苦

人们在一起共事时，大家同舟共济，共同的命运把彼此连在了一起，只要采取合作态度，互相支持、互相帮助、互相关照，最容易产生感情认同的。特别是在困难环境中，彼此相依为命、共度难关、情谊深厚，可能终生难忘，交情将更为牢固。比如，一起到城市打工的姐妹，几年都在一起吃饭，同在一个屋檐下生活，若你受了委屈，对方肯定会感同身受，为你出头。如此心心相印的共同言行，必然转化为深厚的感情，铭刻在各自的记忆中，不管日后分散何处，做了什么工作，但谁也不会忘记这段交情。

共事时间长固然可以形成深厚的交情，有时相处时间并不长，但只要同心协力、相互支持、彼此关照，能引起对方的好感，同样可以建立难忘的交情。

郭嘉今年大学毕业了，她正为找到一份合适自己的工作而发愁。正在此时，她在一家大公司的门口遇见了一个人，这人与自己并不是很熟悉，是一年前她去西藏旅游时结识的。她叫小凡，当时她在西藏旅游的时候丢了挎包，手机、钱包和证件都在里面，就在小凡无计可施时，遇见了郭嘉。

郭嘉二话没说就决定帮小凡，两个人靠着仅剩下的一点钱一起挤在小旅馆待了5天，也一起去吃藏民家便宜的饭菜，一起徒步去四周游玩。直到第五天，小凡的家人开车来接她，临走的时候小凡给了郭嘉一个信封，里面装着5000块钱。一来感谢郭嘉的照顾，二来也当是还了这些日子郭嘉独自花的钱。正当郭嘉追出来准备还给小凡的时候，对方已经上车走了，就这样，匆忙之间，没有留下对方的手机号，便再也没有联系。

没想到两个人竟然这样相遇了，她们找到附近一家咖啡店坐下来笑谈那几天的经历，俨然如相识多年的好友。最后，郭嘉告诉小凡自己正在找工作，刚刚从那家大厦面试出来，却没想到小凡竟是那家公司总裁的女儿，也就因为这样，郭嘉非常顺利地进入了这家非常棒的公司，成为了那里的正式职员。

◎培养共同的兴趣爱好

有时候共同的爱好、兴趣，也可能成为彼此交情的纽带。比如，都爱下棋，在路边棋场相识，相互成了棋友；都爱卡拉 OK，在露天 OK 场相遇成了歌友……这样共同的东西把彼此召唤到一起，在共同切磋中，便结下了友情。

某小区外面有一条清幽的小路，很多住在小区的人常常会在早晨到这里跑步锻炼。

兰兰和慧慧就是这样认识的，两个人都是做房产业务的，一次不期而遇后，因为相同的职业而坐到一起聊天，后来每天干脆相约着跑步、一起散步，边走边聊天，由一般的寒暄到互相了解。

两个人都爱好安妮宝贝的小说，少不了交流体会看法，她们彼此虽没有物质的交往，只是一种信息和思想观点的交流，但依然有很强的吸引力。时间长了，她们的共同语言越来越多，形成了习惯，不管春夏秋冬，都一起相约着跑步。后来，兰兰被公司调到北京上班，但她还是经常打电话来问候慧慧，两人一直保持着密切的联系。

◎人情可不是“一次性”用品

毋庸置疑，在某些“实用型”人物的眼中，所谓的“人情”便是你送我一包纸巾，我给你一片湿巾。他们觉得人情就是在快餐店使用的一次性筷子。这种一次性的交际行为看似洒脱，实则包含了太多的困惑与无奈。诚然，受助者也许在短时间内不愿再次开口求助，而实施援助行为的一方其实也没有必要固守“事不过三”的古训。当人家确实有困难而无能为力的时候，尽管你已经帮助过他，尽管他不好向你开口，但作为知情者，你不应无动于衷，而不妨再次主动伸出援助之手。事实上这种“后继有人”的交际行为能够赢得更大的“人情效应”，即使受助者一时无力给你回报，但你的行为风范，你的崇高秉性，已被更多的人所知晓，这样便积聚了人气。

冷庙常烧香，可能会有意外回报

千万不要总是手高眼低，只看到现有成功的人，而忽略了那些很有才能只是欠缺机遇的人。对你而言，这样的人其实就是“冷庙”。

生活中，我们的周围总是会有这样一群人，他们看上去似乎对我们没什么帮助，但是说不准哪天你能用得上。不过当你真正需要对方帮助的时候，对方帮不帮还得另说，为什么呢？因为不少女生常常过于功利，只是看见眼前的利益，觉得这些人对自己现有的生活没有什么帮助，就对人不冷不热的，甚至还时不时地冷言冷语；遇到了事情后，才恍然大悟，原来这个人竟是起着决定作用的那步“棋”，于是赶紧笑脸相迎，又送礼又陪笑，殊不知已经晚矣。对方不但不会帮你，还会觉得你世俗，远离你。

成功的女人绝不会让自己陷入这样尴尬的境地之中，她们会善于发现身边的人，并在平日里积极地增加联系，时不时地给你所认为的“冷庙”烧烧香，着急的时候自然就有“神仙”相助啦！

那么，生活中，你周围哪些朋友算是你的冷庙呢？

首先需要注意，你千万不要总是手高眼低，只看到现有成功的人，而忽略了那些很有才能只是欠缺机遇的人。对你而言，这样的人其实就是“冷庙”。人家等待的就是一个机会，而社会变化无常，谁说得准下个机会会不会给他呢？所以，聪明的你对待身边这样的人，就应该与那些热庙一视同仁，时常地去烧烧香，每到节庆日的时候还要记得送点小礼物增进感情。不过这些小礼物一定要实惠，有时你甚至可以直接送对方一点现金，但是千万不要买一些花里胡哨不实用的东西。也许，他在短时间内只能收礼而无法还礼，但并非他心里没有记着你的好，有朝一日他遇到了机会，即便你不说，他也会自动还你的。而此时，若你有事儿相求，他定是竭尽全力也要为你办成的。

也许身为上班族的你，大部分时间都埋头在忙碌的办公室，属于自己的时间很少，但无论多忙碌，吃饭休息的时间总该有吧，这个时候，你就可以给朋友们发个短信或者打个电话。千万不要让忙碌成为你疏远朋友们的借口哦！你可以选择在午餐时间走出沉闷的办公室，想想看谁就在你的附近，去找她一起吃个饭或者邀请她过来吃个中饭，简简单单地聊聊最近的境况。其实，朋友们想要的亲密感也不过如此，让他们知道你在乎他们，心里有他们，这就足够了。

再有就是可以在没事儿的时候组织一场联谊会，邀请身边的朋友们参加。此时，你就可以将那些平日里不怎么联系的人叫上，一来增进大家的关系，二来让他们感受到你的重视。

下班后，可以约着一起喝杯咖啡，也许只是短短的十几分钟，但对于保持长久关系来说已经非常重要了。无论是节庆日还是工作晋升，找个理由大家出来聚聚，这不仅可以增进彼此之间的联系，也可以让大家疲劳的神经得以放松。

对人情的投资，最忌讳的一点就是急功近利，因为那样一来，友情就成了一种交易，甚至是一种物质的利用。如果对方是个有骨气的人，就会对你产生不满，即使心里勉强接受，也不会对你心怀感激，当你日后需要对方帮助的话，他也不会好言好语、真心地帮你。

平日不联系，事到临头才想起来要找对方，其实就已经来不及了。人脉的关键并不在于建立，而是在于平日的经营，否则时间一长，人脉也会变成冷脉。

所以 MM 们千万不要觉得冷庙不重要，不要等事到临头才想起去给冷庙烧香。聪明的你，从现在起，多注意以下身边的朋友吧，如果她就是那个值得上香的“冷庙”，那么，你千万不要错过哦！

珍惜每一份关系，不要过河拆桥

生活中，你之所以热情地和某个人交往，常常因为对方身上有一定的可取之处，即使此时他正走“背运”，聪明的你也一定不要忽略，相反此时正是结识、拉拢他的最佳机会。

人情投资最忌急功近利，你想多占一些人情上的便宜，必须在平时多联系、多交往，不要没事儿或者一办完事儿就立即把对方从你的联络人名单中删除，觉得自己可能没有用得到对方的地方了，殊不知，人生起落寻常事，只要风云际会，就能一飞冲天，一鸣惊人。

张晓静是一家地板公司的销售人员。有一次她去拜访一家房产公司的赵经理，到了公司才听说这位赵经理已经被撤职了。原来这位赵经理性格狂傲暴躁，有点恃才傲物，因为和总经理发生了争执，最后总经理一生气就把他给撤了。

张晓静想自己决不能做人走茶凉的事儿，于是，她犹豫了一下，还是带着准备好的礼品敲响了前任经理的门。

那位前任经理正在办公室闭门思过，张晓静的到来很让他惊讶。他爱理不理的，直接说以后别找他了，他不是经理了，有事可以去找新经理。张晓静把礼品拿出来说：“新经理我以后会去拜访，不过这并不妨碍我拜访您啊，您是我们公司的老朋友了，我就是来拜访公司的老朋友的呀。”这位赵经理很意外，语气也客气了些。

过了一会儿，张晓静知趣地说：“那您先忙吧，我下次再来拜访您。”赵经理说：“还忙啥呀？经理也不当了，没什么可忙的了！”张晓静听见赵经理的话，转回身说：“您怎么有这样的想法呢？”赵经理满腹牢骚，一时还不适应角色调整，站在办公桌后茫然四顾地说：“不当经理了，有什么可忙的？”张晓静想了想，灵机一动便说：“不当经理了您还有自己的专业啊，您在这方面也不是一般人能比得上的啊！”张晓静在这位经理落魄时说的这些话，让这位经理非常感动。

之后的日子里，赵经理好好反思了自己在工作上的过失，重新振作了起来。他的表现被总经理看在眼里。没过多久，又将赵经理调回了原岗位。而曾经在他落魄时拜访过他的张晓静也成了他日后重要的合作伙伴……

谁也没有想到，在赵经理落魄时张晓静没有给他泼冷水，反而积极鼓励一视同仁对待他。她的做法是很可贵的。也正因如此，她才获得赵经理的感情，从而成为其官复原职后的合作伙伴。

生活中，你之所以热情地和某个人交往，常常因为对方身上有一定的可取之处，即使此时他正走“背运”，聪明的你也一定不要忽略，相反此时正是结识、拉拢他的最佳机会。在他走下坡路时，很多人会弃他而去，甚至给他泼冷水，让他深感世态炎凉，而你此时去结识他，会令他十分感动，所谓“患难见真情”就是这个道理，他定会将你视为知己，他日东山再起，定会奉你为上座之宾。

很多人利用别人时好话说尽；事成后，半句问候也不言。不免让你身边的朋友觉得你很势利，在体会了世态炎凉之后，人们也会因此而伤心不愿意再为你办事儿了。所以，那些自认为占了很多便宜的女生，其实只是把自己的人情做了一次性买卖，下次再去求人，基本上不会得到帮助了。

尊重——聚拢人气最有效的方法

没有一个人愿意和眼高手低、不尊重别人、不负责任的女人打交道。事实上，一个女人的内涵比言辞更能影响人际关系。

生活中，姐妹们都希望自己能够被他人尊重，因为被尊重而感受到自我的价值，同时也会对尊重自己的人产生好感。同样的道理，生活在我们周围的每一个人，也都渴望能够获得尊重，无论他们是何种身份，有没有钱；无论他们是你的上司还是你同事；无论是你家小区的保安还是清洁工，都有被尊重的愿望，都渴望得到他人的认同，这是一种本能的需求。

所以你想要成功，想要让身边的人都乐于与你结交，那么，首先应该做的就是尊重身边的每一个人。由于每个人的出身、社会地位、能力等都大不相同，因此，姐妹们应该尊重他人，虚心听取他人的意见，不要自以为是，因为对方的身份低微就看不起对方。要知道，只有一个注意礼貌、举止适度、彬彬有礼的女人，才能引起他人的好感；而行为粗鲁、失礼、自傲的女人，必然会让人退避三舍。

想一想，你在对待身边朋友和同事的时候，是不是做到了尊重。如果你总是自命不凡，觉得别人都比不上自己，常常看不起身边人，那么，你的人际关系必然会变得非常紧张。因为没有一个人愿意和眼高手低、不尊重别人、不负责任的女人打交道。事实上，一个女人的内涵比言辞更能影响人际关系。即便你处世技巧再高明，说出来的话再动听，没有修养和内涵做积淀，也很难赢得他人的好感与信任。所以说，想要成功的你一定要在日常生活中尊重身边的人。

想要尊重他人，首先，你要做的就是平等地对待他们。每个人都渴望自己能够得到平等的对待，平等地同他人进行沟通。如果你能以平等的姿态与人沟通，对方会觉得受到尊重，也对你产生好感；相反，如果你高人一等、居高临下、盛气凌人地与他人沟通，对方会感到自尊受到了伤害而拒绝与你交往，甚至对你做出负面的评价，影响你的人际交往。

的确，每个人心中都有着成为他人眼中重要人物的欲望，一旦他人帮助我们实现了这种欲望，必定对此感激不尽，竭尽所能帮助这个人。当别人优于我们时，他们会有一种超越感；但是当我们凌驾于他们之上时，他们内心便会感到愤愤不平，随之所产生的就是一种自卑的心理落差感，一些人会有意疏远你，而还有一些人则会找机会报复你，与你结仇。所以，姐妹们一定要谦虚地对待周围的人和事物，多在他人面前称赞他们的功绩，不要喋喋不休地自己夸自己。

人们常常说“懂得尊重别人的人，最终也会赢得别人的尊重”，事实上，当你尊重身边所有人的时候，你也会很轻松地赢得所有人的尊重，轻松地建立起良好的人脉关系，一步一步走向成功。那些看上去不起眼的小人物，更应该予以尊重，因为你敬他一尺，他会敬你一丈，况且，说不定他们之中有卧虎藏龙之人，说不定哪天，机会来了，这些小人物也掌握了大权力。如果你平时尊重他，到那时自然会得到很好的回报。

不过，尊重别人可不是嘴上说说就可以了，必须付诸行动，不然就会给人一种虚假的奉承之感。姐妹们不妨参考一下下面的内容：

◎不要怀疑对方的工作能力

当你身边的人在某一方面做出了不错的成绩时，你应当给予对方恰当的赞美，而不是怀疑对方的能力，甚至询问对方这样的事情是不是他能做到的。这样，不但使你们的交往不成功，还会激起矛盾，甚至变成仇恨。

◎不要装出一副清高冷漠的表情

你冷漠地对待别人，别人会以为你瞧不起他，从而有意地疏远你。当你身边的人向你寻求某一方的建议或者向你诉说自己生活中的苦恼时，你应该给予对方关心与帮助，而千万不要摆出一副事不关己、不感兴趣的样子，也许你心里并没有不尊重对方的意思，但是你的行为已经伤了对方的心。

◎宽容地对待身边的人

生活中，谁没犯过错呢？当你身边的人不小心得罪了你，并再三向你道歉后，你就应当大方地原谅对方的过错，而不是不依不饶地四处宣扬他对你如何如何不好，那样做只能激化你们的矛盾，让你们之间的关系越来越疏远。

学会感激帮助你办事儿的人

很多时候，你登门致谢，并不需要带很多礼物，只需要巧妙地在说话的时候给对方多送几顶“高帽子”，多说几句感谢的话，温暖一下他的心就够了。

中国人很注重礼节，一般来说，当一个人成功后，都会宴请之前帮助过她的人，以此来答谢对方对自己的帮助。对于每一位想要成功的女性朋友来说，无论你处于何种位置，都要学会感激帮助你办事儿的人；无论事情成功与否，无论你之前是否送过对方很多礼物，在事后，都应该找个时间去向为你提供帮助的人表示感谢。

你不妨在过年过节的时候，主动发个短信或邮件，借此来传达你的情意，让帮助过你的人心生温暖。要知道，人际关系最基本的目的和技巧就是结人情、有人缘。而想要拥有好人缘，情谊是非常关键的一点，有了情谊才能左右逢源：求人帮忙是被动的，事成之后感谢对方的帮助是非常有必要的，因此，一定要积极主动地表示出自己的感激之情。如果你让别人觉得你会办事，求别人办事自然会很容易，很多时候，甚至不等你先开口，对方就已经允诺帮助你了！

事成后登门致谢，不是无关紧要的一环，它对你的好处，是不言而喻的。很多时候，你登门致谢，并不需要带很多礼物，只需要巧妙地在说话的时候给对方多送几顶“高帽子”，多说几句感谢的话，温暖一下他的心就够了。

姐妹们在表示感谢的时候，可以说些这样的话，“那件事多亏了你从中帮忙，如今都办成了，我特意感谢您来了！”一句话，让对方的心中阳光灿烂，话题由此发挥，总之最好开门见山地感谢对方。说话的时候应该少一点功利，多一些真诚，这样彼此间更容易沟通。你也可以这么说，“您看，这事儿多亏您帮忙了，没少给您添麻烦，如今事情办得差不多了，我心里却总觉得过意不去。这不，特地过来跟您坐一坐，聊一聊……”相信听了你的话，他的心很快被你俘获。

当然需要大家注意的是，你是去登门表示感谢，而绝不是向对方炫耀自己的事情成功了，绝不能抱着找回当时低三下四求你的面子的心理。这样的做法是非常不成熟的表现，在人际交往中是万万要不得的。这样做的话，你去扣100扇门，也会堵死100扇门——到时候你的恶名传出，那些原本为你打开的大门也会纷纷关闭。所以说，姐妹们，在求人办事成功后，一定要懂得收敛住自己的得意与自满，不要把自己的位置摆得很高，那样只能最后摔得很惨。反之，你应该把自己的起点定低些，把终点定远些，本来嘛，你就是应该真诚感谢对方的帮助，毕竟若没有对方的鼎力相助，你的事情也不一定能够成功啊！

MM们在感谢对方的时候，需要注意哪些呢？主要有四点：

第一，感谢一定要及时，感谢一定要真诚；

第二，一定要诚实守信，在办事前答应对方的事情一定做到；

第三，要从对方的实际情况出发，选择适合的方式答谢；

第四，掌握好答谢的尺度，符合对方的身份。

不要以“实用型”的眼光来看待人情，认为所谓的“人情”便是你送我一瓶酒，我给你几块钱；你帮了我的忙，我给你说了好话送了重礼。如同借债还钱，彼此两不相欠，何必搞得那么复杂？有这样的想法，你就完全错了，而是一定要用恰当的方法，把这条路留住。

第17章 放低姿态，做人该低头时就要低头

世上无难事，只要肯求人

不要因为有事求人就不好意思或者愁眉苦脸，没去求人之前就盘算着不成功怎么办，被拒绝怎么办，事实上你大可不必想那么多。

人活在这个世界上，就没有不求人的时候，我们从出生到现在，几乎没有一个女人可以站出来说自己从未求过人，或从未被别人求过。

不过，虽是求人，但人们在求人办事儿时表现出来的心态却是千差万别的。有些 MM 总认为求人就低人一等，因此，很多女人不敢平等地面对别人，总是太看重别人的脸色，生怕在求人办事的时候遭遇闭门羹或是碰钉子，害怕对方看不起自己；总认为求人就是心中有鬼，因此不敢大大方方公开求人；更有甚者连表情也不自然，说话也不得体，想好的话也变了调儿，别人面对这样的女人时当然很难看得起。于是，对方越是看不起、不喜欢，这类女人越是感到紧张，感到不自在，致使心理压力越来越大，恶性循环下去，对其日后交往的信心也产生了诸多不良影响。

事实上，无论求工作中的事儿还是生活中的事儿，所求的一定是“稀缺资源”，是自己目前没有办法独立办到的。换言之，要是你自己轻轻松松就能有办法，一来你也不去求，二来也根本算不上求。比如说公司的出国培训名额，有一定的限额，但想去的人却太多，此时，你就得采取相应的措施，找找关系，积极争取。但由于竞争的人太多，事情有很大的难度，此时，就需要你去求人。也就是说，正是因为办事有难度，所以才要“求”，办事之前，不要考虑能不能办成，而只要考虑怎么去办。

不要因为有事求人就不好意思或者愁眉苦脸，没去求人之前就盘算着不成功怎么办，被拒绝怎么办，事实上你大可不必想那么多。只是万一“不行”，还有万分之九千九百九十九呢？怎么就肯定这万分之一的“不幸”落在你的头上呢？

所以，你在办事情的时候也应该去掉“不可能”、“万一”这样的字眼，只要肯尝试，没有一件事是绝对不可能的。如果一个人总是有这种“我不行，这事怕办不成吧”的消极态度，势必会影响自己的办事成功几率。相反，如果办事之初就充满信心，觉得这事难不倒我，一定能办成，这种观念就会在潜意识中进入自身的各种状态，那么，你所办的事儿就已经是成功了一半了。总而言之，无论找什么人办事，无论去办什么事，你尽管大着胆子去做，所谓“胆大飘洋过海，胆小寸步难行”就是这个道理，一个女人若没有坚定的自信心，没有敢于试一试的胆量，必将一事无成。

在广告公司上班的陈明最近正为了调工作所需的一个手续发愁，她连跑了几个地方，不知为什么，总是受人冷落，解决不了问题。有人说要送礼，她不懂送礼也不愿送礼，只有愤然唠叨两句，让自己苦恼不堪。

她的一位姐妹淘得知此事后，指点她去直接找主管部门的李主任。可她到办公室却扑了个空，追到家也没人，还被家里势利的保姆“损”了几句，觉得很丢面子，但有气没处出，只得装着满腹懊恼回到家，发誓再也不去跑关系了。

姐妹淘知晓后，哈哈大笑，说：“你啊，怎么这么禁不起挫折呢？在外跑关系办事哪有不碰壁的呢？想当初我做业务的那会儿，还不是办一件事儿要求个七八次，跑个十几次甚至几十次，想要求人办事儿，老想着面子是绝对不行的！”

一席话点醒了陈明。第二天，她又“厚”了脸皮去找李主任。结果是出人意料地顺利，主任只照例问了一些问题便为她办了手续，烟都没抽一支。

所以，女人在求人办事的时候，一定不要顾虑太多。对方喜欢不喜欢是他的事，而你表现得自然不自然却是你的事。不要太看重别人怎样看自己，而要看自己怎样看待自己，若你自己都觉得求人是件抹不开面子的事儿，打心眼里看不起自己，别人又怎么可能看得起你呢？同样的道理，你若总是把自己看得很渺小，把对方看得高大无比，就等于无形中在心理上给彼此的交往筑起了障碍，拉大了与对方相处的距离。

现实生活有太多无奈，使你不得不去求人。当你在毕业后良久没能找到一份满意的工作时；当你已经工作，渴望趁机会得到晋升的时候；当你急等着用钱的时候……诸如此类，生活中有太多事情，是你目前凭着自己能力没办法办到的，此时，你就不可避免要去寻求身边有此能力的人帮助你，而你能否得到对方的帮助，很大程度上取决于你在办此类事情时的心态与技巧，总之，无论你要办什么事情，都应牢记一句话：世上无难事，只要肯求人。

女人切不可“死要面子活受罪”

一遇到事情，面皮薄，该开口的时候不敢开口，该要求的不敢要求，该批评的不愿批评，该拒绝的无法拒绝，结果导致自己失去了大好时机，牺牲了本属于自己的利益。

曾经有过求人经历的MM一定深知，这求人办事的滋味可不好受，感觉好像只要一开口求人，就要比对方矮一截似的。但事实上，真正的求人办事儿，却并非如此，假如你有这样的心态，则说明你还没能摆正自己的心态，对求人办事这件事儿还存在不正确的认识。

的确，这世界上，求人办事儿的确不是件容易的事儿，而所谓求人难，往往并不难在事情难办，而是难在求人之人太要面子。尤其是对生活在中国的MM来说，面子是非常重要的，一遇到事情，面皮薄，该开口的时候不敢开口，该要求的不敢要求，该批评的不愿批评，该拒绝的无法拒绝，结果导致自己失去了大好时机，牺牲了本属于自己的利益。所以有一种说法叫“面子”杀手，意思是说，有些时候女人为了面子，常常让自己的利益受损，让自己受伤。

日常生活中，信奉“万事不求人”或“求人不如求己”的原则的MM并不在少数，认为请求别人帮助是自己无能的表现，不免有些丢脸。还有人认为，少求人、多助人才是美德；助人令人感到自己高尚而有价值，而求人则等于是贬低自己的价值，所以常有“助人为快乐之本”的说法，而鲜有“求人为快乐之本”的说法。事实上，求人时的确会感到或多或少的失落感，尤其是对于那些自尊心较强的女人来说，但若只知道维护自己的面子，不求人，又怎能进步呢？

人与人之间的相处，少不了你帮我、我帮你，这并非是丢脸、无能的表现。因此，要找人办事、学会求人，脸皮薄可不行。所谓“人在矮檐下，不得不低头”就是这个道理。求人成事，脸皮薄、放不下清高的架子是不会成功的，最后反而落得个“死要面子活受罪”的下场。

艾兰是一家汽车销售公司的客户经理，一次，她被嫉妒她的人抓到了把柄，在总裁面前狠狠地说了一顿，最后，总裁非常气愤地罢免了艾兰的职务。面对打击，她没有消沉，而是立志重新开创一片天地。为此，她拒绝了数家优秀企业的招聘而接受当时濒临破产的广告公司的邀请担任总经理。

到任后，她首先进行了员工改制，提高了员工的工作效率及对公司的信心。随后，她借助自己多年来积累的客户，成功地为公司接了不少广告单子，大大增加了公司的收入。她规定主管人员如果没有达到预期的目标就扣除25%的红利；还率先做表率，在公司没能走出困境之前，公司高层管理人员减薪10%。

这一措施推出后，有人反对，有人赞成，反对的人是公司的元老，认为这样损害了他们的利益。艾兰冷静地对待这一切，并且自己只拿1000元的象征性月薪，让反对她的人无话可说。

为了争取银行的贷款，艾兰四处游说，四处求人。有一次，由于过度劳累，她直接昏倒在公司的办公室里。为了取得求人、办事的成功，艾兰把这一切都忍了下来。结果，她领导的广告公司终于走出了困境，到第二年的第三季，公司获得的净利高达数千万。艾兰也就从此成为广告界的传奇人物。艾兰取得巨大的成功，她自己坦言就只有四个字——“放下面子”！

想要成功地办成事儿，良好的心理素质是必备的条件。一个女人是否能控制自己的情绪，使之适应不同办事对象、办事环境是非常重要的。成功的女人大都是“处险而不惊，遇变而不怒”的，如果你也能及时控制调整自己的情绪以适应办事的需要，那么你办起事情来就会容易、顺利得多。作为女人，你很多时候都会觉得自己是最美丽的，最优秀的，但只需要一秒钟的时间，当别人对你有一个不赞成的、一个轻视的表示后，你之前的想法就会立即改变，甚至开始怀疑自己。

由此，姐妹们不难看出，想要成功地办成事儿，首先就不能太顾及颜面，要积极地培养自己能屈能伸的品性。放下面子，其实并没有你想象中那么困难。反之，若死守面子就会既办不成事、达不到目的，还有可能损失更多的利益，甚至受伤的只能是自己，得不偿失。因此，摒弃“死要面子活受罪”的心态是通向成功的第一课！

放低姿态，偶尔也要学会自嘲

开自己的玩笑，不仅能制造宽松和谐的交谈气氛，还可以让自己活得轻松洒脱，让他人感到你的可爱和人情味，甚至还能有效地起到维护面子的作用。

生活中，我们难免会遇到一些令自己或者他人尴尬的事情，这个时候你若大动干戈或者摆出一副盛气凌人的姿态，那么，只能让事情变得更加尴尬。反之，若是你能够用轻松的方式，自嘲地化解，则又将是另一番景象，毕竟，没有人会反对你拿自己开玩笑，而再尴尬的局面也会在幽默的话语中被化解。所以，在别人嘲笑你之前，先嘲笑你自己。

你不妨把“自己”当做嘲笑的对象，这样一来不但可以消除紧张、焦虑的情绪，而且可以提升自我的修养。要知道，没有人是完美无瑕的，坦白承认自己的缺点，把“缺点”化为个人独有的特点才是上上之策。

酒店里正在举行一次高端的酒会，到场的全是一些达官贵人，也有很多记者。这时，一个服务员在开酒的时候不慎将红酒溅到了一位穿着华丽的女士身上。服务员吓得手足无措，全场人目瞪口呆。这位女士却微笑地说：“太神奇了，你怎么知道我一直觉得这件晚礼服有些单调呢？虽然现在装饰它的是红酒，不过值得庆幸的是，是一瓶82年的经典窖藏。”在场的人闻声大笑，尴尬局面即刻被打破了。这位女士拿自己开玩笑，既展示了自己的宽广胸怀，又维护了自我尊严，消除了耻辱感。

由此可见，适时适度地开自己一个玩笑，不失为一种良好的应对尴尬局面的良策，同时对于优雅的女人而言，也不失为一种体现自身修养的做法，是一种充满魅力的交际技巧。开自己的玩笑，不仅能制造宽松和谐的交谈气氛，还可以让自己活得轻松洒脱，让他人感到你的可爱和人情味，甚至还能有效地起到维护面子的作用。

社交中，当女人与他人打交道时，不免会有不好意思或者怯场的时候。此时，若是对自己的过失耿耿于怀，只会增加自己的紧张。为了使自己不陷入失败之中，你应该洒脱一些，学会开自己的玩笑。

事实上，坦率地把自己的缺陷用幽默的方式讲出来，不仅不会引起他人的反感，反而可以得到他人的好感与尊重，让人们看到你非同寻常的气度。假如，你在演讲的时候，突然忘词了，此时，与其红着脸低着头，你不妨大方地说："瞧，演讲对我来说还真有些难度，虽然我练了好几个晚上，还是出现了失误，这也让我意识到，我需要学习和加强的地方还真是不少呢！抱歉了。"这时，大家就会原谅你糟糕的演讲，想办法为你开脱。相反，你明知错了，却想法掩饰、装腔作势，或者非常不好意思，自己对自己耿耿于怀，只会令众人扫兴。因此，在办事的时候，能够大胆地同自己开个玩笑是很了不起的行为。同时，你也能活跃一下气氛，引起别人对你的接近。

当你处于非常窘迫的境地中时，机智地自嘲一下，是摆脱窘境的好方法，也是展示人格魅力的法宝。同时，你的机智与幽默也能够给身边的人带来一份轻松之感，让彼此之间的沟通变得更加和谐。当你因为自身的缺陷如外貌的缺陷、言行的失误等而陷入尴尬境地时，你不妨将这些影响自身形象的地方大大方方地说出来，并巧妙地开自己一个玩笑。这样做，不仅不会让自己难堪，反而能够更好地展示自己的自信以及你潇洒不羁的交际魅力。

总之，在社交场合中，姐妹们若能记住这样一句话——"不论你想笑别人怎样，先笑你自己"。那么，无论是在工作中还是生活中，你都会成为一个受欢迎的女人。

低调一点，你会飞得更高

想要成功的你更应该铭记“低调”二字。任何时候都要有所防备，一步一步地走稳自己的路，否则就可能会因冒失而犯错或受到伤害。

生活中，总是有这样一群女人，她们或许机智聪明，能力出众，但却长着一张天生爱炫耀自己的嘴巴，常常一张嘴就使人感到狂妄自大，因此别人很难接受她的观点或建议。同时，这类女人大都以自我为中心，喜欢表现自我，唯恐他人不知道她有能力，处处显示出自己的优越感，无论在哪方面都希望得到他人认可与敬仰，但事实上，却常常事与愿违，得到的大都是人们的不屑与疏远。

其实，姐妹们若能够以低姿态出现在他人面前，会更加容易让对方认可、接受，这样的女人，即便是小有成就也很容易得到他人的称赞；反之，若一味地自大妄为，则很难得到他人的好感。

李丹是一家物流公司的主管，年终公司统计工作，对她的工作予以了肯定，并给了她一笔数目不小的奖金，在年会上，上司请李丹出来给大家讲几句话。

李丹自信地走上台，把自己的业绩归功于自己调配人员是如何有技巧、处理大订单时如何的果断和聪明以及如何辛苦加班。她说的这些确实很对，可以说没有丝毫的夸张，她一直也都是这么做的。年会过程中，她都很坦然地接受员工对她的祝贺和上司对她的表扬。从始至终，她没有对老板的信任表示感谢，更没有提及同级部门的合作和下属的努力。下属和同事们开玩笑要她请客庆祝一番的时候，她却一本正经地说：“我得奖金，你们用得着这么起劲吗？下次我会拿更多，到时再考虑考虑……”

可是没过几个月，李丹不仅没有拿到奖金，还因为没有完成销售任务被扣掉了两个月奖金。可悲的是，她没有注意到下属越来越懒散，老板也开始故意为难她了。

一个女人在工作中即便表现得再勤勤恳恳也未必能够得到上司与同事的好感，未必能够成为一个受欢迎的人，这是为什么呢？事实上，一个成功的女人即便再有才华，也会适时地藏起来，这其实是一种内敛的品质，也是有效保护自己的手段。的确，能力只用在工作中就可，何必没完没了地说给别人听呢？成功的女人不会把自己的心理能量浪费在无谓的人际斗争中。她们也不想卷进是非、与他人的妒忌之中，她们知道做好自己的事情才是最重要的。即便是小试锋芒，也只能偶露峥嵘。而独享荣誉是一招最容易让他人胸怀不满、心生恨意的险棋。

人生如戏，看看那些明星们现在都着力地追求低调，想要成功的你更应该铭记“低调”二字。任何时候都要有所防备，一步一步地走稳自己的路，否则就可能会因冒失而犯错或受到伤害。

日常生活中，因为利益等问题，人与人之间或多或少都存在着一种排斥的心理，即便是很要好的朋友也是如此，毕竟每个人都不希望总看着别人闪耀。所以,成功的女人常常会掩饰自己的锋芒,不让自己成为他人嫉妒的对象,陷入某种是非之中。很多时候,你更需要有一颗防人之心。所谓“明枪易躲，暗箭难防”说的就是这个道理。成功的女人始终都会为自己留一手，以防患于未然，凡事多长两个心眼，这样才能融通处事，一生顺达。

姐妹们在为人处世中，一言一行都应该为他人的感受着想，学会安抚他人的感受，当你做好的时候，你不必大肆宣扬，对方也会知道。

一个懂得低调处世的女人会经常远离灾祸，轻轻松松地踏上成功之路，而一个疏忽的女人却会经常被烦恼缠身，哪还有足够的心思去追寻成功呢？所以，姐妹们为人处世，一定要时时刻刻谨言慎行，不要让自己锋芒太露，招人妒忌，引发不必要的烦恼。

从情入手，获得对方同情好办事儿

很多时候，用感情打动别人，激起别人的同情心，比一味滔滔不绝地讲大道理更加有效。

事实上，再铁石心肠的人也有同情心。同情心不仅能够加强别人对你的理解，还可以增进你们彼此之间的感情，让你要办的事儿变得顺利起来。

一个妻子，她的丈夫在车祸中不幸遇难了，但她却迟迟收不到保险公司的赔偿，后来这个女人着急了，便去找负责该部门的领导，可由于当时十分冲动，对领导说了不好听的话，结果导致事情变得更加恶化。后来，这个女人绝望了，几度轻生，痛苦不堪，再次见到那个领导的时候，女人默默地哭泣，满脸痛苦的表情反倒引起这位领导的同情和重视，立即打电话给那家保险公司，让他们马上按照正常的手续办理赔偿款。

的确，很多时候，用感情打动别人，激起别人的同情心，比一味滔滔不绝地讲大道理更加有效。当然，这并不是让你装出一副楚楚可怜的样子，而是说，作为求人办事儿的一方，你把自己的难处说出来，充分地调动听者的同情心，首先从感情上拉近与听者的关系，产生共鸣，这就为你解决问题打下了很好的基础。人心都是肉长的，看到你的为难之处，听到你的不开心甚至是悲伤的遭遇，他们也会打心底产生想要帮助你的想法。

激起对方的同情心不是让你装出可怜的样子，祈求对方的怜悯，而是让你借助感情的攻势，打开对方的心门，让对方理解你的处境，也许对方在听诉说的时候，并不会马上答应你帮你办事儿，因为人都有自私的心理，大家都会想多一事儿不如少一事儿，但至少你让对方了解到了你的难处。此时，你若能够适时地说一些有技巧的话，那么，定能激发出对方的责任感，下定帮助你的决心。

琳达最近在为公司做一份策划报表，但是，她在处理很多方面的问题时都遇到了麻烦，她觉得自己一个人肯定没有办法在指定的时间内完成了，可是找同事帮忙有可能会影响最后的业绩评比，而且现在大家都在忙碌中，怎么才能让对方心甘情愿地帮助自己呢?

下班后，琳达和一个公司男同事坐在一起喝茶，一提到最近的工作，琳达便开始黯然伤神，越说越委屈，最后甚至快哭了出来。她说自己好像没有办法完成这份工作，因为手头上很多数据都不足，但是去找其他同事帮忙，一来会打扰别人的工作，二来也鲜有人肯帮助自己，恐怕自己只能等着到期那天挨批甚至被开了。

这位男同事看着琳达为难且快哭的样子很着急，一时间对琳达顿生怜香惜玉之情，一边安慰琳达一边向她保证，自己可以帮助她，他知道如何找到那些数据。

最后，琳达在这位男同事的帮助下成功地完成了策划报表，而且还受到了表扬，而同事们却并没有人知道是男同事帮助的她，因为那个男同事听了琳达的话后，很是同情她，一股想保护琳达的感觉油然而生，所以，他特地私下告诉她，让她保密，不要对别人说是自己帮助的她。

试想一下，要是琳达没有用这样的方法求得对方的帮助，而是直接请求一位同事的帮助，那么，很有可能，当这位同事帮完她之后，也会在会议上邀功，这样一来，领导便会觉得琳达的个人工作能力有问题；而对方若是拒绝帮助琳达，那么，琳达很可能就无法在预定的时间内完成一份出色的报表，影响她日后的工作。

所以，MM们一定要善于以情制人，先打开对方的情感防线，让对方对你所要办的事儿产生共鸣，同情你，这样一来，你想要办的事儿就会变得顺利起来，甚至达到顺风顺水的程度哦!

第18章 赠人玫瑰，帮助别人的女人有人缘

帮助别人，就等于帮助自己

> 你帮助了别人，别人也会在你需要帮助的时候帮助你，这看上去似乎是一个非常简单的道理，但却并不是所有的人都能够坚持下去的。

人们常说，成功女人的成功离不开好人缘。事实上，所谓的人缘，其实是要靠你自己去结交的，天上不会掉馅饼，陌生人也不会自己主动成为你的好友。

如何拥有好人缘呢？离不开你对别人的理解与帮助。生活中的人际关系就好像是播种一样，播种越早，收获越早；撒下的种子越多，你收获的也越多。换言之就是，你帮助了别人，别人也会在你需要帮助的时候帮助你，这看上去似乎是一个非常简单的道理，但却并不是所有的人都能够坚持下去的。

每一个有所成就的女人，在成功的道路上，都曾经得到过别人的许多帮助，因此，我们应该帮助别人作为回报，这是一个很公平的规则。所以

做人不能太自私，不能心中只有自己，应该去帮助别人，同时也从别人那里获得有益的帮助。

叶梦是一家广告公司的设计，不过不幸的是，她今天被辞退了。她给她最好的朋友打了电话，告诉了她这个消息。她的朋友过来找她，见到她的第一句话就是："你终于摆脱了束缚，现在你可以尽情地画自己想画的插画和漫画了，要知道那才是你的梦想。"

叶梦听着朋友的话，苦笑道："是啊，可是我这个月的房租和生活费还没着落呢。"

"没关系，先搬去我家住吧，我多么希望能够和一个插画师住在一起，我知道你一定能够成为一个非常有名的人，所以，在你成名之前，我会帮你，当然你要记得还，哈哈。"

就这样，叶梦搬去了朋友的家里，开始画自己的插画，随后开始给一些杂志投递，结果大受好评，她也因此得到了不少的稿费。后来，她还参加了国际大赛，并且获得了一等奖，除了获得了高额的奖金之外，还获得了一份非常棒的工作。而此时，她也没有忘记一直帮助她的好朋友，当朋友准备买车却因差几万块钱而考虑分期的时候，叶梦很大方地补齐了剩余的车款，并告诉她的朋友，这就当礼物啦。

的确，人与人之间的互助是绝对重要的，这往往关系到一个人的成功与失败。帮助别人成功，也是实现自我成功的过程。每个人都有能力帮助别人，而一个愿意为他人付出时间和心力的女人，才能成为一个真正成功的女人。

如果你身边朋友的成功有你一份，那么，你就能够自豪地说"他的成功也有我的努力"，这将是你最值得骄傲的事情。

所有成功的女性都有一个共同的特性——她们都懂得如何有效地与别人打交道。她们在这方面通常有非常敏锐的直觉及卓越的技巧，懂得如何用自己的思想去影响他人的思维方式。要知道，很多时候事情的失败常常都可以归结为与他人打交道的失败。

我们生活在这个世界上，朋友是我们最大的资源与财富，主要是你生活在这个社会中，不管你是否愿意，你都必须与人打交道，不然你就只能学习鲁滨逊选择个孤岛生活了。假如你想要自己获取成功，渴望自己的努力能够换来更大的成功，你就必须掌握与人沟通的技巧，因为你的成功离不开你身边的人。

王峰自幼很爱唱歌，而且在这方面也似乎很有天分。大学毕业后，王峰因为一个偶然机会，参加一档电视节目，随即，他磁性的嗓音和帅气阳光的外表就深深吸引了很多女生。他就这样开始了自己的歌唱生涯：先是到每个酒吧跑场，因为上过电视也有自己的特色，收入也不错，渐渐地，他凭借着自己的实力在酒吧街越唱越好，最后，吸引了很多制作人前来听他唱歌，现在他已经与一家很大的唱片公司签约了。

签约后，王峰并没有如愿以偿地出唱片，因为公司觉得他名气很小，需要包装，但他自己又拿不出包装的费用，公司则让他耐心地等待。眼看着一年的合约就要到期，他不知道自己还要等到什么时候。偶然的一次机会，他认识了杜兰。

杜兰曾经在国外一家很大的公关公司工作过很多年，她不仅熟知业务，而且也有较好的人缘。几个月前，她自己开办了一家公关公司，并希望最终能够打入公共娱乐领域。但到目前为止，因为公司规模不大，很多比较有名气的艺人都不愿意和她合作，她的生意主要还只是一些小型的广告。

两人一拍即合，联手干了起来。王峰在合约期满后变成了杜兰公司的艺人，杜兰非常欣赏王峰的歌声及创作才能，他们的合作达到了最佳境界。王峰是一名好歌手，虽然名气不大但潜质很大，杜兰便让一些较有影响的报纸和杂志扩大对他的宣传。这样一来，她自己也变得出名了，很快，王峰的专辑便出炉了，而且非常卖座。他们不仅赚了很多钱，各种各样的广告代言也纷纷来找杜兰，那些曾经拒绝与杜兰合作的明星们也纷纷电话联系杜兰。

通过杜兰和王峰的故事，你一定不难看出：王峰需要求助于杜兰，获得为自己宣传的开支与人际关系；杜兰为了她的公司发展就必须找到一个有潜质的人包装。这样一来，他们互相满足了对方的需要，达成了共识，也最终一起迈向了成功。

每个女人都希望能够尽快实现自己的人生目标，但是光靠自己的意志和努力是不行的，还需要借助身边人的帮助。如果你不善于去帮助别人，就很难得到别人的帮助。因此，渴望成功的你，一定要记得做事之道——“助人即助己”。如果你怀疑这一点，甚至不屑这么做，那么等待你的注定是人生的失败！

待人平等，别把人分成三六九等

聪明的女人常常能够以平等的态度对待每一位来访的客人，这也是为什么那些会办事的女人常常更容易得到“皆大欢喜”的结果。

俗话说得好“一人向隅，举座不欢”。中国人自古就有借助酒席来联络感情的习惯，所以，很多时候，一群人聚在一起吃饭，实际上并非只是为了吃顿饭而已，而是渴望借此机会联络彼此之间的感情，希望通过这种社交形式来增进感情，结识更多的朋友。

在聚会中，聪明的女人常常能够以平等的态度对待每一位来访的客人，这也是为什么那些会办事的女人常常更容易得到“皆大欢喜”的结果。而愚笨的女人则常常会“热”此“冷”彼。“冷”者当然不高兴，而“热”者心中也不会好受，因为实际上那少数的“热”者，有意无意地被人推向了“冷”者的对立面，心里也会“为之不欢”。

生活中，尽管人们的社会角色和社会地位不同，但需要被尊重的心情却是一样的，都渴望自己能够被他人重视。如果你忘记这一事实，与他们交际时，对重要人物礼加三层，让一般人冷落一旁，则会刺伤后者的自尊和面子，失去一大批人。

小李今年27岁，在公司工作4年后，终于得到了领导的推荐，并在同事们的推举下成为了新任的部门主管。她热情地邀请了自己的顶头上司及平日里一起工作的同事们到家里做客，庆祝自己升迁之喜。入席后，小李把上司推上了最尊贵的位置，也是最好的位置，靠近空调，椅子也很舒适。随后对几个同事不冷不热地说：“你们几个不要客气，随便坐，我就不和你们客气了……”小李在开席后眼里完全只有自己的上司，不停地给上司夹菜、倒酒，同事们则有些尴尬地落座了。

席间，小李不停地向上司介绍菜名和特色。吃到一半，小李又陆续把一盘盘热气腾腾的菜肴端上来。她把上司面前半空的菜盘堆在同事面前，把热菜放在上司面前。接着小李又起身向上司敬酒，说些感谢关心、谢谢培养之类的话。

几位同事根本就没有机会向小李表示自己的祝福，也没有机会和上司说话。酒过三巡，似乎小李眼里只有上司一个人，其他人都是不存在的。同事一个个难忍心中的不满，宴席还没有结束，就纷纷以“对不起，我还有事”为由，陆续告辞了。

像这样的宴席，小李眼里只有顶头上司，只顾着讨好上司而怠慢了同样对自己晋升起着重要作用的同事们，导致同事们的自尊心和面子受到伤害，非但不能增进彼此之间的友谊，反而令人生厌，让人感到小李的俗不可耐和势利，这样只能使她和同事之间造成隔阂。

实际上，有些细节，一旦发挥过分，就会惹人嫌，这样一来你便与成功的女人越来越远。成功的女人在为人处世中必定是一个圆润的人，不会过分地亲近或疏远任何人。不要过于亲近比你尊贵的人，也不要过于疏远那些地位比你低的人。

一个成功的聪明女性，无论是在工作中还是在生活中，无论遇见什么身份的人，都会平等对待，人有短处就必定有其长处，谁知道你会不会在某些方面有求于对方呢？所以，为人处世，最重要的是与人建立起和谐的关系。工作中，那些比你先来的同事，相对来说会比你积累了更多的经验，有机会不妨聆听他们的见解，取长补短，这样不仅可以帮助你少走弯路，也会让他们感到你对他们的尊重。尤其是对那些资历比你深，但其他方面却比你落后一筹的同事，更要以诚相待；生活中，面对那些身份比你低，收入比你少的人，你也要一视同仁，尊重对待，这个世界变幻莫测，多一个朋友总比多一个仇人要好得多。

在现实中，也许会由于自身的能力和机遇，你身边有些人得到了很好的机遇有了不错的发展，但也有一些人，尚没有得到那样的机遇。与这些人相处的时候，你千万不要因为一些人的得志就阿谀奉承，而因为另一些人的失意而排挤冷落。要知道，我们生活的世界变幻万千，也许不久之后，今日你所看不起甚至排挤的人，他日就会成为人中之龙凤，到那时你才意识到自己当时对他们的疏忽，恐怕已经来不及了！

懂得雪中送炭，让人铭记一生

朋友之间，互相帮助，理所当然。尤其是当朋友深陷绝境之时，我们应该伸出援助的手，千万不能“人走茶凉”，更不能落井下石。

人们都说患难见真情，在别人处于困境时，为他所做的一点一滴都显得弥足珍贵。危难时期的滴水之恩远胜过腾达时期的千金之赠，因为身处逆境时是人的内心最脆弱的时候，也是人最需要关怀的时候。这时，哪怕只是简单的一句安慰，也能让人感激涕零，永生难忘。

“雪中送炭为君子，锦上添花是小人”——这是古人最推崇的交友之道。即当朋友遭遇厄运、身处逆境的时候，你的努力与奉献比朋友处于一帆风顺中要强得多。也就是说，在朋友真正需要帮助时，这才是你大显身手的时候，也是见你真心、考验你的时候。

患难中伸出援手，哪怕只是一句温馨的安慰，对方也会铭记于心，把你当做知己般对待。等到将来你有需要时，他会像及时雨一样来到你的身边助你一臂之力，大凡有心人都如此。

对于一个深陷贫困的人来说，一碗热面，一杯热茶，一句温暖的话语，都可能使他度过人生中最黑暗的时刻，从而获得喘息的机会，并最终凭借勇气和信心成就一番事业。

朋友之间，互相帮助，理所当然。尤其是当朋友深陷绝境之时，我们应该伸出援助的手，千万不能“人走茶凉”，更不能落井下石。朋友落魄，看似会给自己带来一些麻烦，可雪中送炭却是增进友谊的绝妙机会。

所以，你不妨想方设法去帮助那些最需要帮助的人。因为，对他们来说，也许你就是唯一关心和爱护他们的“上帝”。但是，不能为了显示自己的乐善好施，在众人面前做回“秀”而帮助他们。那样是虚伪，是欺世盗名的行为，令人不齿。即使你当时骗过了众人，总有一天会真相大白，你的“良苦用心”就会昭之于天下，令你臭名远扬。

某位小姐如此说：“我有一位朋友，我每次需要帮助的时候，他一定出现。例如，我有急事需要用车或者生病时急需用钱，只要我打个电话，他一定到，可以说每求必应。事情一过去，我们又各忙各的。但是这种朋友，每一想起来，心中就觉得特别的踏实和温暖。而他如果有什么事儿，我当然也会像办自己的事儿一样去做。”

生活的道理就是这么简单，当你在别人最艰难的时候帮扶一把，那么，你会得到这个人的感激。当你陷入困境时，他因感念你的恩德，也会转过来对你倾力相助。

女性朋友在帮助他人时，一定要真诚，一定要发自内心地为他人好，这样才能让他们打消顾虑，充满感激地接受你的关心和帮助。人生在世，没有一帆风顺，总会有许许多多的艰难与困苦。当你遇到断崖险阻时，你一定特别感激帮助你架桥搭梯的人，而在别人危难的时候，如果你能够雪中送炭，真心地帮助他人，那对方一定会把你当做真正的朋友。

施与小恩，不必常常挂在嘴边

女性在人际交往中一定要明白：帮忙是互相的，切不可像做生意一样赤裸裸的，把每件事摆放得清清楚楚。

朋友之间就应该互相帮助。当对方有困难时，主动地伸出援助之手，会使对方倍感温暖。在现代社会里，有很多人希望在建立人际关系方面得到立竿见影的效果，否则便不愿付出。此种以利益为先的人际关系，是不堪一击的。商业上的竞争来往原本是功利的，但把它应用在人与人之间的交往却是很偏颇的做法。

真正懂得交往之道的女人，往往是在自己能力范围之内尽量"给予"的。她曾考虑到对方的立场、需要，凭一己之力帮助对方，并沉醉于此种喜悦当中，但不曾想过自己会得到什么好处，完全是一种发自内心的诚意。而受到此种不求回报的好意的人，只要稍微有心，绝不会毫无回礼。

刘丽是某企业的总经理，该公司长期承包大建筑公司的工程。所以，刘丽需要经常和这些公司的重要人物搞好关系。但她的高明之处在于，她不仅奉承公司要人，对年轻的职员也殷勤款待，并经常施与小恩小惠。

平时，刘丽总是想方设法将那些大公司中各员工的情况做全面的了解。当她发现公司里有些人大有可为且以后会成为该公司的要员时，不管他有多年轻，都尽心款待。因为她明白，十个欠她人情债的人当中，有九个会给她带来意想不到的收获。她现在是在为以后更大的利益投资。

所以，当年轻职员张强升为部门经理时，刘丽就专门找了个时间前去祝贺，并赠送礼物。等张强下班之后，她还盛情邀请他到高级餐馆用餐。张强从来没有来过这种高档的地方，自然对她的招待很感激。张强认为，自己从前从未给过这位总经理任何好处，并且现在也没有掌握重大交易决策权，可见这位总经理是真的爱惜人才，是个可交的人。

然而刘丽却说：“我们企业能有今日，完全是靠贵公司的帮助，而你作为贵公司的优秀职员，我向你表示谢意是应当的。”她的这番话，又给张强减轻了心理负担。

没过多久，张强凭借自己的实力，成了公司的上层领导。自然，刘丽的小恩小惠就开始起作用了。在生意竞争十分激烈的时期，许多承包商倒闭、破产，但由于张强的大力支持和帮助，刘丽的公司仍旧生意兴隆。

你有需要，我帮你满足；你有困难，我帮你解决。那么，在将来我如果有需要，不待我的请求，你自动来帮助我；我有困难，也不待我的请求，你就会自动来帮助解决。你的帮助，既不是报恩，也不是还债。我来帮助你，你来帮助我，都是应尽的道义责任，都是应尽的友谊责任，如此的动机，叫做互助。

但是，帮忙时的行为方式是最值得注意的，不要使对方觉得接受你的帮助是一种负担，应该做得自自然然，也许在当时对方无法强烈地感受到，但是日子越久越能体会出你对他的关照，能够做到这一步是最理想的。当你帮忙时要高高兴兴，不可以心不甘、情不愿的。如果对方也是一个能为别人考虑的人，你给他带来的种种好处，绝不会像射出去的子弹一去不回，他一定会用别的方式来回报你。

女性在人际交往中一定要明白：帮忙是互相的，切不可像做生意一样赤裸裸的，把每件事摆放得清清楚楚。忽视了感情的交流，会让人兴味索然，彼此的交情也维持不了多长时间。有人为朋友做了事，送了人情，便时时挂在嘴边，生怕人家忘了。这样反而会破坏前面积下的人情。请记住，没有人会因为你不说，而忘记你送的人情，多说反倒无益。

发挥女性温柔的特性，多为别人想一想

在与人交往的时候，不要总是想着能从对方那里得到些什么，而是应该多想想自己能为对方做些什么，这样你在人际交往中才能越走越顺。

事实证明，成功的女人大都有一个共性，那就是能够为别人着想。的确，当你为别人着想的时候，定能让对方感受你的真诚，从而成为你成功路上的助力。

生活中能否“替别人着想”，往往并不表现在大的方面，而通常体现在日常生活的细微之处。比如，马路上有一块石头，肯替别人着想的女人，就会随手将它拿到一边，免得绊倒别人；进出玻璃弹簧门，肯替别人着想的女人在推门之后，发现身后跟着进人，就会将大门挡一挡，轻轻地放下，避免撞到身后的人；坐电梯时，肯替别人着想的女人，看到有人还差个几步就上来，就会按住开门键，等等对方……这些都是日常生活中微不足道的小事儿，但也正是这些小事儿，看出你是否真的肯替别人着想，看出了你整个人的素质与修养，也成为你能否拥有好人缘的基础。

笑笑周末的时候去姑妈家玩，她姑妈家在一个比较小的镇子，但却非常美丽，她坐了两个小时的火车来到了那里。谁想到，刚下车就下起了雨，而且雨越下越大，她匆匆忙忙地打车到了姑妈家开的小超市。到了超市，姑妈和她寒暄几句便出门了，说有点事儿一会儿回来，让笑笑帮自己看着点超市，笑笑爽快地答应了。

笑笑坐在超市里看着路上的行人，就在这时，一辆汽车飞驰而过，将超市门前的积水溅得很高，整个落地窗全是泥水。随后，路上的汽车、自行车、摩托车一辆一辆地过去，每过去一次都溅起一些泥水到玻璃上。

笑笑觉得很气愤，这些人怎么能这样呢？难道不知道会弄脏别人家的窗子吗？于是，找来两个路障牌子，架在门前的路边，这样子一来，的确再也没有车将路上的泥水溅到窗子上，但本来不太宽的路却显得更加挤了。正在这时，她的姑妈和表哥带着两袋子煤渣，将超市门前的小水坑用煤渣填上，然后对笑笑说："看，这样子就不会溅上泥水了，很多时候，替别人着想就是在替自己想。"

纵观有所成就的女人，哪一个不懂得人情世故呢？哪一个又不是在成功的路上懂得借力的呢？她们的成功虽与自己的卓越的能力有着必然的联系，但是她们却从未否认过自己的成功多亏了身边的"贵人"。不夸张地说，想成功就必须要借助朋友们的帮助，而想要身边的朋友们心甘情愿地帮助自己，首先就要让他们觉得你在乎他们，让他们得到你的关心与帮助，换言之，爱别人就等于是爱自己，施恩于别人就等于把恩惠留给了自己。

生活中，在与人交往的时候，不要总是想着能从对方那里得到些什么，而是应该多想想自己能为对方做些什么，这样你在人际交往中才能越走越顺。

替他人着想可以表现在很多方面，比如，当他人遭到困难挫折时，你可以伸出援助之手，给予对方帮助，这帮助可以是情感上的，也可以是物质上的。要知道，良好的人际关系通常是双向互利的，你给别人种种关心和帮助，当你自己遇到困难的时候也会得到相应的回报。

很多女人都抱怨自己与身边的朋友及同事的关系不好，觉得对方太苛刻，但事实上，你为什么不从自身方面去想想呢？是不是自己太过计较利益了，是不是自己凡事儿总是想着自己的好处，而忘记了站在对方的角度考虑，忘记了要多替对方着想。这样一来，久而久之，必定会引起身边人的不满，甚至遭到身边人的孤立。事实上，作为女人，你在做事的时候没有必要总是想着对方能带给你多少好处，这样反而让你自己觉得很疲惫，并失去良好的人际关系，可谓得不偿失。

如果你能在日常生活中多一些谦让，比如公司里节庆日分送东西，你完全不必争前恐后生怕自己分少了，或当自己没有分到应有的份额时，马上去找经理计较……与其让自己成为一个斤斤计较的小心眼女人，不妨看开点。很多时候，这种豁达的处事态度无意会赢得人们的好感，也会增添你的人格魅力。

姐妹们在与人交往时，一定要多发挥温柔体贴的特性。尽量多站在对方的角度思考问题，多为他人着想，把眼光放长远点，不要总是盯住对方的小过失不放，而是应该多从自身找原因。也许你帮了别人一个很小的忙，你对别人多付出了一份体贴，对你来说都是举手之劳，但对别人来说，却常常是心底的温暖。这样一来，对方一定会记住你，对你产生好感和感激，当你遇到困难时，他们也会主动向你伸出援助之手，帮你渡过难关。

第19章 不依不靠，活出自己的精彩人生

依靠别人，不如依靠你自己

> 一个生活在现代社会的女人，一定要树立正确的生活观念，一定要独立！独立——是通往成功之路的第一步。

这个社会上，总有这样一群女人，她们总是习惯依靠身边的人生活，无论是工作还是生活，就连求人办事儿她都得指望着别人。结果呢？常常是指望来指望去，最后谁也没指望上，自己的生活也变得乱七八糟的。

的确，生活在现代社会的人这么累，谁会心甘情愿地让你依靠呢？又有谁是真正值得依靠的人呢？人们不是常说“害人之心不可有，防人之心不可无”吗？你这样容易地依靠一个人，你知道她究竟是否值得你依靠，是不是对你没有坏心呢？

再有一些女孩，她们的生活还是比较独立的，但是她们却在心里有这样一种潜在思想，就是想靠关系、靠熟人帮自己办事儿。我们在社会上工作、生活难免会有些不如意不顺心的地方，这个时候，我们理应先自己进行处理、调整，而不是一有点什么事情就找关系、求人办事儿，就算你的人脉广，

这样的利用法，也会让人感到厌烦最后疏远你的。

沈明今年25岁了，毕业两年了，现在她已经是一家不错的外企公司的项目组长，从她毕业到择业到现在，她可谓是非常顺利，根本没有像其他大学生那样辛苦地找工作，为什么呢？因为她有一个叔叔，这个叔叔其实原来是她父亲手下的员工，后来父亲退休了，这个人便在父亲的推荐下上位，而且仕途一片光明，越做越好。在这个人的帮助下，沈明轻松地进入了一家很难进去的外企，并成为了那里的项目组长。

但也正因此，沈明养成了喜欢依靠别人的习惯。只要她的生活中有点什么事，她就会找那个叔叔帮忙。一开始人家看她父亲的面子，又觉得都是小事儿帮也就帮了，可是后来，对方实在为这些事情感到厌烦，干脆借口不见沈明。

后来有一次，沈明要报考一个学历，报名的时候想要一个事业单位的实习证明。沈明就去找那个叔叔，可是对方却不接电话，去家里也说去外地出差了，眼看着报名的日期就要过去了，沈明着急得要死，最后还是她爸爸亲自去找的那个人才勉强办成了……

的确，没有人会让你一直依靠。有的时候，你觉得你依靠着对方，对方也没有怨言，那常常是因为你尚有利用的价值，或者对方对你的背景有所顾忌。等时间长了，对方也会找各种各样的理由疏远你的，尤其当你对他没有任何价值的时候。那个时候，你不免就会有种世态炎凉的悲伤之感。

你能怪谁呢？要是自己一开始不依靠对方，估计也不会有这样的结局。女人，尤其是一个生活在现代社会的女人，一定要树立正确的生活观念，一定要独立！独立——是通往成功之路的第一步。每天都跟在别人身后，期望被别人保护着的女人，是不可能走出自己的成功道路的，也不可能成为一个受人欢迎的社交达人。所以，各位姐妹一定要独立起来，与其依靠别人，不如从现在起依靠自己吧！

经济独立——女人的人格才能独立

试想下，如果你口袋没钱，你怎么独立？没结婚前，你得向家人要，结婚后你得朝老公要，是多么累的一件事情。

说起独立，女人除了要有独立的心，更要有独立的行动。那么，独立的行动是指什么呢？最简单的便是经济上的独立，试想下，如果你口袋没钱，你怎么独立？没结婚前，你得向家人要，结婚后你得朝老公要，是多么累的一件事情。每天净想着找什么样的借口要钱了，哪有心思迈向成功呢？

再有就是，女人嘛，难免会小物质一点，买点小奢侈品。可是你没有独立的经济来源，只能伸手向别人要，一来自己没面子，二来还要看人家给不给，虽然有的时候，人家可能会顾及你的面子或者感情给你了，可下次呢？时间久了，谁能没有怨言？

再说说拉拢人情，女人们难免要和姐妹们出去聚聚，与同事喝个下午茶，要知道这些都是必须要花钱的。但是你自己要是没有独立的经济来源，你拿什么去拉拢身边的朋友和同事？当你向自己的老公要钱，说要去聚会或者给朋友买礼物时，他又会觉得你不居家、不贤惠，因为男人都无法理解女人们的社交方式。

丁丁和丈夫结婚三年了，因为丈夫的工作很不错，且丈夫也想让丁丁在家做家庭主妇，所以，丁丁就一直没有上班，她所有的钱都是丈夫给的。

一次，她的弟弟来找她，准备出国留学，但是签证却迟迟没有办下来。丁丁本来想让自己的丈夫帮忙办一下，但是正赶上丈夫的大姐来家里。大姐本来就对丁丁不上班有意见，要是在这时候，丁丁再说自己的弟弟要出国留学的事情，大姐肯定持冷漠的态度。所以，丁丁就向老公要了钱去办这件事儿。

因为丁丁很少办事儿，第一次没有找对人，钱没少送，但事儿还没办下来，无奈之下，丁丁只好再向老公要钱。这次也引起了老公的不满，为什么要这么多钱？上次不是给了吗？丁丁一时间百口莫辩，最后丈夫还是给了她。但这件事儿却被多事儿的大姐知道了，她就对丁丁的丈夫说，你要看好了，没准她拿你辛苦赚的钱给外面的不三不四的人花了呢？

丈夫一想，最近丁丁的确很古怪，总是往外跑，后来就不再给她钱了。可丁丁这边，眼看着事儿马上就成了，钱却凑不到手，急地火烧火燎。于是她又向丈夫要，这次丈夫真生气了，质问丁丁要钱给谁花，是不是在外面找了个人？这也让丁丁很委屈，一气之下，两个人大吵一架。

虽然最后两个人的误会解开了，但是丁丁却意识到了自己没有钱的痛苦之处。从那件事儿之后，她决定要自己做点什么事儿，要有一份属于自己的独立的经济来源。

从这个故事中，姐妹们一定不难看出拥有独立经济来源的重要性。生活中，无论你的丈夫多么爱你，你们之间也是会存在认知上的差异，很多时候，你觉得很重要的事情，可能对你的丈夫来说并没有那么的重要。此时，你要办这些事情的时候，他一定会对你产生不解，甚至是误会。倘若你没有独立的经济来源，凡事儿都伸手朝丈夫要，不但会恶化彼此的关系，还会因此被对方控制，这样一来，你就显得很被动，甚至丧失了自己的尊严。

所以各位姐妹，我们一定要让自己的经济独立。因为经济的独立是你自信和追求平等的基础，也是你按照自己的意愿生活的基础，一个女人想要成功，想要在自己的生活圈子游刃有余地进行自己的社交，天天伸手向别人要钱是绝对不行的。

现实点，“灰姑娘”只是一个童话

灰姑娘只是一个美好的梦想，作为女人你可以做梦，但你也要懂得在太阳升起后睁开眼睛，回归现实。

灰姑娘的故事对于每个女孩来说都不单单只是年幼时助眠的童话，而是一种早已扎根她们心底的期望。几乎每个女孩都曾经幻想过自己可以成为美丽的灰姑娘嫁给一个多金且帅气的“王子”，穿着世界上独一无二的水晶鞋，在最华丽的舞池轻舞飞扬，从此过着无忧无虑的生活。

的确，现实生活中，能够成为白雪公主的女孩并不多，即便生于富豪之家，却不一定天生丽质。但灰姑娘就不一样了，她是一个平凡的女人，却最终成为了幸福的王妃，这一点，也正是那么多平凡女孩们希望自己成为灰姑娘的原因。

但童话毕竟是童话，若这样的事情发生在现实生活中又会如何呢？一个平凡的小丫头历尽艰辛终于嫁给了一个阔少爷，但幸福生活就由此开始了吗？当然不是，她要面对的常常是婚后一大堆处理不完的麻烦事儿，其中便包括丈夫家人的轻视与鄙夷，觉得这样平凡的女孩根本就不配成为家族的一员，甚至还会觉得女孩嫁入家族根本就是为了钱。由此看来，比起白雪公主与王子之间的生活，灰姑娘与王子之间的生活显得更加尴尬一些。此外，因为成长环境的不同，生活际遇的不同，造成了灰姑娘与王子之间必然要存在着很大的差异，包括学识、认知、兴趣爱好等等。这些问题在热恋时常常不会被发觉，但随着时间的推移却很有可能成为重伤爱情的武器，所以，老一辈子常常挂在嘴边的“门当户对”事实上不无道理。

灰姑娘嫁给王子后，通常并不会轻松如意地过上幸福的生活，因为等待她的常常是无休止的学习，这个过程往往比婚前努力在一起的过程还要艰辛。看过《还珠格格》的女生一定对故事中的小燕子一角色记忆尤深，小燕子也应该算得上是古代版的灰姑娘，但不同的是，她有个家族最有势力的皇帝老爸撑腰，因此，麻雀变凤凰的道路走起来相对容易一点。即便如此，她也要不停地背诵自己最讨厌的古诗词，努力让自己做个端庄娴熟的女子，因为只有这样老佛爷才能同意她与五阿哥的婚事。

女人嘛，谁没想过不劳而获就过上幸福的日子呢？幻想着哪天钓一个豪门“小金龟”，即便自己学识不够，也没有人会过多挑剔，而灰姑娘故事中的后母与讨厌的姐姐们根本不足挂齿，最后自己一定能够坐上漂亮的马车踏上自己的幸福人生……但是，现实生活中的你，千万不要幻想让自己成为某个“王子”的灰姑娘。

灰姑娘只是一个童话，用当下最热的网络词语来说，“不要崇拜灰姑娘，她只是个传说”。对于天生感性的女人来说，幻想、希望自己成为灰姑娘，觉得自己多去去大型晚会找几个阔少爷跳舞就能实现自己的伟大的人生“抱负”是完全错误的。即便你现在的生活让你很窘迫，你时常刚刚烦恼完房租又要为下个月的水电费发愁，喜欢一件衣服几个月，却因为昂贵的价格无法得到，生活中，你不是天生的公主，无可避免地要经历生活中这些烦恼的琐事。即便这样的生活再让你烦恼，但毕竟是属于你自己的生活，你是掌舵手，你可以决定自己人生的方向。

反之，若嫁入豪门便一切都由不得你了。我姐姐有个好友，今年28岁，是某集团的少奶奶，终日锦衣玉食，是个典型的现代版灰姑娘。然而，如今已经是一个两岁男孩妈妈的她却在闲聊时这样说：“要是给我一次重新选择的机会，我一定不会选择嫁入豪门！”不少朋友听到她这样的话都会觉得她在卖弄，因为已经嫁得很好了，所以有点说风凉话的嫌疑。但事实上，她自己却说，现在的生活着实很难受，甚至可以说是一种煎熬，虽然每天锦衣玉食，开着名车，参加各种高级会所的活动，但她却越来越感觉到失去自我，丈夫家里的人都看不起她。因为她出身低，学历低，所以很多时候，丈夫家族的大型聚会婆婆都不会让她去，现在丈夫的公司越做越大，能陪她的时间越来越少，常常一个人独守空房的她感到越来越空虚，而这种空虚绝非金钱能够弥补得了的。

很多期待嫁得好的朋友听到她这样说时，便会说：“自己闲下来不是更好，你看你每天穿戴、化妆得漂漂亮亮的多让人羡慕啊！”

但她却叹了口气说：“这种压力你们现在是体会不了的，我连睡觉的时候都不敢松懈，因为对于我丈夫与他的家庭来说，我一无所有，有的只剩下这所谓的漂亮了。而这个社会这么多诱惑，比我美丽的女子又那么多，我每天都在担心……”

灰姑娘只是一个美好的梦想，作为女人你可以做梦，但你也要懂得在太阳升起后睁开眼睛，回归现实。所以，姐妹们，如果你不能幸运地成为白雪公主，也不要幻想让自己成为谁的“灰姑娘”！

别让他人的“舆论”左右你的生活

女人都是感性的，有时候自己已经做好的决定，就因为别人的几句话就会轻易改变。对女人来说，做决定难，坚持自己的决定更难，过于自信是自负，但是盲目听从他人的意见就是糊涂。

台湾歌手蔡依林有首歌中这样唱到：“花蝴蝶的美的炫的艳若能三生现，那些路人甲们凭什么发言惹人讨厌。”虽然只是一句带有个人情绪的歌词，但你若细细品味，也不难发现这样一个问题——那就是，想要成为完美的“花蝴蝶”，除了自身的基础外，最重要的是不能以他人意志为中心转移自己的人生。换言之，就是女人若想美丽、完美，就一定要有自己的主见，不能人云亦云，也不能因为他人反对而轻易放弃自己已经思前想后决定的事情，因为，坚持对当代女性而言有着非同一般的作用！

女人天生依赖性较男人强，因此，女人更容易被他人的意见左右，但如果你做什么事情都要他人点头认同，那你的事情通常就会像尘土一般，绝不会有什么大作为或是成就。

所以说，做一个有主见的女人才是你的明智之举。虽然生活中，你要扮演太多的角色，很不容易，也很辛苦，虽然在这样的情况下，你渴望有一个人来给你指引方向，但你也要知道，别人的意志始终代表不了你的想法，与其让自己辛苦地活在他人的意愿之中，不如活在自己的想法之中。做一个有主见的女人，你所需要面对的事情有很多，最重要的一点就是一定不能人云亦云，要理性对待周围人的意见。

如果你是一个职场白领女性，拥有主见的你就不会轻易因为你女生的性别而被忽略，也会在自己的奋斗中收获同事们的肯定与尊重；如果你是家庭小主妇，拥有主见就让你的家庭生活更加轻松愉快，你就不会再为琐碎的事情举棋不定、询问你的丈夫，你丈夫也会为娶到你自豪。

女人都是美丽的，而有主见的美丽女人是幸福的。作为一个事业型的白领女性，主见对你来说就像是汽油之于汽车，有了它你才能更好地驰骋在人生之路上，才能让你的上司清楚地知道你的能力，才不会被同事利用成为替罪羊，才能赢得同事们对你的信任和尊重。

生活中，几乎所有的女生都经历过动摇己见的时候。因为想得到他人的认可，想要出类拔萃，于是乎按照别人的意愿放弃了自己的坚持，却想不到，这样做的结果常常不能如愿，反而会让自己得不偿失。那些习惯了事事询问他人的意见、依赖性也很强的MM，总是渴望能够听从经验之谈，却完全忽略了自己的决策能力和思考能力。长此以往，她们很容易在工作中成为他人的配角，无法实现自己原始的理想与抱负。

女人要有自己的主见，尽管听从他人的经验之谈有时可以让你少走弯路，但那只发生在少数事情上。如果你事事都人云亦云，踏着别人的脚印前进，不仅会丧失生活的能力，还会掩埋自己的光亮，让自己生活得庸庸碌碌。

作为一个女人，你想要在事业上有所成就，在生活中挣破"弱势群体"的束缚，就一定要有自己的主见。或许，你的力量、独立性都比男人差一点，但你依旧要坚持自己的原则，过自己的生活，你可以让你爱的他为你承担一部分生活的压力，但绝对不能有把自己交给他、依赖他的打算。

要做有主见的女人，独立地面对生活、工作中的事情，坚持自己的观点。如果你已经思前想后，权衡利弊，那么，走你的路让别人说去吧，即便你可能会因此一无所有，但你也用自己的力量证明给所有人看，你是一个独立、有主见的幸福女人，你完全有能力以自己的能力去创造属于自己的幸福。

女人应该有自己的主见，自己独立地决定自己的事情，为自己的生活喝彩，这样，你会赢得更多的快乐与成功，收获幸福的人生！

不要让自己成为任何人的依附

女人想要赢得美好的爱情、幸福的生活，就要让自己的情感独立、生活独立。你也有自己的聚会、自己的姐妹，没有必要每天都围着男人转。

如果你有一个要好的男性朋友，像哥们儿那般，你就不难从他嘴里套出男人们最喜欢哪种女人，而哪种女人最令他们感到厌烦。

生活中，男人通常都是以坚强、独立的一面示人，他会自愿承担起保护心爱女人的责任，甚至可以拼命工作，只是为了让心爱的她可以不工作。但尽管如此，作为女人的你有一点必须知道，男人要求这样做是一回事儿，而你自己要求男人这样做又是一回事儿。

现在社会，男人通常要承受非常大的压力，即使他们有能力满足一个女人的所有条件，他们也希望自己的另一半是一个独立的女性，因为太多的依赖会让他们反感。也许，你会觉得男人是种很难读懂的动物。一方面，他们大男子主义，希望自己的另一半小鸟依人依附自己；另一方面，又希望另一半能够独立，不完全依赖自己。

事实上，这两种关系是完全不矛盾的，尤其是对于想要获得幸福的你来说，是至关重要的。你想要幸福，就必须让自己游刃于这两种关系之中，让你的他爱你却不会烦你，并通过这两种关系，肯定自己与他究竟是爱情还是依赖之情。

依赖，是一种情感，因为，女人只会对她们爱、信任的男人产生这种情感，它让人亲切，给人一种安全感，酷似爱情却不及爱情。男人们常常渴望心仪的女人对他们依赖，又惧怕这种依赖。因为，依赖之情常常会蒙蔽女人的眼睛，让她们误以为那是爱情。

有这样一部电影，其中一个场景是这样的：一个很漂亮的女孩在失恋后，去找自己很要好的男性朋友倾诉，这个男孩在女孩因失恋而痛苦的那段日子一直陪伴着女孩，帮助她走出失恋的阴影。有天，女孩找到男孩，对他说："我觉得你是一个好人，只是从前我一直都没有发现。但现在我发现你了，并且喜欢上你了"……所有人看到这里，都会为这个一直暗恋女孩的好男孩而感到高兴，但男孩却叹了口气说："抱歉，我们还是做朋友吧！"

女孩很不解地看着男孩问道："为什么？你不喜欢我吗？"

男孩笑着摇摇头："傻瓜，我是怕你以后再失恋了没有人安慰你，所以我们还是做朋友吧！这样，无论你发生什么事情，身边都有我安慰你"。

也许，很多人无法理解男孩的做法，因为，人们相信男孩会给女孩幸福，但男孩自己却知道，女孩只是喜欢有他陪着的生活，而那不同于爱，那只是女孩在落寞时的一种寄托，一种依赖。当女孩再次遇到真爱的时候，她依旧会离开，男孩不想到那时让女孩为难，让自己难过。

每个女人都有感情脆弱的时候，这个时候，女人最需要的就是一个可以依赖的肩膀，而此时，大多数女人也会错误地把给自己依赖肩膀的男人认为是自己的爱人，产生爱情的幻觉。

女人有依赖心理，从心理学的角度上来说是很正常的，因为女人天生敏感，她们需要依赖另一半来得到安全感。但如果你依赖过分，很容易患上"依赖症"，将另一半当成是自己生命中的靠山，当作自己的一切，从而放弃尝试、选择、决定的权利，甚至失去独立"站立"的能力，成为一个没了男人就完全不能生存的女人。

所以，很多女人离不开男人，并不是因为她有多钟情于这个男人，而是太依赖这个男人，这也是造成女性走入两性关系误区的主要心理诱因。

当下，越来越多的女性宣扬独立自主，她们走在职场的前沿，在金钱上独立，在精神上却依然依附于男人，她们忽视了爱情的真谛是理解与包容，而非依赖与自私。

女人想要赢得美好的爱情、幸福的生活，就要让自己的情感独立、生活独立。你也有自己的聚会、自己的姐妹，没有必要每天都围着男人转。作为女人的你，只有具备了这样的心理，才能有一个更高的起点面对你的爱情，才能让你的爱情之树常青不败。

想当初，未遇见胡兰成前的张爱玲是何等的傲气，她那时已经是一个独立女性了，在经济上，她有着自己的事业，在情感上，她也宣扬女人要独立，但她还是败给了自己的爱情，败给了一张送给胡兰成的照片。在那张照片上，张爱玲这样写道："见了他，她变得很低很低，低到尘埃里，但她的心是欢喜的，从尘埃里开出花来。"很美的文字，但也就是这样的文字，让胡兰成真的把张爱玲当成了尘埃里开出的花，不屑一顾，践踏了一遍又一遍。

是的，美丽的文字如女人，天生要写在爱情的信笺上，女人也因此赢得了只属于自己的赞赏。然而，这寄托你爱情的信笺，你应该挂在最高的枝头，不要放在男人的脚边，成为他们的依附。开心、难过都只为他一个人，只会失去自我。女人的信笺应该是色彩斑斓的，因为他的爱而妖娆，不会因为他的离开而枯萎！

聪明的你，美丽的你，不要让自己成为任何人的依附。你应该独立地站在他的面前，抬起高贵的头，你可以挽住他的手臂，但不要永远靠在他的肩膀上。